ハリウッド式
映画制作の流儀

最後のコラボレーター＝観客に届くまで

リンダ・シーガー＝著　シカ・マッケンジー＝訳

フィルムアート社

The Collaborative Art of Filmmaking : From Script to Screen
By Linda Seger

Authorised translation from the English language edition published by
Routledge, a member of the Taylor & Francis Group

Japanese translation published by arrangement with Taylor & Francis Group
through The English Agency (Japan) Ltd.

神話学者で作家、プロデューサー、監督、コンサルタント、同僚、チーム教師、
そして筆者の友人でもあり、悩みに対して素晴らしい助言をくれる
パメラ・ジェイ・スミスに本書を捧げます。

【凡例】

・訳者による補足は［　］で示した。

・同名タイトルのある映画やテレビ作品に限り、
初出時に（　）内に公開年を記載した。

・映画やテレビ作品において日本未公開／未放送のもの、
書籍において未邦訳のものは、原則的に原題のまま記載し（未）と記した。

目次

CLOSE UP 『ビューティフル・マインド』ができるまで

謝辞

ここに挙げる皆様に感謝します。

原稿を入力してくれて、感想や助言をくれた、明るく頼りになるアシスタントのケイティ・ガードナー。

長期にわたって情報のチェック作業を担当してくれたスー・テリー。

参考になる感想をくれた読者のマイケル・ブラウン、デヴォラ・カトラー＝ルーベンスタイン、ドミニク・デューダ、キャスリーン・ロイサー、リサ・ジョイ・サンプソン、パメラ・ジェイ・スミス。

親切なご対応を下さったロン・ハワード監督付のアシスタント、ルイーザ・ヴェリス。

最終版の編集と索引の入力でケイティが手首を傷め、ぎりぎりのタイミングでヘルプに入ってくれたライリー・キノネス。

表紙の原案をくれたヘイヴン・ブックスのマーラ・パール。追加のアイデアと赤いタイプライターのイラストをくれたデヴォラ・カトラー＝ルーベンスタインと、表紙デザインを担当してくれたローグ・フォー・デザイン社。

本書を刊行して下さった出版社テイラー＆フランシスのシェニー・クルーガー、ジョン・マコウスキ、ジャクリーン・ディアス、サラ・ピクルス、ナオミ・ヒル。

そして、本書の執筆中も温かい支えと幸せをくれた夫ピーターへ、いつもありがとう。

イントロダクション

映画の仕事を始めて三十五年経った頃、ふと「多くの人に興味をもってもらえそう」という思いが心をよぎりました。その頃、すでに本書のオリジナル『From Script to Screen（脚本からスクリーンまで）』を一九九四年に出版し、二〇〇四年に改訂版が出ていましたが、その情報を再度アップデートすべき時だったのかもしれません。第三版を出すために、共著者のエドワード・ホエットモアに意見を聞きました（以後「エド」）。本名の「Edward」から「war（戦争）」をなくしたい、と彼が言うからです）。エドは喜んで賛成してくれました。ただし、「どう改訂するかは君に任せるよ」と。二年後の二〇一六年十二月、彼は世を去りました。ですから、この第三版を形にすべく、筆者は懸命に出版社を探しました。

初版ではそうそうたる大物たちを含め、七十人もの業界人にインタビューをしました。撮影現場でテイクの合間にリドリー・スコット監督と。オフィスで二時間、おいしい中華料理を頂きながら、ロン・ハワード監督と。「映画『ロッキー』で建てた家」で香り高いカプチーノと共に、作曲家ビル・コンティ氏と。また、エドと二人でローレンス・カスダン監督のご自宅にお邪魔したこともありました。俳優で監督のレナード・ニモイ氏のご自宅兼オフィスでは暖炉の前でコーヒーを、女優メアリー・マクドネル氏とはセント・ジェームズ・クラブで昼食を、ピーター・ウィアー監督とはベルエアホテルのスイートルームでオードブルをご馳走になりました。こんなふうに歓待して頂き、お話を伺うのは素晴らしい体験でした。当時は電子メールなどがなく、連絡手段は電話や手紙です。インタビューを集めるのに一年以上かけました。

当時は直接会って取材するのが主流の時代でしたが、今はインターネットが情報源。検索すれば映画人たちのインタビュー記事が豊富に読めます。オンラインでセミナー受講も可能だし、ドキュメンタリー映像も視聴できます。筆者もそれらを活用しながら、本書の第三版用に、いくつかのインタビューを追加しました。

今回の改訂にあたり、二つの基準を設けました。それは「数十年の経験で培った技術」があり、「その道の名匠」である業界人の言葉を紹介することです。この第三版には映画監督のリドリー・スコット氏やロン・ハワード氏、プロデューサーのブライアン・グレイザー氏など、今も現役で活躍中の方々の談話を収めました。また、初版の出版後に故人となった映画監督のロバート・ワイズ氏、俳優のロビン・ウィリアムズ氏、脚本家のフランク・ピアソン氏、プロダクション・デザイナーのフェルディナンド・スカルフィオッティ氏らの貴重な談話も抜粋して掲載させて頂きました。

初めにこの本を出した時は、映画制作の知識を一冊にまとめることにわくわくしました。内容をきちんと確認するために、各分野についての講義にも参加しました。時が経ち、今や筆者も、およそ百作品にのぼる映画に脚本コンサルタントとして関わりました。この第三版には筆者自身が現場で見聞きしたことも加筆してあります。

前の版から引き続き掲載するインタビューの中には、筆者にとって思い入れが深いものもあります。たとえば、他の著書でも書かせて頂いている、筆者が個人的に好きな映画の一つ『刑事ジョン・ブック 目撃者』。この映画の原案・脚本のウィリアム・ケリー氏は本書の第二版発売前に亡くなりましたが、インタビューをきっかけに親しく交流をして頂きました。また、筆者が夫からプロポーズされたのが、この映画の棟上げシーンを観ている最中でした（上映中に結婚を申し込む人など珍しいでしょうね。この文章を書いている今が、ちょうど結婚三十二周年の記念日です）。

本書にはテレビ業界で活躍し、『ソルジャー・ブルー』などの映画にも出演している俳優ピーター・ストラウス氏の言葉も含めました。筆者がノースウエスタン大学の同窓生であることを、彼は覚えていてくれました。きわどいラブシーンへの対処法などの裏話は貴重だと思いましたので、この最新版にも残しています。

もともと初版は「映画作品を選び、関係者にインタビューをする」という企画でした。それは大変でしたが、『いまを生きる』のインタビューは実現できました。ただし、半年間も「ロビン・ウィリアムズ氏と電話で十分間だけ話させてほしい」と広報担当者と粘り強く交渉を続けた結果です。そのうちに監督もロビンの奥様も肩をもって下さり、ついにロビン本人が「正午のランチタイムに電話で話すならＯＫ」と言ってくれました。本当に嬉しかったです。彼の談話と共に、ピーター・ウィアー監督や音楽担当のモーリス・ジャール氏らもインタビューに素晴らしいお応えをして下さったので、『いまを生きる』の話は第三版にも掲載しました。

第二版では『ビューティフル・マインド』についても、ロン・ハワード監督のおかげで掲載できました。他の制作陣にも取材依頼を取り次いで頂きましたが、俳優のラッセル・クロウ氏とジェニファー・コネリー氏だけは難しいとのことでした。やはり直接のインタビューは叶いませんでしたが、よいインタビュー記事が他の媒体にありましたので、引用させて頂きました。第三版で別の映画に差し替えようと思い、読み直してみましたが、いまだにこれ以上の内容はないと思えるほど充実していましたので、継続して載せました。

本書はテレビやストリーミング動画、ビデオやドキュメンタリーなどのメディアに触れていませんが、あらゆる形態に当てはまる内容です。大切なのはコンテンツやストーリーであり、いかにイメージをふくらませて想像し、制作をするかです。予算の大小やジャンルを問わず、いかにコラボレーションをして映像制作を進めるか。その情報が本書に詰め込まれています。ご紹介する情報が映画主体になっているのは、筆者自身が主に映画脚本のコンサルティングを請け負っているからに過ぎません。テレビや舞台やドキュメンタリー作品にも携わる機会はありますが、時折おこなう程度ですので、このような形になりました。

かつて映画は「芸術家である監督のもの」でしたが、最近二、三十年の間に「みんなのコラボレーションによって作るもの」へと認識が変化してきています。脚本家が思い描く世界を観客に届けるまでには、迷路のように複雑な道のりが存在します。その歩みを進めるために必要な技術を理解し、それぞれの部門の専門家に敬意をもつことが大事でしょう。また、脚本は設計図のようなもの。制作に携わる全員のガイド役であってほしいものです。

筆者が脚本の書き方を指導し、コンサルティングを始めたのは一九八一年ですが、世の意識はよい方向に変わってきました。筆者が駆け出しの頃は「脚本など誰でも書ける」という誤った見方が主流でしたが、一九九〇年代には「学んで身につく脚本術がある」という見方が広がりました。大勢が授業に詰めかけ、多くのガイドブックを読むようになったのです。今では脚本も他の文章術と同じく、練習と経験、ハードワークとリライトが不可欠だと認識されています。

さらに、脚本家の世界に性別や人種の違いを超えた人々が参加をするようになりました。業界全体の状況はまだ発展が必要ですが、変化を推し進める声についても本書で触れていきます。オンラインで見られるインタビュー記事も、多様性を新たな変化と捉えるものが多いようですが、さまざまな声をご紹介するよう努めました。

筆者は初版の時と同じように、多くのアーティストに直接取材をしたかったのですが、時代と共に状況が変化したことに気づきました。彼らは仕事で忙しく飛び回っており、オンラインで手軽に読めるインタビューさえ少なくなってきています。また、新作映画についての談話はスタジオ側が厳重に管理するようになりました。そのような中でキャサリン・ハンド氏（『リンクル・イン・タイム』のプロデューサー）とブルース・ヘンドリックス氏（ウォルト・ディズニー・モーション・ピクチャーズ・グループ前社長）とは一九八〇年に仕事でご一緒した経緯から、昔のよしみでたっぷりと電話インタビューにお付き合い頂きました。また、ロビン・スウィコード氏は一九九五年の筆者の著書に向け、多忙な中でインタビューを受けて下さったのを覚えていてくれました。

映画業界には著述や音楽、演劇や美術など幅広い分野で表現をする人々が結集しています。この業界で働くには、自分の仕事に責任をもち、しっかり準備することが求められます。実際にどのようにすればよいか、本書に掲載したインタビューからつかんで下さい。ハリウッドの映画業界で成功を続ける名人たちの教えを簡潔にまとめています。ぜひ役立てて頂き、たとえ映画の中だけの真実であっても、その真実を語る映画を作り続けて頂きたいと思います。そして笑いや感動、知恵や勇気を与えてくれる映画が続々と生まれますように。その制作の道のりを、読者の皆様にもお楽しみ頂ければと願っています。

第 1 章

脚本家

ドゥ・ザ・「ライト」・シング

すべては無から生まれる

映画は何もないところから生まれます。まず、誰かが脚本を書かねばなりません。しかし、その「誰か」の姿は世間の目に触れにくいもの。あたかも人里離れた場所で修行をするかのように、脚本家は原稿用紙やパソコンの前で、一人でじっと待つのです。すると、ある時、ふと何かがひらめきます。漠然とした考えか、ちょっとしたストーリー、あるいは人物のイメージかもしれません。それは脚本家自身の世界観やひそかな本音、気持ちといった、何か大事なものでしょう。しかし、最初のうちは、とりとめのない空想ばかり。大きな海を漂うようです。しかも、その海には霧が立ち込めています。

脚本家たちはよく「衝動のままに書いた」とか「キャラクターが勝手に動き出した」とか「書かずにいられなかった」とか、勢いを感じさせる発言をします。それが本当だとしても、一人で書いているうちは、その脚本に興味をもつのは脚本家本人しかいません。そうして何ヵ月も、何年も書き続け、ついに脚本が完成すれば、映画制作のすべての作業の行く先を決める「道しるべ」の出来上がり。つまり、脚本がなければ闇の中を進んで行けません。映画を撮ろうと集まる人々は、みな脚本を手がかりに歩みを進めるのです。

他のいろいろな表現形態に比べると、映画脚本の執筆はちょっと変わっています。書き終わっても「完成」にはならないのです。小説を書き終われば本にできますし、絵画なら壁にかけて展示できます。建築なら竣工式でテープカットもなされます。でも、映画脚本は表現の「始まり」に過ぎません。各部門のスタッフが読んで解釈し、それぞれの持ち場で命を吹き込み終えた時が「完成」です。誰もがニュアンスや色合いや感情を読み取り、押してみたり引いてみたりしながら表現に励みます。優れた脚本からは、みんなが何かを発見し、何かに気づきます。彼らは脚本家自身がまったく意識しなかったことを指摘するかもしれません。脚本家の心の奥に潜んでいたものが、いろいろな部門で浮かび上がってくるのです。そうした鋭さをもつスタッフたちもまた、技術や感性をもつアーティスト。みんなの表現を重ねてまとめ上げ、一本の映画が作られます。

一人になって考える

どんな脚本家もアイデアをストーリーにする過程で苦しみます。何度もつまづき、立ち止まります。脚本家の人生は「書けないこと」への不安と恐怖の連続かもしれません。

アカデミー賞とエミー賞に輝いたアーロン・ソーキン（『ザ・ホワイトハウス』『ソーシャル・ネットワーク』『モリーズ・ゲーム』）はこう告白しています。

> 書くのは好きだけど、書き始めるのは嫌い。白紙のページに「もうごまかせないぞ、この無能野郎。俺はお前の代理人でもママでもない。ただの白紙だ。俺と一丁やるかい？」と言われているようで。そういうのはね、本当に、いやなんですよ。もっと穏やかにいきたいんです。[*1]

トップクラスの脚本家でさえ「ライターズ・ブロック」と呼ばれるスランプで日夜、悶々とします。ソーキンの言葉を続けましょう。

> 夜はだいたい、何も書けないまま寝ます。明日の見通しも立てられず。（中略）その状態が何ヵ月も続きます。何も知らない人にとって、僕はただソファに寝そべってテレビのスポーツ番組を見ているだけに映る

でしょうけれども。[*2]

書き始めるのも大変なら、書いても書いても納得できない苦しみもあります。トム・シュルマンは簡潔に方向性だけを決め、自分の恩師のことを思い出し、あとは「くじけずに夢を追うこと」への願いを胸に『いまを生きる』の脚本を書き、アカデミー賞を受賞しました。

自分が感情移入できないものを書くのに疲れたんだ。それまでアクションやホラー、ベタなコメディを書いてきたけれど、僕には向いていなかった。本気になれないんだ。なんだかありがちな話ばかりで、僕が心から信じるものじゃない。『いまを生きる』が商業的に成功するなんて予想はしていなかったよ。売れるわけがないよな、と思ったけれど書き始めた。でも、のめり込んで書いていくうちに、なかなか、いいな、と思い始めた。

アメリカで映画脚本を書き上げ、全米脚本家組合に登録する人は年間二万五千人もいます。『いまを生きる』の初稿を書き上げたシュルマンも原稿を登録し、映画化を目指して売り込みを始めました。あるプロデューサーは原題の『Dead Poets Society（死せる詩人の会）』を『Dead Poets Society in Winter（死せる詩人の会：冬）』に変えたとしても売れるのは無理、と酷評したそうです。しかし、映画は世界的な大ヒットとなり、莫大な興行収入をたたき出しました。その根本にあるのは「今を生きろ！」というメッセージです。「この映画のおかげで人生が変わった」という人は後を絶ちませんでした。『いまを生きる』でシュルマンはアカデミー脚本賞を受賞し、あらゆる脚本家が夢見る成功を手にしました。

暗闇の中で足跡が増えていく

脚本家がおおやけの場に姿を見せるのはアカデミー賞の授賞式ぐらいかもしれません。俳優や監督に比べれば、ギャラも安い場合が多いです。クレジットにも名前が一瞬出るだけですから、知名度もほとんど上がりません。

誰もがジュリア・ロバーツやトム・クルーズ、メリル・ストリープといった俳優を覚えていますが、ウィリアム・ケリーやフランク・ピアソン、アルヴィン・サージェント、アーロン・ソーキンやロビン・スウィコードと聞けば「誰だろう?」と首をかしげるに違いありません。彼らはみなトップクラスの脚本家。アイデアを練り、人間模様をページに綴り、ハリウッドの名作映画を誕生させている人たちです。

彼らは知られざる存在ですが、無の状態から最初の一歩を踏み出して足跡を残します。その「暗闇の中の足跡」を頼りに、スタッフや俳優たちが歩いていくのです。

脚本家がこうした中でのびのびと、面白く書き続けるには自分を信じ、やりがいを感じていなくてはなりません。映画が完成するまでまったく無名も同然、ということについて、巨匠はどう感じているのでしょうか。『狼たちの午後』でアカデミー脚本賞を受賞し、『キャット・バルー』と『暴力脱獄』でもノミネートされたフランク・ピアソンはこう語ります。

> 同じ文章を書くのでも、映画脚本はとても変わった形式だ。戯曲のように構成があり、音楽のように流れがあるが、長さは百二十ページ程度と決まっている。セリフの合間にぱらぱらとト書きを入れる。そのト書きで示すアクションは、すべての準備が整った時に動き出す。

彼の言葉には続きがあります。スタジオでのコラボレーションが実を結ぶと、脚本家は有名にならずとも、その功績は映画になって永遠に残ります。

一人の心に訴える映画には、この地球にいる何千万という人々が共感し、納得できる人生観があるものだ。未来を明るく照らすような作品づくりを目指したい。

そのような自己表現への欲求を自分で守り、育む強さも必要です。『刑事ジョン・ブック 目撃者』でアカデミー脚本賞を受賞したウィリアム・ケリーはこう述べています。

脚本家はちょっぴり頭がおかしいところがあるので、それをそのまま、大事に保存しておくんです。世間には「あいつは変だ」と言わせておけばいい。実際、僕らは変ですよ。何週間も部屋にこもりっきりの時だってありますから。

孤独に考え続けるのも「最後のコラボレーター」である観客への義務だと彼は言います。

観客は僕らと同じ時代を生きている仲間です。だから、僕らは、できる限りの力を出して書くべきなんです。

作品づくりは何もない闇から始まります。脚本家はアイデアという火でキャンドルを灯し、後に続く人々を先導します。では、プロの人たちがどうアイデアの火を見つけるかを探っていきましょう。

「WHAT IF（もし～だとしたら）」と考える

脚本家は多くの人に訴えるアイデアを探します。この時に、「What if…（もし～だとしたら）」という問いを考え、想像を広げます。

「もし、売れない役者が女装してオーディションに臨んだとしたら?」という問いから始まる映画がダスティン・ホフマン主演の『トッツィー』です。「もし、平凡で純情な人が魚に恋をしたら?」という問いからは『リトル・マーメイド』（一九八九年）や『スプラッシュ』、『シェイプ・オブ・ウォーター』などが生まれます。そして、映画は問いの答えを求めて展開します。「もし、一人ぼっちで宇宙に放り出されたら?」という問いは『ゼロ・グラビティ』や『オデッセイ』（二〇一五年）、『インターステラー』や『ロスト・イン・スペース』などの発想を生むでしょう。

でも、アイデアだけでは足りません。脚本を名作にするには独創的な表現も必要です。『パンズ・ラビリンス』や『シェイプ・オブ・ウォーター』などのファンタジーやホラーに分類される映画の脚本と監督を手がけるギレルモ・デル・トロは、自らの考えや思いが表現を生むと考えます。その「声」のようなものが、ストーリーに独自性を与えるとも述べています。

「自分の声」を探すには、自分の本心を見つめ、正直になりきること。でも、作家スティーヴン・キングの言葉を借りれば「すべての歌はすでに歌い尽くされている」。だから、もうやり尽くされているんだ、と認めればいい。そうすれば、その歴史を受け継ぎながら、自分たちで新しいものを生み出そうとしていける。

それしかできないんだよ。すごく古い昔話を新しい声で語ることしか。僕たちの仕事は無からリアリティを生み出すこと。真実を求めて世界で一番大きな嘘をつくんだ。[*3]

独創的な「声」は実体験から、また、入念なリサーチからも生まれます。「自分が知っていることを書け」と脚本術の本などでよく言われます。その方が調べものも少なくて済むでしょう。しかし、「自分が知っていること」だけで満足せず、さらに探求しなければなりません。優れた脚本家は題材を掘り下げ、真摯に向き合い、書きながら自分でも新たな気づきを得ます。それが大勢の人々にも気づきを与え、新たな視野を与えます。

ラリー・ゲルバートは映画（『トッツィー』でアカデミー脚本賞候補）やテレビドラマ（『マッシュ』）、舞台劇（『シティ・オブ・エンジェルズ』『ローマで起った奇妙な出来事』）など、多岐にわたって優れた脚本を書き、こう語っています。

アイデアは自分の中からも、外からもやってくる。観察からも得られるし、自分が言いたいことでもいい。メッセージ性はなくていいが、ストーリー性は必要だ。人と体験を分かち合い、共感や感動を得てもらうには、ストーリーとして伝える必要がある。

「アイデアの大小ではなく、温度が大切」とも彼は述べています。「ただ書きたいだけのものでなく、絶対に書くべきだと思えるものがいい」

多くのアイデアを煮詰めて一つにまとめる場合もあれば、ちょっとした思いつきが壮大に広がる場合もあるでしょう。脚本家で映画監督のローレンス・カスダンは「自分にとって興味があること、熱中できること、しつこく頭から離れないことや激しくこだわってしまうことからアイデアを考える」と言っています。彼は『レイダース／失われたアーク《聖櫃》や『白いドレスの女』(一九八一年)、『ハン・ソロ／スター・ウォーズ・ストーリー』などを手がけましたが、一つのアイデアを得るのでさえ大変だと明かしています。

僕はいろいろ思いつくタイプじゃないんだ。そうだったらいいなと思うよ。たいていは二つか三つの候補の中から一つが特に気になり始め、その一つに絞っていろいろ考えるようになる。脚本を書き始めると、ありとあらゆることに目移りしてしまうけど、途中で執筆を放り出しはしない。

もう一人、映画脚本家の王道を歩んだアルヴィン・サージェントの談話をご紹介しましょう。彼は二〇一九年に九十二歳で生涯を閉じました。一九六〇年代から彼の脚本は映画化され始め、『ジュリア』(一九七七年)と『普通の人々』でアカデミー脚色賞を獲得。近年では『スパイダーマン2』や『スパイダーマン3』、また『アメイジング・スパイダーマン』をジェームズ・ヴァンダービルトやスティーブ・クローヴスと共同執筆しています。筆者は著書に推薦文を頂いたご縁で、二〇一五年頃からメールのやりとりをするようになりました。初めてロサンゼルスでお会いした時は、本当に素敵な人で驚きました。朝食をご一緒しながら会話が盛り上がり、三時間も話し込んだものです。その次に筆者がまたロサンゼルスでお会いした時も同じです。本書の第三版を出すのでシアトルのお宅に伺いたいと伝えたところ、高齢のため少々難しそうだとのことでした。その代わり、次のようなメールを頂きました。

チャンスを生かしなさい。なぜなら「用心は泥棒」、みすみす好機を奪われるだけだからね。疑ってばかりじゃ何も作れず、発見もできない。そりゃ、疑問に思うこともあるだろう。だが、絶対に、絶対に、その疑問にクエスチョンマークを付けるな！　疑問を本物の疑問にしないことだ。だって、答えはないんだから。映画館の観客も答えが見つからないまま家路につくのが一番いい。のほほんとさせてちゃいけない。悩ませると言っても、観客自身が大変な目に遭うわけじゃないさ。映画の登場人物を大変な目に遭わせなさい。そして、人物がもがく姿を描きなさい。

では、彼はどうやって書くのでしょうか？

　毎日書く。自分を解放する。自由に連想する。毎日、一時間は一人で過ごす。目を閉じて書く。真っ暗な中で書く。何を書くかは考えない。タイプライターに紙をセットして、服を脱いで、スタート！　行き先は決めず……行き先を気にせず……純粋に、潜在意識に任せるんだ。何ページもね。羞恥心が吹っ飛んでしまうまで続けるのさ、抵抗する気持ちに打ち勝って。そうやって書いたものを翌朝に読んでみると、びっくりするよ。ほとんど、わけがわからない。だが、ちょっとした真実の種のようなものがあるはずだ。まさか自分で生み出したとは思えないかもしれないが、まぎれもなく自分のものだ。純金のようなものさ。けっして抵抗できない、ピュアな自分から生まれたものなんだ。[*4]

カードやアウトライン、日誌や表を駆使する

アイデアをまとめる方法はたくさんあります。インデックスカードを大量に使う脚本家たちもいます。ローレンス・カスダンは初期の脚本のほとんどをカード方式で構想しました。その際は三段階のステップを設けていたそうです。

連想して、ふと思い浮かぶことを何でもカードに書くんだ。階段に立つ人のイメージや、小耳にはさんだ会話、ジョークなど、ただ思うままに書いて集めたら、次のステップへ進んで映画のアウトラインを作る。この時はシーン用に、異なる種類のカードを使う。その一枚一枚に、さっきのアイデア用のカードを選んで重ねていく。アイデアを一つずつ見て、それに合いそうなシーンを見つける。どのシーンにも合わないカードは余るし、シーンに合うと思っても結局は使い道がわからないカードも出てくるけれどね。そこから、さらに次のステップへ。複数のシーンをつなげたシークエンスのカードを作り、徐々に脚本の流れを構想する。カードをまとめながら、少しずつ形にしていく。

登場人物についてのメモは黄色、プロットは白、映像による表現はピンクというふうに、カードを色分けする人もいます。シーンの昼夜で色分けする場合もあれば、ハート印はラブシーン、足跡の絵はチェイスシーン、銃は銃撃、電球は気づきというように、マークや絵で分類する方法もあるでしょう。

カードが特に役立つのは脚本を共同執筆する時や、大勢で会議をしてストーリーを考える時だとロビン・スウィコード（『若草物語』（一九九四年）『ＳＡＹＵＲＩ』『ベンジャミン・バトン 数奇な人生』）は説明します。

監督やプロデューサー、共同執筆者と話し合いながらカードを動かします。登場人物で色分けすると、グリーンが足りないとかブルーが多過ぎるとか、出番の状態が一目でわかります。ストーリーの順序を変えたり、異なるアイデアを試したりする時も、カードを並べ替えるとわかりやすいです。映像編集の作業と似ていますね。物事を伝える順序によって、観客の感じ方が変わります。

テーマの一貫性のチェックも大事です。全体の流れを考える時、カードにテーマを書いておいて、自分（と共同作業者）に「このシーンではこのテーマを扱う」とわかるようにしておきます。

今はこうした作業をパソコン上でしますから、色やフォントでわかりやすく表示できます。手を加えるたびにコメント欄に書き込んでおけば情報共有も簡単。映画制作には多くの人が関わりますから、これはとても大事です。

パソコンでアウトラインを作り、各シーンの分量をあらかじめ設定する脚本家もいます。最初のシーンは二、三ページにし、建物などの外観で状況説明をするシーンは半ページ程度にとどめる、というふうに計画します。こうした枠を決めて脚本を書けば、設定したページ数をはるかに超過する心配はなくなります。

脚本を実際に書く時、アーロン・ソーキンは次のようにするそうです。

> 最初のシーンはとても大事にします。何ヵ月も歩き回り、壁にすがりつくようにして、いいシーンにしようと考えます。車で高速道路を何時間も走ったりもしますね。僕は身体で感じたいタイプで、脚本を書く時も、あらゆる登場人物を自分で演じながら書いています。セリフも自分の口で言ってみて、おお、これはいいぞ、と感じると……実際には、そうしたことは多くないけれど、たまにあるんです。すごく感動する時が。そんな時は立ち上がって歩き回り、家を出て二ブロックほど歩いてふと我に返ったりしますよ。[*5]

脚本家で映画監督のジョン・シングルトンは『ボーイズ'ン・ザ・フッド』でアカデミー監督賞候補になりました。当時二十四歳で史上最年少、また、アフリカ系米国人として初の監督賞ノミネートです。同時に、脚本もアカデミー脚本賞候補になりました。

彼は複数のテクニックを混ぜて使っています。

日々の出来事を映画と関連させて、日記に書いています。ある程度たまったら、名刺より少し大きいサイズのカードに書き写すんです。ワンシーンにつき一枚ですが、それについて書いたり話したりするたびに内容が少しずつ変わります。生きているように、日々変化するのです。

ちょっとしたセリフや言い回し、映画のスタイルについてのアイデアも書きます……一つひとつの言葉の裏に情熱があるようにしたいからです。

「トリートメント」と呼ばれる三ページから十ページ程度のあらすじを書く脚本家もいます。シーンを本格的に脚本として書く前に、あらすじでストーリーの流れを確認し、欠陥がないかをチェックします。

ギレルモ・デル・トロはスケッチブックに絵を描き、構想を練ります。そうして、中には何十年もキープするアイデアもあるそうです。

スケッチブックは絵を描いておけるのがいい。持ち運べるし、過去に描いた自分の絵に相談したり、そこからアイデアを盗んだりできるからね。(中略)アーティストはみな衝動の塊だから、僕はスケッチブックに自分の衝動を凝縮しておくんだよ。そうやって描いておけば、表現したくてたまらないもののカタログができる。時が経っても、その気になれば二十一歳だった頃の自分からアイデアを盗むことができるんだ。内面の対話がスムーズに運ぶよ。作品を手がけるたびに、いつもスケッチブックを見直している。

彼にとって、スケッチブックは若い頃にあったイマジネーションを思い出すのに役立っています。何年も前の絵を作品に生かす時もあるそうです。

ある人に、ハートから寄生虫のようなものが出てくるイラストを見せた。描いたのは一九九二年だけど、最近『ストレイン 沈黙のエクリプス』で使ったヴァンパイアのハートとほぼ同じ。まさか二十一年後に作品の特殊メイクになるとはね、と笑ったよ。[*6]

小説などの脚色をする

アカデミー賞では毎年、脚本賞とともに脚色賞も発表されます。過去のどの時代でも、作品賞受賞作品の六十〜八十パーセントが小説や舞台劇、短編小説や実話を原作としています。また、歌に着想を得たものも、ごくたまにあります。

小説などの原作物を専門に扱う脚本家もいます。その一人がロビン・スウィコードで、『若草物語』や『さゆり』といった長編小説や、「ベンジャミン・バトン 数奇な人生」（エリック・ロスと共同執筆）や「Wakefield（未）」［映画化作品の邦題は『アイ,ム ホーム 覗く男』］などの短編小説、および実話に基づく小説の脚色をしています。

脚色には特有の難しさがあります。原作が必ずしもドラマの形になっているとは限らないため、いかに書き換えるが課題となります。長編映画脚本として仕上げるには何カ月も、何年もかかりますから、原作への思い入れを維持できるかも問われるでしょう。

どの原作を選ぶかは個人の選択です。読者として深い思い入れがもてないと難しいですから。私は原作の何に魅力を感じるかを自分に問いますが、野望を抱く人物か、未知の何かを知ろうとする人物に惹かれるようです。不可能なことにチャレンジする人物も好きです。でも、ただ頑張るだけでは足りません。ストーリーの中に対立や葛藤があることが大事です。人物やテーマの魅力に加え、「これはドラマにできそう」という見込みが必要です。

ですから、原作をよく読んで、ドラマの要素が揃っているかを確かめます。ドラマの要素といえばコンフリクト、つまり対立や葛藤が基本ですが、私はそれ以上のものを求めます。ほとんどの脚本家と同じように、私も自分なりの見方や基準があります。気づきや犠牲、欲望、スペクタクルなどの要素が揃えば、おいしいシチューのようにドラマチックなものが出来上がるのです。また、一つのシーンが次へとつながるような因果関係があるかどうか。脚色作業の中でそれを作って追加する時もあります。『さゆり』のような小説にはドラマがすでに内在しています。原作者がすでにそのように描いていると、ありがたいなと思います。

何がドラマの要素として必要かは脚本家によって考えが異なりますが、葛藤・対立関係と人間関係、人物が欲しているものや熱望しているもの、物語をとおして人物が変化・成長することを示すキャラクター・アークは必須です。また、小説は会話だけでも描写が成立しますが、映画ではどの場面でも映像が必要です。小説ではよく内面の探求を描きますが、映画にするには俳優の動きで表現しなくてはなりません。脚本に書くものはすべて目に見える形で表現が可能なもの。しぐさや動き、アクションで表現します。さらに、長編映画なら二時間程度の中で見せる分量を決める必要もあります。

これらの作業を始める時に、スウィコードはまず「原作の構造を分解する」と言います。

一ページ目で何が起き、二ページ目で何が起き、三ページ目で……というふうに原作全体のロードマップを作ります。ストーリー上の出来事と登場人物についてもメモしておきます。文章を読み込んで作者の意図を理解してから、一歩引いて客観的に眺めるのです。すると、なんとなくパターンが見え始め、徐々にはっきりしてきます。それをつかんだら、自分なりの選択ができるようになります。原作の流れから、思い切って離れることが必要ですからね。たとえば、原作小説で主人公が五歳の時からの成長過程を描いていても、映画では大人になった頃からスタートして、時々、思いを幼少期にめぐらせて描く、というふうにするかもしれません。原作小説どおりに物語を進める必要はありません。

脚色を始めたとたんに、原作とは別のものを作る発想になります。新たな視点でシーンを削除したり、組み合わせたり、ドラマ性を高めるために変更したりします。原作者が途中で描写をやめてしまっている部分も見えてきます。関心をもって描き始めたものの、決着をつけるまでに至っていない部分です。そこを掘り下げてみると、以前は気づかなかった、原作を超越した何かを感じることがあります。単に頭で考えて決めるのではなく、題材と深いレベルで響き合い、直感にゆだねると、素晴らしいものが得られます。原作と作者に敬意を払いつつ、不思議な発見を重ねます。不要な改変はしません。特に歴史小説では気をつけます。

深い理解に達したら、ストーリーの形にします。原作を読めば明白な場合もあります。はじめから三幕構成で書かれていると、映画脚本化の仕事はかなり楽。でも、たいていは、ストーリーの構造を探して組み立てる作業が必要です。

ディテールを描くためにリサーチする

原作物でもオリジナル脚本でも、脚本家自身になじみのない題材を扱う時はリサーチが必要です。ニュアンスや情報を確かめるため、知っていることでも確認の調査をすることもよくあります。ロビン・スウィコードは『ＳＡＹＵＲＩ』の脚色のために日本に数週間滞在して芸者たちと過ごしました。また、南北戦争を描く作品では何週間も図書館に通ったり、識者にインタビューしたりしています。

原作者は長い年月を費やして学んでいますから、脚本家も努力するのは当たり前。私は入念に下調べをします。歴史の本や日記などをたくさん読みます。きらりと光る貴重な発見をするために、その世界に没頭するのです。

アルフォンソ・キュアロンは『ゼロ・グラビティ』の脚本を息子のホナスと共同執筆中、非常に難しい問題に出会いました。物語の舞台となる宇宙空間の描写です。

『ゼロ・グラビティ』の初稿は映画の内容とほぼ同じですが、インターネットでかなりのリサーチをしたので、書き上げた時にはまるで宇宙物理学者になったかのような気分でした。しかし、ＮＡＳＡと共に調査をしている科学者に脚本を見せたところ、僕らは宇宙についてまったくの素人だとわかりました。初稿はどこもかしこも間違いだらけだったのです。[*7]

アルフォンソとホナスは宇宙飛行士らと一緒に脚本を見直し、「できる限り実現可能でリアリティに沿う形に変えました」。でも、脚本はとてもつまらないものになってしまったそうです。そこで、現実を反映しながら、映画として楽しめるような嘘も取り入れ、バランスをとることにしました。

ババルー・マンデルとローウェル・ガンツはロン・ハワードとブライアン・グレイザーの制作会社であるイマジン・エンターテインメントが関わる作品などの脚本を執筆してきました。『スプラッシュ』では人魚とはどういうものかを「考え」、『スパイ・ライク・アス』ではスパイ、『シティ・スリッカーズ』ではカウボーイの文化や暮らし、『バックマン家の人々』では家族関係を考えました。しかし、女子プロ野球リーグの結成を描いたヒット映画『プリティ・リーグ』の企画を請け負った時は途方に暮れたそうです。

『ライフ』誌の記事や他の資料を読んだよ。当時の女性選手たちについて、ある女性が書いた論文も見つけた。彼女たちの同窓会があるというので、僕らはクーパーズタウンのアメリカ野球殿堂博物館へ行き、二、三日かけてインタビューを試みた。

彼らはインタビューによくある困難にぶつかりました。語り手たちの話から、過去を再び掘り起こさねばならないことです。

彼女たちの口から出てくるのは武勇伝ばかり。僕たちは、偉業を達成する前のことが知りたかったんだけれどね。四十五年前の、今とはまったく違っていた自分の姿を思い出してもらおうと頑張った。リーグに出る前のことが知りたかったから。

感情や気持ちの面をたくさん尋ねたよ。野球選手として活躍した自分をどう思いますか？　他の人々にどう見られましたか？　受け入れられている感じはありましたか？　ちょっと変だと感じたことは？　平気でしたか？　怖くなかったですか？　どんなふうに怖かったですか？　それは予測していたことでしたか？

アーロン・ソーキンは次のように語っています。

僕は意図と障害、あるいは邪魔者や困難を探します。（中略）かなりリサーチしますが、あてもなく調べている時も多いです。何かに出会って、意外なところに到達できればいいなと思いながら。でも、やっぱり、基本は、誰かが何かを求める強い意図と、その前に立ちはだかる障害や困難。それらが絶対に必要です。*8

しっかりした構成を立てる

コンセプトが決まってリサーチが進んできたら、ストーリーの構成に入ります。話の流れを「始まり、真ん中、終わり」の三つの幕に分けて考えるのです。これを「三幕構成」と呼びますが、脚本家によって捉え方やニュアンスはいろいろです。

脚本の世界では「ストーリーとは構成だ」と言われます。脚本家として活躍している人の大多数が「たった一つの、最も大切なものは構成。作品が成功するか失敗するかは構成にかかっている」と言っています。とりとめのない話や何を言おうとしているかわからない話、何について描いているのかわからない話はストーリーとして失敗です。ただ、脚本を書こうとする時に、内容がまだ決まっていない部分もあるでしょう。それをどう扱うか、脚本家は考えなくてはなりません。

『スプラッシュ』のようなファンタジー物や『プリティ・リーグ』のような歴史物は、早いうちから構成を立てておく、とマンデルとガンツは説明します。

脚本を書く前にプランを立てる。まずプレミスと呼ばれる簡単な前提。次に、人物がどう変わっていくかを示すキャラクター・アーク。そして、物語が序盤から中盤を経て終盤へとどう進むかを示すストーリー・アーク。いつも三幕構成を意識してる。

導入部分をゆっくり、ていねいに描くから、第一幕は長めになる。三十五分ぐらいの尺になるので、楽しんで観てもらえるよう心がけているよ。第二幕は本編全体の五十パーセントぐらいの分量。第三幕は短めに、二十分程度の尺が理想だね。

第一幕の終わりは目立つとフランク・ピアソンは語ります。

第一幕のクライマックスはたいてい激しい。主人公の人物像が明かされるか、主人公が何かを自覚するか、あるいはその両方だ。ストーリーが転換するところであり、その映画で描く葛藤や対立の本質を知らせる場面でもある。

第二幕に入るとリズムが変わるとウィリアム・ケリーは言っています。

僕は三幕構成を独自の方法で作っています。まず二つか三つの文で概要を書いてから、いろいろなシーケンスを想像して脚本をイメージする。次に、各シーンがちゃんと連鎖できるかを確かめて、うまく語れているかをチェックしていく。第二幕の始まりを想像する時は、最初の三つのシーケンスは速いテンポで進めてからスローダウンし、人物の内面で何が起きているかをていねいに描きます。

シーン単位でも「表現の仕方だけでなく、そのシーンの中身が三幕構成になるようにします」と彼は語ります。脚本を磨く過程において、構成は常に重要視されます。

時系列を崩した構成もあります。たとえば『パルプ・フィクション』はクエンティン・タランティーノが一連の出来事をパズルのピースのように解体し、ループさせるなどして構成しています。そんな彼も、作品によってはオーソドックスな三幕構成を使います。

ストーリーの描き方は特に決めていないよ。(中略) 厳密なルールはないんだ。(中略) でも、始まり、真ん中、終わりの三幕で語れば感情移入しやすいといつも言われるから、意識はする。

また、タランティーノは大量のページ数を書くことが多く、『パルプ・フィクション』の初稿は五百ページあったそうです。「十ページ減らさなきゃ、と思うだけでもつらい。でも、ひと月経って読み直せば平気になる。僕は、まず、第三幕から削り始めるんだ。（中略）終わり方は大事だからね」。終盤を短くしていくうちに調子が出てくる、と彼は話します。「前半部分に比べると、終盤はどんどん進む」[*9]

コメディの笑いの要素と構成

コメディの構成には特有の難しさがあります。『フライングハイ』を制作したデヴィッド・ザッカーと弟のジェリー、友人のジム・エイブラハムズは大失敗から構成の大切さを学びました。史上で最も笑える映画のランキングで『フライングハイ』は常に上位に挙がるのですが……。

『フライングハイ』がウケたので、僕らは勘違いをしてしまったんだ。次に作った『トップ・シークレット』は戦争スパイ物とエルビス・プレスリーのようなロック歌手をかけ合わせて笑わせようとしたけれど、プロットが散漫で、人物の動機もいまひとつ。キャラクター・アークをちゃんと作らなかったから。

興行面での大失敗の発端は、みんなで構成を立てた時にあったと彼は言います。

ジョークのことしか考えていなかった。シーンごとにメモを書き、ジョークも全部書き並べておいて、うまく配置できるようにカードに書いた。これは恋愛ネタ、これは第二幕のネタ、というふうに。その方法の欠点は、自分たちの間でお気に入りのネタができてしまうこと。それを見せるのを優先し、プロットが後付けになってしまった。

以後、彼はストーリーと登場人物から考え始めるようになりました。それでも、ジョークとストーリーの間には微妙なバランスが存在します。

今はお笑いの要素より、まずプロットと構成を重視するよ。最初に「悪者は誰だ?」と考えて、そこからプロットを構成する。皮肉がきいたブラックコメディには独特の運び方があるんだ。タイミングよく次々とジョークを入れたいから、笑うところを一ページにつき三つ考える。笑いの間隔が長いより、笑い出したら次々と笑ってもらう方がずっと簡単。オープニングは少し余裕をもっていいけれど、早く観客の期待に応えないと、がっかりさせてしまう。

構成などのコツをつかんだ兄デヴィッドと弟ジェリーは『裸の銃を持つ男』シリーズの脚本を書き、『殺したい女』(デイル・ローナー脚本)の監督もしました。『トップ・シークレット』での大失敗以降、脚本を書く時に気をつけていることがある、とデヴィッドは言います。

どの登場人物も変化や成長のアークをもたせ、結末に導くこと。また、人物自身の目的や願望を設定すること。そして、三つの幕がはっきりした構成を立て、結末をしっかりまとめること。

登場人物の欲求や、それを演じる俳優に注目しながら脚本を考える場合もあります。マンデルとガンツはこう述べています。

笑わせるセリフの内容よりも、人物のモチベーションに注目しているよ。ジョークがすべったら、また別のを書けばいい。シーンに合わないものは消す。よその現場では、俳優の言い回しがぎこちなくても台本どおりに言わせる脚本家もいるね。そんな場合も、僕らはすぐに書き換えるんだ。

構成はストーリーの「背骨」のようなもの。その枠組みができたら、登場人物たちの描写を考えます。

主導権をもつのはストーリーかキャラクターか

ハリウッドの大手スタジオの企画室は「ストーリー主導（story driven）」と「キャラクター主導（character driven）」という言葉を頻繁に使います。二つの性質で企画を分類しているのです。

アクションと対立・葛藤に満ちたハイコンセプトなプロットがあるものはストーリー主導です。「王が主権奪還のために戦い、国は〝兄弟を守る人（brother's keeper）〟〔聖書の『創世記』に由来する表現〕であるべきだと気づく」（『ブラックパンサー』）というように、あらすじが短文で表せます。

主に人物の成長と変化を描くものはキャラクター主導です。ちょっと変わった女子高生が母や担任教師と衝突し、周囲の人たちとの対立や心の悩みを体験しながら大学進学を目指す『レディ・バード』が一例です。

キャラクター主導の映画はソフトな見ごたえのものが多く、アクション満載のストーリー主導の映画より市場性が低いと言われます。しかし、傑作と呼ばれる作品をじっくり見ると、必ずしもそうではないことがわかるでしょう。

ハリウッドの古典映画はキャラクターとストーリーの要素を巧みに融合させています。だから、一度見たら忘れられない、記憶に焼きつく映画鑑賞体験となるのです。

記憶に焼きつくキャラクターを作る

キャラクターとストーリーは互いに効果を与え合うべきだ、とウィリアム・ケリーは言っています。彼の方法論を見てみましょう。

どのシーンでも登場人物の何かを明かすこと。そして、ストーリーは常に先へ進めること。(中略)物語の核心は書き手である僕が知っているし、登場人物たちがどんな人かもすでに決めてあります。朝、目が覚めたら頭と心をからっぽにして、しばらく耳を傾けていると、登場人物たちの声が聞こえるように感じるんだ。下準備をちゃんとして、インデックスカードなどを使って人物設定を決めていれば、自然に浮かび上がってくる。人物の立場でものを見て、身も心も人物になりきって、静かに半日、あるいは必要なだけ、過ごします。命の脈動を感じさせるような、いきいきした作品に仕上げるためにね。

フランク・ピアソンは人物と自分との共通点を探します。

先にプロットを立て、それに当てはめて人物を作ろうとする人もいる。私はプロットよりも人物を先に考える方が好きだ。潜在意識に訴えかけてくるような人物がいい。そのような人物の悩みや葛藤を描くために、私はストーリーを考える。そうするには、その人物と真っ向から衝突しそうな敵対者が必要だ。また、自分自身が深い共感や仲間意識、ハーモニーを感じられる人物を描くこと。書きながら、自分も同じように歩いたり動いたり夢を見たりして、身体のリズムを感じる時は最高だ。頭で考えるだけでなく、骨や筋肉でも体感できるような、動きを伴う感覚があるといい。

クエンティン・タランティーノも人への関心を大事にしています。

他の人たちはいったいどうなのか、人間性とはどういうものかに興味をもち、何かを発見したいんだよ。本当は悪人なんていないのさ。(中略)登場人物が何をしても、僕にとってそれは善でも悪でもない。真実か偽りかの違いしかないよ。[*10]

実際のページに書いていく

ストーリーの構成を立て、登場人物の声がリアルに浮かぶようになれば、「ページに書く」作業に入ります。クエンティン・タランティーノは「最初はぎこちない感じでも、まず、一歩ずつ人物たちに動いてもらう。すると彼らはしゃべり始め、物事を進めていく」と言っています。自作にもよく出演する彼は演技の経験もあり、役者としてのセンスを生かしてト書きを書いているようです。「脚本執筆と演技は僕にとってほぼ同じ。書いている時はキャラクターになりきって動いているからね[*11]」

執筆はパソコンが主流の今でも、タランティーノはペンと紙を使って手書きする方を好みます。実際に脚本を書いていく工程をウィリアム・ケリーはこう表現しています。

一心不乱になって、技術を使って、あとはとにかく体力勝負ですね。一日に十時間から十二時間ぐらい書きますが、たった二時間ぐらいにしか感じません。座って書き始めると、そうなります。

スケジュールを立てて、それに従って書く脚本家もたくさんいます。ローレンス・カスダンはかつて広告業界で正社員として働いていました。脚本とは無関係の仕事をしている時間、彼はずっと自分を責めていたそうです。当時のことを彼はこう振り返ります。

妻の言葉に救われたよ。「こんな生活はやめなきゃ。脚本を書きたいんでしょう？　その時間と自由な時間が必要よ。自分の時間はとても貴重だもの」と。あの頃は、初めて生まれた子どもがまだ小さかった。おかげで気が引き締まったよ。

こうしてローレンス・カスダンは最初の脚本を書き、見事に買い手がつきました。この脚本が制作されるまでには十五年という歳月がかかりましたが、映画『ボディガード』（一九九二年）となって大ヒットしました。一方、彼は執筆の時間をたっぷり設けてからも、同業者たちと同じように、書くのを「避ける」癖に悩みました。しかし、ふと、彼はあることに気づきました。

今までずっと、新聞を読んだり、フォックスやワーナー・ブラザースの廊下を歩いたりしてたのはまったく時間の「無駄」だった、と……罪悪感を感じたよ。でも、僕はそのうち書き始める。十二時半からでも、四時からでも。そうすると、二時間かかろうが四時間かかろうが、たいてい結構な量を書く。つまり、読書や散歩も仕事の一部だったんだ。それが、やっとわかった。僕は機械じゃないからね。罪悪感を感じずに「これが自分のリズムだ」と認めるだけでよかったんだ。最終的に何か書くなら、それでいい。実際、書くとなったら僕はとても速い。計ってみたら、案外、そう長くはかからない。三ヵ月あればじゅうぶんだ。

多くの脚本家にとって、何も書かない時間は卵を温める期間なのでしょう。潜在意識の中でアイデアを温めていくうちに、「あ、そうか!」と気づく時が来るのです。

テーマで作品の本質を見つける

器用に書かれただけの脚本と、素晴らしい脚本との違いは何でしょう? 古典的な名作にはみな、何らかの理念が根底にあります。生き方や、物事の本質への洞察などの主張があります。作品ごとに題材が異なっていても、ほとんどの脚本家は自分自身が抱えるテーマをくり返し探求していることに気づきます。

テーマは一つの単語で表現できることが多いです。『ウォール街』とその続編のテーマは「欲望」です。アルフォンソ・キュアロンは『ゼロ・グラビティ』のメインテーマを「逆境」としています。[*12]

この映画は遭難事故から生還するストーリー。過酷な状況下で生まれる心理的な変化やたくましさからモチーフを得ています。この先どうなるかがまったくわからず、通信手段も断たれ、救助もほぼ絶望的に見える時、人は自らの意志だけが頼りです。そうしたスピリチュアルな、存在についてのテーマも取り入れています。[*13]

宇宙を何かにたとえた時に、そこからテーマが見えてきた、と彼は話します。

無重力の世界においては、その人自身のパーソナリティが物理的な力のようなものになるのではないか。荒涼とした宇宙空間で生きるために、宇宙服や宇宙船、宇宙ステーションといった繭のようなものがありますが……生きて帰ってくるためには、母なる地球の引力が常に働いているのです。

監督作『ブラックパンサー』の脚本にも携わったライアン・クーグラーは、テーマとは「問いかけ」だと説明しています。

自分は兄弟を守れているか？　答えはそれぞれのキャラクターの中にあるが、その中で一人だけ、答えを変える者がいる……ずっとかみしめたくなるような、深いテーマがあるんですよ、僕が好きなアクション映画の数々にはね。僕らもそれを目指しています。観客の期待に応えつつ、深さも感じてもらえるような映画が作りたいです。[*14]

この「問いかけ」は自分にとって、認めたくないものかもしれません。ローレンス・カスダンの自宅で筆者らがインタビューをした時、彼は答えをはぐらかしました。筆者はそれを見逃さず、同じ質問をして食い下がりました。相棒のエドは筆者に目配せし、「よせったら！　巨匠に対して失礼だろ！」と言いたげな表情です。ついに彼はふっと息を吐き、「そうだね、僕は理想と欲望とのせめぎ合いを、どの作品でも描いているね」と答えました。

僕らはなんとなく生きてこられた世代だから、世界の真実に直面した時に、物事がすごく違って見えた。望んだものが手に入るわけじゃないんだって気づいたんだ。大成功するには規則に縛られてちゃだめだ、ともね。『白いドレスの女』はメロドラマ的な作品だけど、言っていることは同じだよ。理想との間にギャップがあっても自分の望みを叶えたいなら、どうするか、ということだね。『再会の時』はもっとストレートに描いているよ。かつての仲間が再会し、昔は自由に生きていたなと思い出す。それに比べて、今の暮らしがいかに窮屈かに気づく。社会的に正しい生き方と、自分の心に正直な生き方の間でせめぎ合い、なおかつ尊厳のある生き方ができるのか。これは僕が日々自分に問いかけることでもあるね。

ハリウッドで高い評価を受けてきた作品の数々をふり返り、彼はこう続けます。

友だちが『わが街』を観て、こう言っていたよ。責任と自由との間で揺らぐ物語だね、って。自分の思いに従って生きる一方で、家庭や社会に対する責任も引き受けるとしたらね。『わが街』に描かれているのはそれだけじゃないけれど、責任感の強い男がめちゃくちゃな状況に遭遇してどう生きるかが根底に表れていると思う。
理想があって、欲望があって、さらに、とんでもないことが偶発的に起こり得る世界で懸命に舵をとろうとする姿を描いているんだよ。偶発的というのは、無差別に、たまたま交通事故に遭う、というようなことだ。

自分の中にずっとあるテーマをどう表現するかは脚本家次第です。「声を見つける」という言い方でも表現されます。ギレルモ・デル・トロの言葉を見てみましょう。

みんな心にぽっかり穴が空いているからストーリーを語る。成功しても、その穴が埋まるわけじゃない。語りながら自分を見つけることで、埋めるんだ。*15

でも、そうするには勇気や強い意志が必要です。ウィリアム・ケリーは次のように語っています。

自分をさらけ出して登場人物に入り込むんです。ど真ん中にあるものを描き出すべきだから。
僕たちは炎の番人のようなものです。神話に出てくるように、楽器を抱えて天から炎を盗もうとする。また、言葉の番人でもあります。言葉を知り、表現にふさわしい言葉を知る。言葉の意味を知ってなきゃいけないし、何かを表すのにもっとよい言葉があれば、それも知っていなきゃいけない。また、僕たちは闇の中でキャンドルを灯そうとする門番でもあります。自らの世界にふさわしい市民であろうとするのです。

アーロン・ソーキンも、このように述べています。

脚本に書いているのは、自分の長所をさらによくしたバージョンですね……実物の僕がこんなふうだったら、どんなにいいか。*16

デヴィッド・ザッカーは次のようにまとめています。

何を映画にして伝えるか、責任は僕らにある。だめな脚本で映画がヒットしたとしても、それがいい映画というわけではない。

ハリウッドのリライティング

構成と人物設定ができ、全体を貫くテーマが見つかったら、最初の大仕事はほぼ完了です。ただし、脚本の初稿が即、決定稿になることは稀です。どんな脚本にもリライト、つまり、書き直しの作業が入ります。脚本ができた時点で映画制作のコラボレーションが始まるからです。

ここから脚本家が新しい発見をするなら理想的です。初稿を書き上げたら自信がついて、登場人物をさらに力強くしたり、研ぎ澄ませたりするのも可能でしょう。書いている途中で新しいテーマに気づいたら、ふくらませてもいいでしょう。少し大胆になって笑いの要素を加えたり、ドラマチックなシーンの感情をさらに強く、深めたりしてもよさそうです。リライトは大変ですが、深みや洞察が加わることも多いです。

たとえ優れた脚本家でも、自分の文章を客観的に読むのは難しいものです。自分では意味がわかっているつもりでも、プロデューサーや監督に伝わりづらい場合もあります。また、他人の客観的な視点から「主役よりも脇役の方が面白い」とか、コメディや冒険アクションなどのジャンル物なら「ジャンルが求める要素が足りない」などの指摘もなされます。

もちろん、どれぐらいリライトが求められるかは、作品の性質や関わる人たち次第です。

ハリウッドは脚本をしつこく書き直させることで有名ですが、改善ならぬ改悪になるケースもあります。

カナダでドキュメンタリーを多く手がけてきたペン・デンシャムは、テレビドラマ『新アウターリミッツ』の製作総指揮や『ロビン・フッド』(一九九一年)の共同脚本などで活躍していますが、ハリウッドの流儀を知るたびに愕然としたそうです。

脚本はまるで張り子のような扱われ方だ。大勢がよってたかって作ろうとする。「ジャック・ニコルソンが出演候補だ」と言えば書き直し、「アーノルド・シュワルツェネッガーが興味をもってくれた」と言えば元に戻してマッチョな感じに書き直し、「ブルース・ウィリスが気に入ってくれそうだ」と言えばコメディの脚本家を呼んで書き直させる。頓挫すれば企画はボツだ。ルーレット賭博みたいなものさ。当たりを見越してチップを賭けては期待する。当たりが来て映画化が決まるまで書き直し続ける。

『ミッドナイトをぶっとばせ!』『NAKEDネイキッド』などを手がけた、脚本家で映画監督のトム・エバーハードも嘆きの言葉を業界紙に寄せています。

脚本の執筆は出産に似ているが、産んだ子は薄汚い窃盗団に奪われる。その後、何年も経ってから、その子は街角の映画館に現れるのだ。すっかり変わり果てた姿になって。

ビリー・ワイルダーの古典的名作『サンセット大通り』では、登場人物である脚本家ジョー・ギリスもこんなセリフで嘆いていています。

前作はオクラホマが舞台。最終的には魚雷艇の映画になりましたがね。

映画の脚本家は昔から、こうした心情を味わってきました。養子に出した子がきちんと育ててもらえない、というような仕打ちが非常に多いのは事実です。しかし、また、脚本とは以後の制作の指針となる文書であることも事実です。詩や小説とは違い、映画脚本は書き上げた時から多くの物事が動き始めます。いろいろな部門の人たちが読み、具体的な作業の計画を立てていくのです。それに対する脚本家の理解が乏しいことを指し、フランク・ピアソンはこう語っています。

映画脚本とは技術文書だ。一人ひとりの読み手によって着眼点が異なる。プロデューサーは観客動員数を予測しながらストーリーを読む（本当に優れたプロデューサーなら自分の好みに合うかどうか）。監督は映像を考えて読む。シーンのリズムが自分に合うかどうかも意識する。
プロダクション・デザイナーはロケーションとセット。衣装担当は衣装。小道具担当は小道具。俳優はセリフ。助監督はスケジュール。車両班のチーフは乗用車やトラック、地図、移動時間。

みなその道のプロだから、ト書きや文脈から自分の仕事を読み取る能力が驚異的に高い。脚本家は彼らのために脚本を書くのだが、彼らはたいてい、自分の担当に関わることしか読み取らない。犬にくっついたノミのような視点だ。犬の全身を眺める人はあまりいない。

そこで、結局は、計画書であり設計図である脚本が大切になります。映画制作は「コラボレーションによるアート」という言葉に何度も立ち返るのです。優れた脚本はみんなのコラボでさらにユニークな映画になります。脚本家が書いた言葉が映画になって、シアターで上映されるのは一年後か二年後、あるいは十年後かもしれません。その時、やっと観客に最初のセリフが届きます。脚本の執筆から上映までの間には、映画制作ならではのコラボレーションが存在します。その過程はけっしてたやすいものではありません。アートと商業がぶつかり合い、ハイリスクのポーカーゲームがくり広げられます。

〈原註〉

＊1 Kevin Daum, "21 Quotes by Aaron Sorkin That Will Inspire You," *Inc.*, June 23, 2016, https://www.inc.com/kevin-daum/21-quotes-by-aaron-sorkin-that-will-inspire-you-to-be-compelling.html [accessed July 1, 2020].

＊2 Aaron Sorkin, "I Have Writer's Block Most Days," *Daily Mail*, February 2, 2018, https://www.dailymail.co.uk/wires/afp/article-5343443/Aaron-Sorkin-I-writers-block-days.html [accessed July 1, 2020].

＊3 Hugh Hart, "Guillermo del Toro Shares 14 Creative Insights from His Spectacular Cabinet of Curiosities Sketch Book," *Fast Company*, "Master Class," October 29, 2013.

＊4 Scott Myers, "Writing and the Creative Life: 'That pure part of you'" *Medium*, June 8, 2018, https://gointothestory.blcklst.com/writing-and-the-creative-life-that-pure-part-of-you-183196f40286 [accessed July 1, 2020].

∗5 Daum, "21 Quotes."
∗6 Hart, "Guillermo del Toro Shares."
∗7 Gavin Smith, "Interview: Alfonso Cuarón," *Film Comment*, February 27, 2014.
∗8 Sorkin, "Writer's Block."
∗9 Erik Bauer, "Method Writing: Interview with Quentin Tarantino," *Creative Screenwriting*, August 11, 2013.
∗10 Ibid.
∗11 Ibid.
∗12 "*Gravity,*" in Wikipedia, "Themes."
∗13 "*Gravity,*" *The Miami Herald*, Miami.com, October 3, 2013, https://miami.com/039gravity039-pg-13-article (Not Found).
∗14 Scott W. Smith, "Ryan Coogler on the Theme of Black Panther," *Screenwriting from Iowa*, February 19, 2018.
∗15 Hart, "Guillermo del Toro Shares."
∗16 Daum, "21 Quotes."

CLOSE UP

『ビューティフル・マインド』ができるまで

［脚本家］アキヴァ・ゴールズマン

題材への深い思い入れ

書籍『ビューティフル・マインド』発売の一年ほど前に、ジョン・ナッシュについての雑誌記事を読みました。僕はずっと精神病に興味があったので、この本の記事がとても気になったんです。僕の母は児童の自閉症の研究では世界で最も進んだところにいました。当時、いわゆる情緒障害の子どもたちのグループホームができ始めていて、僕の家もその一つになっていました。

だから、僕の周囲には統合失調症や自閉症と診断された子どもたちがたくさんいました。彼らはハンガーにかかった服を見て逃げ回ったり、自分の肩に火が燃え移ったと言って暴れたり、外で馬が走っていると言って窓から眺めたりします。世間の目から見れば「おかしな子ども」でしたが、彼らの行動の裏には彼らなりの理由があると僕は思って見ていました。

つまり、僕は、精神病が人に及ぼす影響を見て育った。人間が認知する世界が複数存在することにも納得します。シルヴィア・ネイサーの著書の抜粋を『バニティ・フェア』誌で読んだ時、ナッシュの意識も別世界にあるのだなとわかり、心を揺さぶられました。

書籍が発売されるとゲラをもらって読み、僕がプロデューサーとして関わっているワーナー・ブラザースに持ち込みました。ブライアン・グレイザーにもイマジン・エンターテインメントを通してユニバーサル・ピクチャーズに持ち込んでもらいました。ワーナーの反応はいまひとつでしたが、ユニバーサルは前向きでした。そこで僕はブライアンに、思いのたけを込めて企画をピッチしました。ほとんど土下座に近い気持ちで、とにかくやらせてほしいと頼みました。

アングルを探す

僕は脚本家としての仕事はアクション映画が多く、『ビューティフル・マインド』路線の実績は自閉症の男の子を描いた低予算映画『精神分析医J』だけでした。ブライアンに会った時、僕は自分のアプローチを説明しました。精神病がもつ文法のようなものを、斬新な手法で描きたい、と。それは型破りなアプローチでした。原作の本には外から見えるジョン・ナッシュの人生が美しく書かれていますが、彼の内面についてはまったく記述がありません。だから、彼の内面の世界はすべて僕が想像して書きました。

彼が見る幻覚を、脚本では登場人物で表現しています。このアイデアは本の内容と、僕の知識をもとに考えました。統合失調症を発症した人は宗教や政治、宇宙人などに偏執的になることがよくあります。そこで、政府の陰謀という設定と、フロイトとユングの学説を混ぜ合わせるイメージで描きました。自分を批判する「超自我」の意識をパーチャーという人物で表現しています。

そして、自己本能的な「イド」を表す人物がチャールズ。フロイトからユングへと考えを進めていって「神」や無条件の愛を表す人物がマーシー。このようにして、ナッシュの幻覚に登場する三人の人物を考え、設定しました。

当時ブライアン・グレイザーがイメージしていたのは「天才」の映画で、僕のイメージは「狂気」の映画。彼はナッシュの非凡な精神をどう映像で表現するかを考えている一方、僕はナッシュの幻覚をいかにリアルに見せるかを話していました。

僕は絶対にこの企画を実現させたいと思っていました。この作品を書けば、僕は脚本家として大きく成長できるはずだから。そんな気がする時があるものです……書くなら絶対に今しかない、という気持ちでした。

役員たちとの脚本会議

実際にやると決まったら怖くなり、書き始めるのに一年かかりました。

イマジン・エンターテインメントの企画役員でエグゼクティブ・プロデューサーのカレン・ケーラと面談をしました。彼女は天才的な人です。僕らは座って作品全体のことを話し合いました。僕の中ではストーリーが出来上がっており、シーンの流れも決まっていました。

その後、ブライアンの家を訪ねて、「こういう映画だ」と言ってから内容を話すと、彼は涙を流しました。これはいい兆候だと思い、僕は自宅に帰って脚本を書き始めました。

書き終えるまでに、だいたい三ヵ月かかりました。

この脚本を構築する際、いくつかの悩みがありました。

特に、「観客は二つの映画を受け入れてくれるか」という不安がずっとありました。前半を普通の伝記映画のように描き、途中でどんでん返しをするつもりだったんです。ユニバーサルの意向は純粋な伝記映画でした。ラッセル・クロウ主演の、少し変わった伝記物だと思って観ていくと、主人公は精神に不調をきたし始める。そのうちモンスターが出てくるぞ、と予測しながら続きを観るが、突然、モンスターは冒頭からずっと目の前にいたと気づく。これは最初からモンスター映画だったのか、主人公は最初からずっと精神病だったんだ、と。

これを観客の立場で考えてみました。ああ、こういう映画なんだなと思って観ていたら、途中で雲行きががらりと変わる。僕だったら、その変化について行けるだろうか？　どんでん返しに気づいた時、伝記物とモンスター物とで好みに差が出るだろうか？　どちらか一方に面白さが感じられなくなったとしたら、どうするべきか？　ナッシュが精神病であることを明かすタイミングについて、僕らは議論を重ねました。結局、映画がちょうど半分まで進んだところのミッドポイントで明かすことになりました。

監督とのコラボレーション

ロン・ハワードは明確なビジョンをもつ、世界でトップクラスの映画監督です。脚本家の思いを汲んでくれる監督でもあります。ストーリーを理解しようとし、シーンごとの意図も知ろうとしてくれます。登場人物の行動の理由にもこまかな注意を向けてくれるんです。話が盛り上がってくると彼が「こうしたらどうだい」と言い、僕が「それは無理でしょう」と言い、彼が「やってみてよ」と言う。こんな時は、彼の勘が当たっているんです。彼が言ったとおりにしてみたら、結局、僕自身もとても気に入るシーンが書けました。七十五回ほど書き直して、だんだん短くなっていったけど、全体の構成が強化できました。そうして完成させた脚本をラッセル・クロウに送ったら、出演ＯＫの返事が来たんです。

脚本家としてセットに入る

現場での動きはハリウッドでは大変珍しいパターンでしたよ。僕はキャスティングの場に招かれ、リハーサルにも招かれ、撮影現場にも毎日行きました。だから、監督のロンと主演のラッセル・クロウと脚本家の僕の三人が毎日必ずセットにいたわけです。

ラッセルが登場しないシーンは全体で三つだけです。通常の映画と違って、この映画にはいわゆる「Ｂプロット」、つまり、サブプロットがないためです。ナッシュの妻アリシアの主観で見せる三シーン以外は、ラッセルが演じるジョン・ナッシュの主観で描く作品です。ですから、Ａ、Ｂ、Ｃと三つのプロットを交錯させるのではなく、Ａだけでほぼ全体を通しています。ラッセルの存在感と演技力のおかげで脚本に活力や知性、軽妙なタッチを与えてもらえたと思っています。

彼は人物が何をするか、何をしないかがわかっています。たとえば、ジェニファー・コネリー演じるアリシアが大学時代、彼のオフィスに「課題ができました」と提出に来るシーン。ラッセルは僕を見て「ここで何かちょっとおかしな愛嬌を見せるといいんじゃないか?」と言いました。そこで、彼女を食事に誘うセリフに「お一人様さ。わかるよね。まるで、岩につながれたプロメテウスだ。頭上で鳥たちがくるくる飛んでいる」というセリフを追加しました。かなり唐突で変なのですが、風変わりな洞察や愛嬌を感じさせます。

映画を観て頂くと、「彼は変なことを言ったが、彼女はそれを素敵だと感じたんだな」という印象を受けるでしょう。脚本には元々なかったビートです。

ロンはずっと病院のシーンを心配していました。ラッセルが手首に埋められたチップを釘でえぐり出そうとする設定ですが、実際には病棟で患者が釘を手に入れることなどあり得ません。ラッセルは実物のナッシュのように爪を伸ばしていましたから、僕は彼に「爪でひっかけばいい」と提案しました。こんなふうにして、みんながその場でアイデアを出し合い、映画がいきいきと形になっていきました。

この映画はハリウッドでは不可能と言われるような、完璧なコラボレーションで作りました。ロンは「この人に舵取りを任せたい」と思える船長です。彼は「どう思う?」と尋ね、真剣に耳を傾けてから決断します。意見がぶつかる時もありますが、ロンは自分の選択に自信をもっているから、誰もが彼に協力したい気持ちになれる。彼は相手によって態度や扱いを変える人ではありません。純粋に、出されたアイデアそのものを見て判断します。

構成やセリフ、演技、演出、脚本など、僕らはあらゆる面で話し合い、お互いに補い合って映画を完成させました。たとえ正反対の意見が出ても、互いに信頼関係がある。ロンとブライアン、カレン、ラッセル、ジェニー——みんなで作品という一人の子どもを育てているようなものですから、誰かを傷つけてまで自分の主張を通すはずがないんです。

第 2 章

プロデューサー
長い年月を駆け続ける

監督や俳優、エディターや作曲家の仕事内容はだいたい想像できるでしょう。では、プロデューサーの仕事内容は？　エグゼクティブ・プロデューサーやプロデューサー、アソシエイト・プロデューサーといった肩書きがありますが、彼らが具体的に何をするかはあまり知られていません。ハリウッドの大物プロデューサーたちは自分の仕事を説明するのに慣れていますが、その説明や定義、仕事の内容は人によって異なります。

ハリウッドで生え抜きのプロデューサーの一人にリチャード・D・ザナックがいます。彼の父は20世紀フォックスの副社長として古き良き時代を引き継いだダリル・F・ザナックです。父のように彼もまた、ずっと映画作りの最前線にいます。

誰よりも先に企画を思いつけたらいいんだけどね。脚本家よりも先に。たとえ自分のオリジナルのストーリーがなくても、本を読んだり舞台劇を見たりして「これはいい映画になりそうだ」と言えるから。

彼は『ドライビング Miss デイジー』でアカデミー作品賞を獲得し、『ジョーズ』と『評決』（一九八二年）ではノミネートもされました。

プロデューサーとは何者で、何をするか、ハリウッドとニューヨーク以外ではあまり知られていないでしょう。大事な仕事をしているのに、ちょっと悲しいね。お金を出す人だというのは大間違い。自腹でお金を出して映画を作るなんて、とんでもないよ。

また、彼はこう言います。

プロデューサーにもいろいろいる。契約交渉を扱う代理人的なプロデューサーもいれば、僕らのように企画から制作までを進め、映画の完成後もずっと関わっていくプロデューサーもいる。映画が完成すれば、みんな次の仕事に行ってしまうけれど、僕らは残って、東京などの都市に出向いて作品の宣伝や販売を続けるんだ。

ほかに、ハリウッドで最も有力なプロデューサーとしてブライアン・グレイザーがいます。彼は監督のロン・ハワードと共に制作会社イマジン・エンターテインメントを立ち上げました。彼の名前は五十作品以上の長編映画にクレジットされており、幅広いジャンルや題材を手がけています。『スプラッシュ』や『バックマン家の人々』、『アポロ13』、『ライアー ライアー』、『ビューティフル・マインド』などはほんの一例であり、百三十億ドルを超える収益を上げています。

優秀なプロデューサーに必要な資質について、彼は次のように語っています。

作品への信念と情熱をもつこと。自分のビジョンに確信があるなら、がむしゃらに、へこたれずに突き進むこと。プロデューサーとは映画の要となるビジョンと目標をけっして忘れず、予算と表現の両面で責任を担う人を指します。

もう一人、キャスリーン・ケネディをご紹介しておきましょう。『E.T.』で初めてプロデューサーとしてクレジットされて以来、彼女の経歴には『インディ・ジョーンズ／魔宮の伝説』や『バック・トゥ・ザ・フューチャー』、『ジュラシック・パーク』、『A.I.』、『リンカーン』、『スター・ウォーズ／フォースの覚醒』、『スター・ウォーズ／最後のジェダイ』と、とてつもない大作の数々が並びます。それでも、企画の段階ではたった一人のプロデューサーが作品を背負うことが大半だと彼女は言っています。

クリエイティブ面の担当者として、最初から最後まで一貫して担当するのは一人です。監督が参加するのはたいてい、脚本ができて予算が承認された後か、配役が決まった後ですからね。それよりずっと前からプロデューサーは企画に関わり、制作が終わった後も作品に携わり続けます。

プロデューサーと映画の関係は『市民ケーン』の中でケーンの死後に語られる「創業の前からだよ、そして、死後も」という有名なセリフを彷彿とさせます。とても長い年月です。

「この映画を作ろう」と決断する

先に挙げたリチャード・D・ザナックは映画化が困難かつ独特な題材に挑み、成功へと導く手腕で知られています。彼は自分が本心から映画化を望むことが必要だとし、また、その気持をけっして軽々しく捉えてはならない、とも語っています。

その企画をやるどうかの最初の決定が一番大切。ここで誤った決断をしたら晩回はできない。スターを配役しても、世界的な巨匠を監督に迎えても、題材が悪ければ誰も映画を観に来ませんからね。

長期間にわたって作品を育てるのですから、強い決意と責任感がなければ務まりません。企画から映画の完成までに何十年もかかることも多いのです。最も長い例は二〇一八年三月九日公開の『リンクル・イン・タイム』かもしれません。プロデューサーのキャサリン・ハンドは十歳の時に原作の本を気に入り、ディズニーで映画化すべきだと考えました。一九七九年にプロデューサーのノーマン・リアの助手になり、この話をしたところ、リアは本を気に入り映画化権を買いました。当時、筆者も同じ会社の監督のセカンド助手としてキャサリンの配下におり、その時から彼女はこの本の映画化に強い熱意を見せていました。

情熱を維持する秘訣をキャサリン・ハンドは次のように明かしています。

まず、自分の直感を信じること。次に、多くの人々に愛される題材であること。私は本を気に入り、ノーマン・リアも気に入ってくれました。彼の会社の役員アレン・ホーンも原作のよさをわかってくれて、「よし、映画化しよう」と言ってくれました。

プロデューサーは時の流れを味方につけ、逆風に耐え抜きます。そうすれば、タイミングがぴたりと一致する時があるものです。原作の本は一九六二年当時の若い世代に求められる内容でした。暗い時代に勇気と希望をもたらした一冊で、図書館でもひっぱりだこでした。二〇一八年もまた、気候変動や技術革新、国際間の緊張で世相は暗く、映画化にぴったりのタイミングだったのです。

一人が賛同し、また別の一人が賛同し、それが大勢の賛同につながることはとても重要です。そのためにも、最初の一人に情熱がなくてはなりません。プロデューサーになるには三つの条件があります。(1)誰かがほしがる題材、(2)俳優との良好な関係、(3)資金調達の道、つまり、投資家や制作会社、スタジオ、富豪など、素晴らしい映画の制作に参加したい人々とのつながりです。

プロデューサーはいろいろなアイデアを見つけ、時流に合わせて人々に売り込みます。ブライアン・グレイザーはこう述べています。

明るく心温まる、スターが出演してくれる路線の映画が僕は好きです。コンセプトがはっきりした映画にスターが出てくれれば、興行収入が期待できます。そして、観客層が絞り込めるため、予測を立ててマーケティングができます。

『ターミネーター』シリーズや『エイリアン2』などの映画や、テレビドラマ『ウォーキング・デッド』のプロデューサーを務めるゲイル・アン・ハードはこう言っています。

マーケティングのことは考えません。「一般ウケするかしら?」なんて四六時中考えていたら映画のためにならないわ。二兎を追う者は一兎をも得ず。いずれ映画は独り歩きしていきますから、私はそれを支えるだけです。

リチャード・D・ザナックは観客層の幅が狭い映画を制作してきました。面白いことに、彼が「最初の決断」で求める条件はそれだと語っています。

主流ではないことがポイントだと思います。同じものばかりだと飽きるでしょう。シュワルツェネッガー主演の最新作は別として、みんな何か違うものが見たいはず。こんなもの、誰が観るんだと思える映画にも、ちゃんと市場があるんです。

普通の映画ではだめ。すごい映画を作らなくてはね。突出した題材なら、そのユニークさに人々が惹かれる。僕は主流ではない題材を選びつつ、ある意味で「安全」にやっているつもりですが、常に成功するとは限りません。『RUSH／ラッシュ』(一九九一年)は失敗。『ドライビング Miss デイジー』は大ヒット。常にリスクがあります。

社会的な意義を考えて題材や人材を選ぶプロデューサーもたくさんいます。エフィー・ブラウン(『彼女を見ればわかること』『ディア・ホワイト・ピープル』)は包括性と多様性を目指しています。

女性の視点やＬＧＢＴＱの視点、有色人種の視点など、少数派になりがちな立場を描くストーリーが好きです。誰もが体験を分かち合い、性別や肌の色に関係なく誰でもヒーローになれ、みんなが共感できる作品を作りたい。誰にでも苦しい時はあると思うんですよね。[*1]

プロデューサーが映画化を決断すれば、長い道のりが始まります。ザナックはまず「いい映画になるか」と考えて決断をすると述べていました。いい映画になりそうな企画に、もし原作があるなら、次は「誰が脚本を書くか?」が問題になります。

脚本家と共に企画を進める

プロデューサーが映画化を決めると、監督を迎える前に脚本を書き直し始める場合があります。企画がまだ「アイデア」だけの状態なら、脚本家が雇われます。原作小説や舞台劇を脚色する場合は複数の脚本家に依頼することもあるでしょう。

エドワード・S・フェルドマン（『刑事ジョン・ブック 目撃者』『ジャングル・ブック』（一九九四年）『101』）は長年、数十人もの脚本家たちと仕事をしてきました。「脚本家はいつも渋い顔をするけれど」と彼はほほえみます。なぜなら、脚本家へのギャラの支払いがずいぶん後になるからです。脚本が売れ次第、まず彼がお金を受け取ります。あるいは、彼自身も一銭も得ないままで何年も脚本に取り組み続けることもあります。彼は次のように説明しています。

映画ビジネスは不確実なことばかり。プロデューサーが企画に二年間を費やして、一万ドルを獲得できたとします。大きな金額だけれど、時給に換算すれば一ドルぐらいになりますよ。それでもやっていける忍耐力が必要です。脚本を書くためのリサーチを数年がかりですることもありますし、映画が制作に入る前の契約交渉でさらに数年かかることもあります。

脚本が完成すれば、プロデューサーはそのビジョンを守りながら制作に向けて動きます。途中で脚本やビジョンが犠牲になる可能性もありますからね。

原作を客観的に眺めることも大事だとキャサリン・ハンドは語っています。映画『リンクル・イン・タイム』を企画する際は、まず原作者マデレイン・レングルの視点でストーリーを見たそうです。彼女は本を読み込み、原作者とも話しました。

私に子どもが生まれると、このストーリーを母親の目線でも見るようになりました。若いキャリアウーマンや夫を亡くした女性の目線でも見て、勇気や信念をたくさんもらいました。

映画の制作中は登場人物ウィッチ夫人の視点で全体を眺めました。いろいろな脚本家を起用して何度も脚本を書き直しましたよ。原作者のビジョンを大事にしながら、脚本家たちの解釈を生かしました。

ビジョンを守り抜いてくれる脚本家や監督は貴重です。『リンクル・イン・タイム』の企画は才能ある脚本家ジェニファー・リーとの出会いで大きく前進しました。彼女も子どもの頃に原作を読み、胸を躍らせていた一人でした。そうなれば、あとはチームを集めるのみです。キャサリン・ハンドはこう言います。

プロデュースにはコラボレーションが必要です。それは一人ひとりの立場を思いやること。たとえ賛成できなくても、人の意見に耳を傾けます。時と場をわきまえるための努力は絶対に欠かせません。映画のプロデュースには一つの村が作れるほど大勢の人々の協力が必要です。

脚本の書き直しで揉める時もある

プロデューサーは脚本についての揉め事の仲裁役もします。完璧な脚本を監督に渡すだけなら簡単ですが、現実にはあり得ません。脚本はいろいろな人の手に渡り、改善に向けて多くの提案が返ってくるため、何度も書き直しがなされます。脚本家の意図や表現の読み取り方によって、人それぞれに異なる意見が出るでしょう。優秀なプロデューサーは広く耳を傾け、ガイド役になります。すでに書かれていることを維持すると同時に、さらによくするための案を募ります。

しかし、このやりとりが難航すれば、脚本家を降板させることもあります。その判断や連絡もプロデューサーがせねばなりません。フェルドマンはこう述べています。

できるだけ、最初にお願いした脚本家に継続してもらうようにしています。いつもダメ出しから始まるので、不思議な人間関係ですよ。完璧な初稿などあり得ませんから、辛抱強く書き直しをお願いします。僕が関わった作品で、別の脚本家を呼び入れて共同執筆してもらったものはほとんどありません。

最初の脚本家が全力を尽くした後で、新しい脚本家が迎え入れられるケースもあります。後継者が元の脚本を大切にしてくれるかどうかを見抜く眼力がプロデューサーに求められます。

何年も前に、全米脚本家組合の最優秀脚本賞の候補者たちを集めた祝賀会で、筆者はバリー・モローとロナルド・バス（ロン）が共にいるのを見て驚きました。バリーが書いた『レインマン』の脚本が、途中でロンに引き継がれたのを知っていたからです。ロンはバリーの仕事を称賛し、深い敬意を払いながら書き直しをしたそうです。脚本の方向性を捉え直し、いくつかのシーンを削除しましたが、二人の間にわだかまりはまったくないようでした。彼らの態度はこういう場合の理想的なお手本のように見えました。書き直しの作業で二人が相談し合っていたかはわかりませんが、プロデューサーがうまく導いたであろうことは想像に難くありません。

チームのビジョンを率いる監督を見つける

企画が進むと、どこかのタイミングで監督が雇われます。その決定をするのもたいていプロデューサーです。脚本家が自ら監督したいと申し出る時もあります。その脚本をプロデューサー側が映画化したい場合は、誰が監督するかが契約条件に含められます。スパイク・リーやポール・トーマス・アンダーソン、クエンティン・タランティーノの脚本や、ギレルモ・デル・トロの『シェイプ・オブ・ウォーター』などがそれに当たります。脚本を書いた人が監督するのがよいですが、常にそれが可能なわけではありません。

監督選びの基準はさまざまですが、脚本の決定稿ができた時点では、監督選びが最も重要な決断となります。ここで大切になるのは脚本と監督の相性です。監督のキャリアにとって有利になるかどうかは度外視すべきだとリチャード・D・ザナックは言っています。

監督自身が乗り気でないなら、絶対にうまくいかないからね。いい監督はみな、それを経験していますよ。彼らはエージェントにこんなことを言われるんです。「今まで監督はいい映画を撮ってきて、評判もいい。だから、商業的に大ブレイクする映画を撮りましょう。ほら、今度の企画には大スターが出演しますよ。監督の値打ちも上がり、ランクアップ間違いなしですよ」って。その言葉にのった監督はだいたい痛い目に遭うんです。仕事を請ける動機が不純ですからね。

彼によると、プロデューサーは人に対する「第六感」が発達するそうです。

「俺は君ほどには感じないな」というような声が返ってきたら、その人との仕事を考え直す。エディターや作曲家なども、心が通じ合う関係が必要だからね。

ブライアン・グレイザーはこう言っています。

優れた脚本と、それにふさわしいキャスト、いい監督——これが制作の九割を占めます。いい監督は優れたスタッフを引っぱってくるから、プロデューサーは口出ししないこと。もちろん相談はしますが最終決定は監督を信じて任せます。

監督に呼ばれたプロダクション・デザイナーは、自らの配下でセットを作るスタッフを雇います。撮影監督は照明やシーンの見せ方を担当するチームを編成します。

チームの人々の相性は感覚でわかる、とキャスリーン・ケネディは言います。

俳優のキャスティングに似ているけれど、正直なところ、ゆっくり選んでいられない時も多いです。実際に会ってみて、技術的に合格点なら即、現場に入ってもらう。それでうまく進めばいいのですが。たくさんの映画を観ておいて、誰がどんな作品を担当しているかをつかんでおけば、作品と相性が合う人たちかどうかの見当がつきます。

トップクラスの映画監督はいつも同じ人たちと仕事をします。深い信頼関係が生まれると、よその現場へ行くのは考えづらくなるのです。映画制作の現場には独自のニュアンスがありますが、新人の「研修」をする余裕はありません。それほど時間に追われているのです。

リチャード・D・ザナックは次のように述べています。

この人なら間違いないと思っていても、家具や自動車を作るのとは違いますからね。みんな個性やエゴが強いから、すべてを完璧なビジョンで作り上げるのは本当に難しいです。予算と時間が厳しい中で、意見のぶつかり合いも必ず起きます。共通の目的に向かっていても、自分なりの方法論やセンス、価値観が出る。各人の押しの強さを目の当たりにしますよ。

スターにこまやかな気配りをする

大作映画で「押しの強さ」を最も発揮するのはスター俳優でしょう。映画の評判次第で彼らのイメージもアップダウンするからです。ブライアン・グレイザーはこれを当然のことと捉えています。確固たるスターの存在は「特別な何か」を映画にもたらしてくれるからです。

彼らはすごい才能の持ち主。他の人にはできない魔法のようなことができる。だから彼らはスターなんですね。超人的と言ってもいいかな。彼らが才能を最大限に発揮できるよう、僕は支えます。彼らの要求を聞き、気持ちよく仕事をしてもらえるように気遣います。

ゲイル・アン・ハードも彼に同意しています。

　スターが必要とするものを全部きちんと用意するのが私の仕事。よい演技をするのに必要なものは何でも手配します。『レイジング・ケイン』ではジョン・リスゴーにノルウェー語の訛りを指導するコーチを探しました。彼が演技に集中できるよう、宿舎や衣装やヘアメイクの配慮もしました。

予算を立てる

題材がみんなを結束させる接着剤だとすれば、予算は潤滑油のようなものです。制作費が高騰の一途をたどる中、プロデューサーは資金調達をし、お金の使い道を考えます。

ゲイル・アン・ハードは「低予算映画の王者」ロジャー・コーマンとの仕事で得た経験を次のように語ります。

　昔は本当にお金がない中で、とても手の込んだ映画を必死に作っていました。『ターミネーター』を手がける頃には、少ない予算で多くをしようと欲張り過ぎないようになりました。特撮物の映画では、脚本家と監督が制作技術と経費についての意識や感覚がないままシーンを考えてしまうので、プロデューサーが見積もりを取らねばなりません。歴史物の時代考証と同じぐらい慎重にします。

コストが上がれば、失敗した時の損失も大きくなります。ここ三十年間での変化について、フェルドマンはこう説明します。

ダウンタウンにビルを一棟買えば百年はもちます。なのに、何百万ドルも制作費をかけて作った映画はたった一日、公開初日で吹っ飛ぶ可能性もあるんです！　金曜の夜八時の回が終われば興行成績の予測が立ちますからね。明日があるさ、なんて悠長さはありません。恐ろしいですよ。

スタジオ制作の映画なら五千万ドルから一億ドル、低予算映画なら八百万ドルから一千万ドルの予算がかかることも珍しくありません。

ですから、経験豊富で評判のいいプロデューサーにとっても、長編映画の予算集めは難しくなってきています。企画から制作までに何年もかかるケースも多いです。ＯＫが出たかと思うと却下され、たぶんいけそうだという曖昧な空気になり、それらが覆されて想定外の事態になったかと思うと突然ゴーサインが出せる時が来て一気に動く、といった感じです。

プロデューサーの資金集めの方法は？

スタジオ制作と自主制作とでは資金源が大きく異なります。自主制作映画のプロデューサーは自己資金を出すことがあります。筆者のクライアントはわずか七千ドルの予算で映画を作りましたが、一般的な例ではありません。

ブルース・ヘンドリックスは一九九二年から二〇一一年の間、ウォルト・ディズニー・モーション・ピクチャーズ・グループのフィジカル・プロダクション社長を務め、三百作品以上の映画に関わりました。電話インタビューとメールにより、彼から直接伺った話をご紹介しましょう。

スタジオ制作なら予算は全額スタジオが出します。それが可能なのは銀行からの貸付やスレート・ファイナンスと呼ばれる投資があるためです。大企業や、銀行の回転式ローンが受けられるプロデューサーなどが参入するのです。

映画に投資した人たちの名前はプロデューサーとしてクレジットされ、多くの制作会社も名を連ねます。助手と二人でやっているプロデューサーが法人格をもつことも多く、スクリーンにクレジットが載るよう交渉します。通常、スタジオ制作でクレジットする名前は少ないですが、複数のプロデューサーが関われば多くなります。自主制作では個人からの投資や、海外への配給権を前売りするプリセールなどがあるため、クレジットが多くなる傾向があります。スタジオは海外へのプリセールをしません。それは自主制作で主に取られる方法で、制作費に充てられます。

制作会社をクレジットに載せると、海外で撮影をおこなう際にも役立ちます。ブルースの談話を続けましょう。

国外の地域で撮影をする場合、プロデューサーは「サービスカンパニー」として契約を結び、ビザや通関、スタッフの雇用、税金、ロケーションの確保などの実務を請け負います。

スタジオ制作も自主制作も「プロダクト・プレイスメント」をすれば収益が得られます。これは、たとえばメルセデスの乗用車やフォードのピックアップトラックなどを映画に登場させ、宣伝効果を狙うことを指します。また、スタジオ制作ならキャラクター商品の収益も見込めます。映画のロゴ入りのTシャツやマクドナルドの容器、『アナと雪の女王』のバレリーナ風の子供服を作るなどです。これらの収入は映画が完成した後で発生します。

自主制作を立ち上げる

自主制作では作品に対する発言権が強く持てますが、資金集めは複雑になります。しかし、スタジオが企画に興味を示さず、自主でやるしかない場合も多いでしょう。

やりくり上手で有名なエフィー・ブラウンはこう言っています。[*2]

嘘も方便で、姑息な手段を使う時もあるし、ノーと突っぱねる時も多いです。支払いをするために駆け引きもします。重箱の隅をつつくような細かさと、大勢の人と共に野望を抱いて頑張る力の両方が必要です。[*3]

プロデューサーが扱う金額が数千ドルから数十万ドル単位の低予算映画では、大予算の映画よりも事が速く進みます。筆者は何度かプロデューサーで監督兼脚本家のダーラ・レイと仕事をしました。彼女は短編や長編、ドキュメンタリーなど十作品を予算二十五万ドル以下でプロデュースしています。

予算の額にかかわらず、私のプロデュースの過程はいつも同じ。まず、脚本を読んで検討します。ロケーションは何ヶ所で、セリフがある役は何人か。ロケーションは七ヶ所から十ヶ所以下がいいですね。低予算映画では効率性が大事ですから、その中で一つ、いろいろなセッティングができる場所も選んでおきます。私が初めて手がけた長編映画（二〇〇六年公開の『The Goal（未）』）は五万ドルで撮影しました。DVD販売や学校、教会での上映会の収益を含めると、投資額の三倍のリターンがありました。

低予算映画では、題材が訴える力をとおして資金を得ることも可能です。ダーラはこれを「フリー・マネー」と呼んでいます。

つまり、映画が完成する前に投資者にリターンするお金ができるのです。『The Goal』には車椅子のアスリートと、脊椎や脳のケガの後遺症に対する特殊な器具が登場します。また、『Spirit of Love: the Mike Glenn Story（未）』ではバスケットボールに挑む聴覚障害の子どもたちを描いています。こうした映画には、企業が喜んで協賛を申し出てくれました。ある補聴器メーカーからも電話で「一万ドル単位でもいいですか」と問い合わせがあり、私は「もちろん！」と答えましたよ。そのレベルの協賛は当時初めてでしたが、実際に製品を見せてもらって、そのメーカーの新製品を映画の中で紹介しました。また、そのメーカーには本編とメイキング映像をどこでも上映して頂けるよう許可しました。その結果、多くのDVDが売れ、学校や教会などで上映会もできました。最近、学校や図書館、教材の配給配信をする会社とも、世界規模での三年契約を結びました。

こうしたありがたいお話が頂けるのも、映画祭に出品し、受賞もできたことが大きいです。『Spirit of Love』は二〇一三年にインスピレーショナル・カントリー・ミュージック協会の最優秀ファミリー映画賞を頂きました。ユニバーサルとパラマウントの四千万ドル予算の大作映画も候補にある中での受賞でしたから、嬉しかったです。

スタジオも自主制作のプロデューサーも映画祭への出品に積極的です。受賞すれば映画の宣伝にプラスになるのはもちろんですが、自主制作にとっては出品が配給会社を見つける機会として役立つのです。ダーラも映画祭が大好きだと語ります。

映画祭で多くの人と知り合えるし、知らない土地での観客の反応が楽しみ。わが子をお披露目するような気分で、どきどきします。

スタジオに比べると、自主制作のプロデューサーは懐事情が苦しく、資材の面でも乏しいかもしれません。その反面、スタジオによくある企画の「塩漬け」や「改悪地獄」に陥ることはあまりありません。スタジオでは開発中の企画が長く保留にされ、担当者の異動とともに捨てられることも多いのです。その中には優れた脚本もあるでしょう。筆者が読んだ中で最も素晴らしい脚本の一つは二〇一二年にスタジオが権利を買った後、役員たちが代わるがわるダメ出しをし続けて、いまだに制作に至りません。おそらく日の目を見ることはないでしょう。

筆者は脚本のコンサルティングをしているため、クライアントから企画を預かり、ダーラにプロデュースしてもらえないかとピッチしたことがあります。ただ、はがゆいことに、脚本家が映画制作の流れに無知だとプロデューサーとトラブルになることがあります。「映画化に向けて動きましょう」とプロデューサーに言われることは、実はめったにないのです。一世一代のチャンスに近い好機を無駄にしたケースをご紹介しましょう。

金曜日に筆者はダーラと昼食をし、ある企画をピッチしました。火曜日にダーラは「脚本を読んだわ。映画化しましょう」と言いました。彼女からの要望は「この脚本家が住む街に行きたいから、飛行機代だけ出してほしい」。その街は映画のロケーションでもあります。ダーラは現地の企業に協賛を呼びかけるつもりでした。それらの企業を映画にクレジットして、ストーリーの中でいきいきと描く構想です。さらに、感謝のしるしに参加者全員の名前もクレジットするつもりです。ダーラは現地に電話をして、船を無料で借りる交渉をし、ストーリーのメインとなるダンス大会の撮影許可も取りました。ダーラの行動力のおかげですべてがどんどん決まっていきましたが、脚本家は飛行機代を出そうとはしませんでした。プロデューサーにはお金があるから交通費も自腹で払い、みんなに食事をおごってくれるだろうとさえ思っていたのです。筆者は低予算映画の進め方を一生懸命に説明しましたが、耳を貸してもらえませんでした。低予算映画として成功の見込みが高い脚本でしたが、映画化の話は立ち消えになりました。

また別の脚本家の企画では、ダーラが撮影予算として二十五万ドルの小切手を受け取る段取りまでできました。この企画は、脚本家が書き直しを拒否したために頓挫しました。筆者は説得しましたが、だめでした。この脚本家は映画制作のプロセスを経験したことがなく、理解してもらえなかったのです。数年が経った今、ダーラはこう振り返っています。

脚本家が無名の自主映画プロデューサーに対して抱く意識の違いがはがゆく、いらだちを感じました。でも、自主で撮るなら、物事はスタジオより速く進みやすいのよ。つまらない脚本が映画になる場合も多いのに、素晴らしい脚本が葬られるのは残念です。

プロデューサーが尽力しても、実を結ばないことの方が多いのです。

長い年月を粘り抜く

資金集めは始まりに過ぎません。プロデューサーは監督の意向を聞きながら、プロダクション・デザイナーやエディター、作曲家や俳優の確保に向けて動きます。また、原作の映画化権を含め、多くの権利の取得に走ります。楽曲の使用権が含まれる時もあります。『刑事ジョン・ブック 目撃者』の撮影時、監督のピーター・ウィアーと俳優のハリソン・フォードは「納屋で踊るシーンでサム・クックの『ワンダフル・ワールド』を流したい」と言ったそうです。この曲の使用許可を得るのは大変だ、と思ったプロデューサーのデヴィッド・ボンビックは即座に奔走したそうです。そのおかげで、記憶に焼きつく有名なシーンになりました。

制作の準備がこのあたりまで進んでくると、たくさんの決定事項や交渉、約束が取り交わされ、多くの小切手が振り出されます。しかしながら、じっと待つ期間もまた発生するかもしれません。

一九九九年に筆者は素晴らしい脚本に出会いました。以来、二十年の間に映画化権の買い手が何度かつきかけましたが、お金を受け取るまでには至りませんでした。二〇一四年頃に、筆者はあるヨーロッパの女性プロデューサーと会い、この企画をピッチしたのです。作者の許可を得て、脚本を彼女に送ると、数日後にはもう「プロデュースしたい」との返事がきて、彼女はエグゼクティブ・プロデューサーとして動き始めました。つまり、映画制作に向かって資金調達に尽力し始めたのです。めでたく撮影が始まれば、彼女はセットに入って仕事をする可能性もありました。

彼女の呼びかけで、他のプロデューサーらが集まってきましたが、その全員が「この脚本は書き直した方がいい」と言ったのです。脚本家と筆者は最大限の努力をし、最初のビジョンを大事にしながらリライトをしました。その間にプロデューサーや制作会社やエージェントが制作準備に参加したり、離脱したりして入れ替わっていきました。

牛歩のように遅い歩みを続けて三年が経ちました。最初に興味を示していた人々は去り、新しい人々が現れました。強い関心を示し、お金も出せるという人もいましたが、まだ実際の支払いはありません。さらにゆっくりした歩みでまた二年が経った頃、ある制作会社が契約したいと申し出てきました。これが二〇一八年六月現在の状況です。

その後、初めての契約書が交わされ、初めて小切手の支払いがなされ、脚本家はプロデューサーやマーケティングの人々と会いました。候補となる監督とも近々、会うそうです。これなら、すべてが前進していることでしょう（まだ映画のタイトルは明かせませんが）。

進展の遅さにかけては『リンクル・イン・タイム』の比ではありませんが、一九九九年から始めた企画が二〇一八年でも撮影に漕ぎつけられていないのです。あと三十年待つようなことがないよう願っていますが、こんなケースは珍しくありません。根回しが延々と続く場合もあるのです。

トラブルの仲裁をする

資金のめどが立ち、出演者とスタッフが決まったら、映画は制作に向けて動き始めます。プロデューサーがコミュニケーション能力を発揮する局面です。どんな制作でも困った問題が必ず起きるからです。

エドワード・S・フェルドマンはこう説明します。

みんながいつも満足できているように、プロデューサーとして気配りします。すべてがきちんと進行しているか。脚本どおりに進んでいるか。ブレずに集中できているか。プロデューサーはそうしたことを確認するマネージャーのような存在です。丸く収めず、逆に騒ぎを大きくするプロデューサーもいますが、僕はそんなタイプではありません。

ブライアン・グレイザーも同意します。

まずは、重要なポジションにいる三者——俳優、脚本家、監督——から信頼を得ることだね。僕が作品に対して純粋な意図をもっていて、絶対に嘘をつかない、とわかってもらえたら、強い絆が生まれます。僕はいつも、おもてなしの感覚で動いています。たとえば、みんなが安らげるような会議室を用意する。現場が暗い雰囲気でないか気をつける。みんなが気持ちよく作業できるように。一般的なエチケットと同じようなことですけれどね。

プロデューサーの役割はめまぐるしく変わります。その理由をリチャード・D・ザナックはこう説明しています。

仲裁役になったり、カウンセラーのように聞き役になったりするけれど、あえて非情なボスを演じてノーと言う時もありますよ。それらの役を全部、同時にやらなきゃいけない時もあります。毎日のように状況が変わるし、どんどん新しい問題が起きるからね。

揉め事が起きても誰かを降板させられない場合、プロデューサーは「表現の違い」をみんなに納得させて、うまく収めなくてはなりません。撮影期間中はトラブル処理が主な仕事になるとキャスリーン・ケネディは明かしています。

不穏な空気になったら、プロデューサーが仲裁して解決します。外交官のように、おだやかに処理する力が必要です。意見が激しくぶつかり合っていても、じっくり話し合う時間の余裕はありませんから、効率よくまとめることも大事です。

同時に、彼女は制作の進行状況にも注意を向けます。

撮影期間中は全体の流れを見ます。映画は生き物のように日々変化しますからね。日程が決まっていても、どんどん変更していきます。その中で名案が生まれたりもしますが、物事を単体で見るだけでなく、誰かが全体を見ておく必要もあります。

プロデューサーにも天性の鋭い勘が必要だと彼女は力説します。

もって生まれたものなんでしょうね。仕事ができる人たちを見ていると、本人はその自覚がないことが多いみたいです。彼らは大変な状況でも自然にうまくやっているし、楽しんでいます。人づきあいがうまいのも特徴ですね。コミュニケーションは大切です。

キャスリーンは『ジュラシック・パーク』の撮影でハワイのカウアイ島に同行し、現地でハリケーンに直撃されました。その時の話をある会合で聞いたところ、彼女は百三十人の出演者とスタッフを避難させたそうです。屋外のセットが倒壊する中、全員がホテルの中で米軍の救助を待ちました。ヘリコプターの駐機場での集合時間をみんなに知らせると、撮影スタッフは機材と荷物をすべて揃え、定刻どおりに集まりました。軍隊から「これほど統制がとれた人たちは見たことがない」と驚かれたそうです。[*4]

プロデューサーとして現場に入る

プロデューサーがセットにどれぐらい関わるかはさまざまです。朝から晩まで現場で過ごすプロデューサーもいます。「毎日現場にいるようにするよ」とエドワード・S・フェルドマンは語ります。

セットにいるのが大好きだ。素晴らしいよ。誰かにお金を出してもらって映画づくりができるんだからね！　ただし、出ていくお金も多いから、使い方のチェックも必要です。

セットでは指揮をとるのは監督ですから、あまり口出しすると衝突が起きかねません。有能なプロデューサーは立場をわきまえ、じょうずに監督の補佐に回ります。

その点、キャスリーン・ケネディは監督のスティーヴン・スピルバーグと理想的なコラボレーションができていると感じています。

彼の決断力や実行力は素晴らしいですよ。私もアイデアを実行しますが、視点を維持するのは彼です。監督が撮影に入るまで、プロデューサーの仕事は限られています。監督をコラボレーターとして迎えてようやく完全な形で進行できる。テレビと違って映画は監督が主体です。プロデューサーは監督のビジョンに仕えます。

スピルバーグとは、複数の作品を同時進行で進めることも多いそうです。

撮影中の作品だけでなく、その時に抱えているものはすべて同時進行です。ショットの合間にスティーヴンと私とで、他の四本の映画の相談をすることもあります。

現場でのコーディネートを受け持つライン・プロデューサーのような仕事もする、とゲイル・アン・ハードは言っています。セットに関わる程度はさまざまですが、予算の管理と撮影の進行確認、脚本家と監督とエディターの連携の統括もおこないます。

何が求められるかは現場によって異なりますが、人にゆだねられるようになったのは貴重な学びでした。いらいらせずに、俳優と監督と脚本家の表現を信じること。私はトラブル処理に徹するのが理想ですね。現場には毎日顔を出しますが、長居はしません。

リチャード・D・ザナックは違う見方をしています。

僕は自分でライン・プロデューサーもしますから、毎日現場につきっきりで、すべてを見ます。限られた費用と時間で何をするか把握するんです。毎日現場でおこなう決定が予算に影響するし、映画の仕上がりにも影響します。人や物の動きを見ていると、こまかいことも目に入ります。大人数で作業をするなら、やはり教師のようなお目付け役が必要でしょう。

プロデューサーはオーケストラの指揮者に似ています。すべての楽器が弾けるわけじゃないけれど、どんな音色を出すべきかを知っている。みんなに気を引き締めていてもらうには、プロセス全体を細かく把握していなくてはなりません。どうすれば映画制作に役立ち、時間や予算を効率アップできるか。ヒントは山ほどありますよ。

ポストプロダクションとスタジオとの連携をはかる

撮影が終わってポストプロダクションが始まると、プロデューサーはスタジオとやりとりをします。映画の完成が近づくにつれてプレッシャーも高まるものです。プロデューサーは完成に漕ぎつけるまで、予算と時間の管理を続けます。また、スタジオと現場との対立を防ぎ、制作を円滑に進めます。

創作活動とビジネスがせめぎ合う中、プロデューサーはちょうど板挟みのような状態になります。その点、リチャード・D・ザナックは百戦錬磨。とはいえ、彼とスタジオとの戦いぶりは「時代と共に変わってきた」そうです。

今、スタジオ上層部にいるのは弁護士と実業家と代理人なんですよ。僕の父やジャック・L・ワーナーの一族がいた頃は、みな昔気質な映画屋としてスタジオを仕切っていた。今は企業のような性格が強くなりました。それが間違いというわけではなく、ただ、昔とは違うだけ。その違いが映画制作や作品の内容に影響しています。

最近は意見を言う人がいっぱいいだ。昔、伝説的なプロデューサーでアーヴィング・タルバーグという人がいたけれどね。今ではどのスタジオにも「未来のタルバーグ」的な人が十人ぐらいいて、積極的にダメ出しをしてきます。ただ、彼らに映画屋らしいセンスや勘はない。大学で法律の勉強をしてきた人たちだったりするんだから。映画学校で学んでもいないしね。マーケティング調査を盾にして、ようやく強気になれるタイプの人たちです。

確かに、スタジオ制作ではマーケティング調査が重要視される傾向にあります。それを自然に受け入れるプロデューサーもいますが、ザナックは異論を唱えます。

彼らはマーケティング調査をするけれど、僕はしません。人の好みは投票で予測できないってことが、彼らにはわからない。五千万人が観たがる映画を調査で知ることはできません。これは選挙じゃない。映画なんですから。僕はただ、自分が観たい映画なら、他の誰かも観たいだろうなと思うだけ。

今までとは何か違うものを作ればいいんですよね。一本の映画を観た後で、観客は「こんな映画があれば、また観たい」と答えるでしょう。でも、その言葉を鵜呑みにしちゃいけない。似たようなものをまた作るのではなく、何か違うものを探すべきです。観客は新鮮なものを強く求めています。宣伝で興味をそそられる面もあるけれど、観客には自分で何かを発見したいという欲求もあるんですよ。気分を変えたい、何か新しいものが観たいと思っているんです。

では、プロデューサーは新しい題材をどう見つけるのでしょうか。自らの勘と、観客が映画を観る元々の動機を考えるとザナックは語ります。

胸に響き、心を動かすものを探します。『ジョーズ』のような怖さでもいいし、笑いや涙でもいい。そうしたものに観客は反応します。

時と共に観客の年代層も変わります。以前はたいていどの映画も十代の男子をメインのターゲットにしていましたが、徐々にニッチな層が開拓されました。高年齢層をターゲットにした『ドライビングMissデイジー』や男性向けの『ダイ・ハード』シリーズ、キリスト教徒を意識した映画など、ターゲットはさまざまです。さらに小規模なアートハウス系や低予算映画の観客層もあります。プロデューサーはこうした分布を理解すると同時に、「直感」も働かせます。

そうした勘が特に発揮されるのは試写会に観客を招いた時です。スタジオは「スニークプレビュー」と呼ばれる試写で観客から得たスコアを参考に、プロデューサーや監督とプランを練ります。うまくいけば、作品にとっても追い風になります。

『いまを生きる』プロデューサーのスティーヴン・ハフトはこう振り返ります。

ついに試写の時が来て、不安に感じることがありました。この映画は大人向けの文芸物だから、若者にはウケないだろうな、と。試写会で観客がしらけたムードになれば、ポスプロのやる気も落ちてしまいます。僕らは「とにかく大人の観客を多く呼んでくれ」とマーケティング担当に念を押しました。大人なら、映画の長所や短所について、きちんとしたコメントをくれるでしょう。いつも試写は何度かおこない、初回は十五歳から二十四歳の観客層を対象にしますが、それは避けました。二回目以降に十代の観客層を招き、アンケートも別にとってもらいました。

初回の試写は大成功。アンケートは「よい」と「非常によい」が八十九パーセントを占めており、安心しました。翌週の試写では十代のスコアが九十四パーセントもあり、驚きました。

僕らは『いまを生きる』が大人向けの、懐古調の映画だとしか思っていなかった。時代設定だって、若い世代がまだ生まれていない頃ですからね。でも、十六歳の子は、十六歳の子が出演している映画が観たい。それに気づいていませんでした。また、俳優たちの衣装やセリフもなじみやすい、普通の感覚でしたから、難しそうなアート映画とは認識されませんでした。ストーリーへの評価もよかったです。映画に出てくるクルマは古いけど、全体的に、現代でも通用するものばかり。まさか若者に支持されるなんて、二度目の試写までディズニーも予測していませんでした。

もちろん、こうした意外なサプライズが常に起きるわけではありません。年老いた女性と運転手の交流を描く『ドライビング Miss デイジー』の初回スタジオ試写の際、リチャード・D・ザナックはある危機感を感じていました。

スタジオの役員たちは映写室で観るよと言ってきましたが、そうさせてはいけないと僕は思いました。彼らはこの映画を名作劇場タイプの作品だと思っていたけれど、僕はひっそりと客席で観てもらいたかった。この映画にぴったりの観客なら、それはもう、非常に感動してもらえるはずです。だから、役員たちにも「絶対に客席で観てくれ」と頼みました。彼らは観客たちの反応を肌で感じて驚いていたよ。そして、応援してくれるようになりました。

マーケティングをする

映画が完成したら公開スケジュールを組みます。低予算映画なら、上映会に関係者や配給会社を招き、映画祭にも出品するでしょう。映画祭での上映や受賞で知名度を上げていくのです。制作者は多くの映画祭に自費で出品し、配給会社にアピールをして収益獲得を目指します。

大きな予算をかけた映画では、スタジオが配給をおこないます。スタジオにどれだけ支援してもらえるかは、公開初日の週末用に確保されるスクリーンの数に表れます。ブロックバスターとみなされる映画なら二千以上のスクリーンが確保されるでしょう。その他の映画は十ヶ所程度の映画館での上映にとどまるかもしれません。プロデューサーは観客の反応を待つ一方、かなり正確な読みをしています。それでも予想外のヒットや大コケは常にあるものです。

キャスリーン・ケネディもその体験を語っています。

『E.T.』は子ども向けの映画だとマーケティングの人々に言われて、初めは六百館程度でしか公開してもらえませんでした。しかし、地方の映画館などで上映が始まると問い合わせが殺到し、上映館が増えました。最初の決定の大部分はスタジオの裁量にかかっています。全国レベルの詳しい市場調査の結果を元に決まるのです。

エドワード・S・フェルドマンはこう述べています。

マーケティングの経験から言うと、希望を感じさせる映画なら何でも制作できるし、売れる。特に、ハッピーエンドの映画は売れますよ！

多方面から収益を上げる

現代ではマルチメディアが発展し、映画は国内外のチケット販売以外でも収益が得られるようになりました。テレビやケーブル放送、ホームビデオ、ＤＶＤ、オンデマンド配信、ストリーミング配信、キャラクター商品の販売など、収入源は多岐にわたります。また、年々増加しているのがスクリーンに特定のブランド名を出す「プロダクト・プレイスメント」で、低予算映画の資金獲得に活路を開いています。ブランド側にとっても役立つことは言うまでもありません。一九八二年の映画『E.T.』では子どもたちがリーシーズのチョコレートを食べています。なぜなら、別の製菓会社マースが自社製品エムアンドエムズの使用を断ったからです。ウィキペディアによると、映画の成功でハーシー社のリーシーズチョコの売り上げが三百パーセント増えたそうです。

キャラクターグッズなどの商品化はまた別の話です。『E.T.』から『ジュラシック・パーク』、『A.I.』から『スター・ウォーズ』に至るまで、キャスリーン・ケネディが携わった映画はほぼすべて、大量のライセンス契約が発生しています。

契約の数は映画によって、また、映画が何に影響を与えるかによって異なります。『ジュラシック・パーク』のような映画では膨大な数のライセンス契約や販促の契約交渉が発生します。映画の販促用のデザインを、多くの販促キャンペーンに導入するからです。

この過程について、彼女はこう言っています。

早い段階でロゴを決定します。昨今のマーケティングはとてもこまかく、複雑なので、しっかりと統一しなくてはなりません。どのイメージを選ぶかで映画の印象が決まります。映画が公開されるよりもずっと前に設定して進めます。

世界に及ぼす影響を知る

コンセプトの立案からキャラクター商品のライセンス契約まで請け負うプロデューサーは、映画制作の最初から最後までを見守り続ける唯一のコラボレーターです。ビデオ化やテレビ放映にまつわる業務を含めると、きりがありません。

それが追加の負荷になり得る、とエドワード・S・フェルドマンは語ります。

長い付き合いになりますから、気をつけて仕事を選んだ方がいいです。映画に自分の名前が出るのは嬉しいけれど、うまくいかなかった作品の場合は見るのがつらいですよ。映画はずっと残りますからね。ありがたいことに、一九七三年の映画『セイブ・ザ・タイガー』はいまだにテレビで放映されます。作品としても、価値が衰えません。また、カルト映画っぽいものではスキー選手の恋愛コメディ『ホットドッグ』(一九八四年)をプロデュースしました。僕の経歴の中ではベストの作品ではないかもしれませんが、ずっと毎年収益が出るので、関係者たちに小切手を送っています。まだ人々が観てくれているんですね。

ゲイル・アン・ハードはこれを人間関係にたとえています。

映画に携わるたびに、同じことを思います……初めは有頂天で、欠点に気づきません。ラフカットを見る頃には、妥協に気づいて落ち込みます。最高だと思っていたのに、これじゃ最低。私はなんてボケていたのかしら、って。徐々にその気持ちも薄れてきて、最終的には最高と最低の間のどこかに落ち着きます。

映画が公開されて上映が始まると、ようやく時間の余裕ができます。彼女はミクロネシアでの撮影で現地に滞在した時に、あることを学んだそうです。

ボートに乗って、観光客がめったに訪れない島々に行く機会がありました。漁師たちが丸木舟で漁に出るようなところです。村に発電機が一台あって、月に二、三回、テレビやビデオレコーダーの電源を取るそうです。そんなのどかな村の人々がみな『ターミネーター2』を観たことがあると聞いて、私は怖くなりました。この平和な楽園には水道がなく、屋内に配管もなく、電話もありません。みんなアーノルド・シュワルツェネッガーのファンになり、都会のアクション映画に魅せられていました。私一人では負うことができない責任の大きさを感じたし、プロデューサーとしての影響力に対する見方が変わりました。映画の影響が及ばない場所は、ないに等しいと思っています。

業界で名を馳せ、世界を思いやるプロデューサーたちも同じことを深く受け止め、考え続けています。彼らの一人ひとりが独自の問題意識を持っています。エドワード・S・フェルドマンは「女性を蔑視する映画はけっして作りません。刃物を突き付けられて襲われる場面などは、この業界では売れる要素とみなされます。そうした映画を作れば、暗い映画館でそれを見る人たちが出る。責任は作り手側にあります」と力説します。「映画を観たからって実際に何かするわけじゃないよ、という意見に僕は反対です。世に出すものについて、我々には重大な責任がある。じゅうぶんに注意していきたいと思っています」

映画が実生活に及ぼす影響を意識するプロデューサーはたくさんいます。一九九九年にコロンバイン高校の生徒ら十三名を射殺した少年たちは『ナチュラル・ボーン・キラーズ』を百回観たと言っています。映画の影響が悲劇として表れた例でしょう。

ヒロインの活躍を描く映画(『スター・ウォーズ』シリーズ、『エイリアン』シリーズ、『羊たちの沈黙』、『ワンダーウーマン』(二〇一七年)、『ブラックパンサー』)は女性を勇気づけ、男性ヒーローと同じように物事を変えていけるのだと気づかせてくれます。キャサリン・ハンドやオプラ・ウィンフリー(『愛されし者』『プレシャス』『グローリー/明日への行進』）、キャスリーン・ケネディといった女性プロデューサーも、映画における女性の描写に配慮をしています。また、さまざまな世代の女性のロールモデルになるような登場人物を描こうとしています。オプラ・ウィンフリーはこう述べています。

これまでしてきたことはみな私にとっての学びであり、他の人々への教えでもあります。私の内面は、本質的には教師ですから。（中略）今はストーリーをとおして教えています。（中略）人々の自己実現のために、私も常に努力をしています。[*5]

プロデューサーとは何でしょう？　どうあるべきなのでしょう？　スティーヴン・ハフトは『いまを生きる』の余波を今でも強く感じています。

あの映画はパワフルな影響を与えました。会合に出るたびに、僕は『いまを生きる』のプロデューサーだと紹介されます。すると、居合わせた人々が、あの映画を観て転職を決意したとか、生き方を変える決断をしたと言うのです。

プロデューサーたちはみな、観客の人生に影響を与える映画の企画立案から完成までを支えたいと願っているようです。ある時、ふと、成功の手ごたえを実感するような出来事もある、とハフトは語ります。

僕たち夫婦はニューヨークで、ロビン・ウィリアムズと［元］奥さんのマーシャと一緒に歩いていました。

すると、一人の中年男性がロビンに歩み寄ってきて、ただ「ありがとう」と言って去っていきました。ロビンは軽く会釈して、僕を見てにっこり笑い、『いまを生きる』の反響は他の映画とまったく違うと言いました。普通は「あの映画、よかったよ」などと言われ、それはそれで嬉しい。でも『いまを生きる』を観た人々は、みんな「ありがとう」と言うそうです。僕にとっては苦労が報われる思いです。

〈原註〉

*1 Arianna Davis, "Effie Brown Opens Up about the Matt Damon Mansplaining Moment," *Rfinery 29*, November 25, 2016, https://www.refinery29.com/en-us/2016/11/130796/effie-brown-movies-tv-shows-female-producer [accessed July 1,2020].

*2 Soraya Nadia McDonald, "Effie Brown Challenged Matt Damon. Now She's Ready to Challenge an Entire Industry," *The Washington Post*, "Arts and Entertainment," October 14, 2015.

*3 Arianna, "Effie Brown Opens Up".

*4 Erin Cassidy, "Hurricane Iniki Anniversary: Storm Devastated Hawaii, Disrupted Filming of 'Jurassic Park'," *AccuWeather*, September 15, 2014, https://www.accuweather.com/en/weather-news/hurricane-iniki-anniversary-storm-devastated-hawaii-disrupted-filming-of-jurassic-park/150103 [accessed July 1,2020].

*5 Debra Birnbaum, "Cecil B. DeMille Honeree Oprah Winfrey Celebrates 'Strong Female Characters On and Off Screen,'" *VARIETY*, January 4, 2018, https://variety.com/2018/tv/awards/oprah-winfrey-cecil-b-demille-award-profile-interview-1202649922/ [accessed July 1,2020].

［プロデューサー］ブライアン・グレイザー、ロン・ハワード、カレン・ケーラ

映画化の権利を取得する

ブライアン・グレイザー：ロンと僕は統合失調症のある側面を描くことに興味がありました。ジョン・ナッシュの実話はストーリーにしやすく、また、希望の光を投げかけてくれます。シルヴィア・ネイサーの著書『ビューティフル・マインド』の出版当時、ジョン・ナッシュはまだ映画化に同意していませんでした。その後、シルヴィアの記事が『バニティ・フェア』誌に掲載され、同誌の編集者グラハム・カーターが「映画化にぴったり」と電話をくれました。僕は記事を読み、やがて本がハリウッドでの映画化に向けて動けるようになると、すぐ「自分にやらせてほしい」と頼み込みました。

原作本のスタイルや雰囲気は記事とは異なる印象でしたが、記事を読めばストーリーがじゅうぶんつかめましたので、できる、という確信がありました。僕の制作会社イマジン・エンターテインメントで扱いたいから権利を確保してくれとユニバーサルに頼み、願いを聞き入れてもらいました。

ロン・ハワード：あの頃、僕は立て続けに映画を二本撮っていた。時間の余裕がなかったし、僕のせいでブライアン

を待たせたくなかった。脚本が形になってユニバーサルが興味を示すまでにしばらく期間があったので、結果的に、ちょうどいいタイミングになった。

脚本家を見つける

ブライアン：脚本家の候補者一覧をカレンがくれたので、その中の数人に本を送りました。ちょうどその頃、アキヴァ・ゴールズマンはワーナー・ブラザースに原作本を見せたけれど却下されて、それで、僕たちに連絡してきたんです。アキヴァも候補に上がっていたのですが、僕から本を送っていませんでした。

僕はアキヴァを招き、カレンと一緒にミーティングをしました。その後、アキヴァはユニバーサルのステイシー・スナイダーに会いました。そうしてみな、彼が題材にどうアプローチするかを聞きました。

映画の三分の二までは登場人物たちをリアルな存在に見えるように描きたい、とアキヴァは言いました。つまり、観客は、統合失調症の主人公と似た体験をするわけです。彼は精神病患者の内面を描くことに独自の方法論をもっていましたから、僕らは彼に脚色を依頼することに決めました。

この映画は時系列の順に描くものではないな、と僕は感じていました。主人公の一生をたどる物語ではなく、当時の数学者たちの偉大さを描きたかった。一九四〇年代、彼らはロックスターのような存在でした。ポケットに万年筆を挿して勉強ばかりしているオタクの集団ではなかったんです。

映画の冒頭でジャド・ハーシュ演じるヘリンジャーは「数学者が戦争を勝たせた」と言っています。『トップガン』の男たちが世界で一番輝いて見えたのと同じようなニュアンスが伝わればと思います。

脚本家に決まったアキヴァはカレンと一緒に九日間、会議室でストーリーのハコ割り〔おおまかなストーリーをシーンごとに区切り、詳細を書き加える作業〕に明け暮れました。

脚本の構成を考える

カレン・ケーラ：私はこの映画のエグゼクティブ・プロデューサーであり、イマジン・エンターテインメントの共同会長です。ブライアンが決めた方向性に従って、脚本家と私はシナリオを構築します。アキヴァと私は毎日会議室にこもり、ストーリーの確認から始めました。第一幕、第二幕、第三幕で何を描くかを考え、彼と一緒に構成を立てました。

原作本はナッシュの幼少期から始まっています。脚本では、彼の老年期から始めて、若い頃にさかのぼろうとしました。幼い彼が数学を使ったいたずらをする場面なども考えましたが、だんだん採用しない方向に傾いていきました。

また別のバージョンでは、スリラー要素の高まりに合わせて構成を考えました。ナッシュは諜報員パーチャーに誘われ、CIAに雇われます。二人の出会いや、パーチャーがいかにナッシュの自尊心をくすぐるかを考え、それに合わせたストーリー展開をしようとしたのです。緊迫感が高まる一方、ナッシュはすべてを現実だと信じ込んでいます。

二つの筋をどう交錯させるべきかを考えました。ナッシュと妻アリシアの出会いは、パーチャーとの接触の後でなくてはならない。すると、パーチャーとの諜報活動とナッシュの恋愛模様を同時進行で描くことになる。そして、恋愛模様は第二幕の冒頭までに始めなくてはならない。この映画は基本的にラブストーリーだからです。アイデアが出るたびに私たちは「その後、どうする?」と考え続けました。

すべてがナッシュの幻覚だったことを観客に提示した後は、展開が難しくなりそうでした。ナッシュが台所で「みんな何をしているんだ」と尋ねるシーンも必要になったんです。編集作業で脚本の構成をチェックする時でさえ、ナッシュが服薬をやめる場面に早く進んでほしいと思うほどでした。ナッシュにとっても観客にとっても、幻覚だと思わせる部分と、それを否定する部分の程度や尺の配分が非常に難しい。実際に映像を編集するまでわからない面がありました。

「彼が自分の幻覚に気づくのはなぜ?」という疑問があったので、少女マーシーがいつまでも年を取らない、という案が出ました。こうした点をすべて考え、十ページ分のアウトラインを作りました。

アウトラインを脚本にする

カレン：アキヴァが脚本を書く間は干渉しませんでしたが、彼は難しいシーンにぶつかると電話をくれました。マーシーが年を取らないことに気づいた直後のシーンについては、かなり話し合いました。二人がテーブルを囲むところに妻アリシアも出して関与させていきたかったので、彼女がナッシュを説得するセリフがたくさんありました。本当の現実に意識を合わせれば、病気の快復に向かえるという主張です。これはとても抽象的な考えでした。アキヴァは多くのバージョンを書き、電話で読んで聞かせてくれてから、「ここで苦戦している、現状はこうだ」と説明をくれたものです。相談した後に書き直したバージョンはずいぶんと長くなったので、それをまた短くしました。

いつも苦心したのは、秘密の答えをどう明かすかです。ミッドポイントまでは観客に気づかれないようにするのが目標でした。パーチャーのセリフがあまりに不気味で非現実的だとアキヴァに伝えたこともあります。その点も変更を加えましたが、秘密がばれないかが気になって、神経を尖らせていました。

数学の世界をリサーチする

カレン：企画と脚本を進めていた時に、私たちは数学の講義を見学しに行きました。話についていけないどころではなく、最初からちんぷんかんぷん。フランス語が話せないのにフランス語の授業に出るような感じでした。私たちはみな大卒で数学もある程度学んだけれど、レベルが違い過ぎました。

私たちは場違いでしたが、大学の人はみんないい人で、気難しい変人タイプではありませんでした。数学者は私たちが理解できない何かを見ているのでしょうね。映画でも素敵な青年たちとして描きたくて、観客が感情移入できるように意識しました。

プリプロダクション

ブライアン：僕はストーリーに惚れ込み、俳優も監督もやりがいを感じてくれるはずだと確信していました。完成した脚本をCAA（クリエイティヴ・アーティスツ・エージェンシー）のエージェントに託したところ、こちらから脚本を売り込まずに様子を見ることになりました。すでに業界内でかなり高い関心をもたれていたし、ロバート・レッドフォード監督、トム・クルーズ出演という話も出ていたほどです。ちょうどその頃、完成した脚本をロンが読み、監督をしたいと申し出てくれたので、彼も交えて作品のビジョンを話し合いました。ストーリーを短文にまとめ、それに従って全体を構築することになりました。

ロン：アキヴァとカレンとの会議で、僕はプロポーズの場面を加えようと提案した。ナッシュが「君と結婚したいと言ったら?」と言うんだ。その案について話し合った。

カレン：そして私は、アリシアが「私がそう思っていたこと、なぜわかったの?」と言い返したらどうかと提案したわ。彼女の存在感も出したかったから。ナッシュと釣り合うことを確実に見せたかった。

ロン：愛情表現に苦労する姿を描こう、と話し合ったね。彼の恋心が伺えるところがないから。アキヴァはシーンのアイデアがいくつかあっただろう。ナッシュは女性に対して奥手。恋も数学的に考える数学者なんだ。

キャストを選ぶ

ロン：ジョン・ナッシュを演じる度胸がある人がほしかった。ナッシュ本人に匹敵する知性が演者にも求められるからね。ラッセル・クロウは情熱的で頭がいい人だ。会った瞬間にそう確信したよ。

ブライアン：ナッシュの妻役は何百人もオーディションをした。ラッセルが全力を出せるように、彼に挑む力量がある女優が必要だった。

ロン：役者として、ラッセルとジェニファー・コネリーのやりとりはとてもパワフルだった。だからジェニファーに役をお願いした。

セットでの連携

カレン：私は毎日セットに入ったけれど、イマジン社で他の仕事も並行して進めていましたから、一日じゅうは無理。アキヴァはセットに常駐で、リハーサルや撮影の間に脚本の書き直しをしてもらいました。ナッシュにユーモアを加えるために、ラッセルから「きみのネクタイの柄がひどいことは数学的に証明できる」というセリフの提案をもらいました。彼が冷たいキャラクターに見えないようにね。このようにラッセルから提案をもらい、その場でアキヴァが脚本を書き直しました。もう一人のエグゼクティブ・プロデューサーのトッド・ハロウェルは、どちらかというとライン・プロデューサー的な役割でした。制作進行を統括し、第二班の監督として素材の撮影もしていました。

映画館で反応を見る

カレン：封切後に私たちが映画館で観ていた時は、観客の反応に驚きました。ローゼン医師に「ナッシュには幻覚症状がある」と言われた妻は「幻覚ってどんな?」と尋ねます。「たとえば、チャールズというルームメイトだ」と医師が答えるところで、私たちは観客が「ああ!」と驚くかと期待していましたが、客席はしんとしていました。続いて、医師は大学寮がルームメイト制ではないことなどを話します。それでも、ナッシュが病気だと思わなかった観客たちがいたようで、後で妻が小屋に行って中を見るシーンで初めて驚きの声をあげていました。

コラボレーションの役割

カレン：ブライアンが原動力でしたね。彼がいなければ進まなかったわ。

ロン：ブライアンがいれば安心だ。広い視野でテーマや価値観を理解しているからね。僕はディテールに惹かれるが、彼は遠くから客観的に見ていてくれる。最初の観客のような存在だ。彼も僕も賛成できる案は安全かつパワフルになる。

ブライアン：制作が大変だったとは思いません。僕の現場が大変だったことはないですね。基礎がきちんとできていれば大丈夫。基礎が間違っていれば、混乱は避けられません。本当に難しいのは、基礎を作る表現面をうまく見つけることです。

第 3 章

監督

ビジョンを行動に移す

ロン・ハワードは幼い頃、子役として活躍していました。テレビのコメディドラマ『メイベリー110番』のオーピー役や、『ハッピーデイズ』のリッチー役でかわいらしい少年を演じ、大人気を博しました。今でも彼の顔をよく見ると、当時の面影に気づきます。『メイベリー』は一九六〇年の作品ですから、かなり昔になりますが、当時の経験は彼の人生を大きく変えました。彼が映画監督になると決めたのも、その時がきっかけだと語ります。

他の俳優たちと一緒にいるのが楽しいだけじゃなく、スタッフと一緒にいるのも楽しかった。そうか、監督になれば、みんなと一緒に楽しめるじゃないか、とすぐに気づいたよ。今も同じ気持ちだ。作品づくりの話し合いの中心にいると、まるで身体に電流が走るみたいに感じて元気が出て、やりがいを感じる。

監督の仕事は複雑です。ローランド・ジョフィ（『キリング・フィールド』『シティ・オブ・ジョイ』）は次のようにたとえています。

監督の仕事は、いくつもの層といくつもの次元でチェスをするようなもの。ただし、チェスの駒はみな自分たちで動きを決める。

ノーマン・ジュイソン（『夜の大捜査線』『華麗なる賭け』『月の輝く夜に』）の説明はこうです。

最も大切なのは操ることです。それをコミュニケーションとかインスピレーションと呼ぶ人もいますが、監督は常に人を操っているんです。俳優も、撮影や音響や照明の技師も、作曲家や脚本家も。監督は自らのひらめきやビジョンにみんなが合わせるように操作を試みているんです。

彼はカナダのテレビ番組のインタビューで「リズムとタイミングが大事だね。幅広い知識も必要だ」と言ってから少し間をおき、「それから、履きやすい靴。足が疲れるからね！」と付け加えました。

監督はコラボレーションの統率者です。脚本を映像にして上映するまで、現場にとっての原動力となります。あらゆる議論の中心となり、どんな表現をするかを決めていく際に基準を設ける存在です。

監督は人々をまとめるキャプテン的な存在でもあります。

また、監督はどんなことにも知識がなくてはなりません。エイミー・ヘッカリング（『ベイビー・トーク』『クルーレス』）はこう言っています。

絵画や音楽、文学、衣装についての知識が必要。でも何よりもハートが大切よ。

監督する脚本を選ぶ

すべては、まず言葉から始まります。ハリウッドには映画化を待つ脚本がうず高く積まれています。それらはトップクラスの監督たちが興味を示しそうな脚本です。実は、素晴らしい脚本はかなりたくさんあるのです。しかし、映画化される確証はありません。

どんな脚本を好むかは、監督によってさまざまかもしれません。仕事が好調で、好きな作品が選びやすい状況にいれば、自身の価値観や幼少期の体験などに合う脚本に惹かれるかもしれません。

オリバー・ストーンは社会問題を扱う作品（『プラトーン』『ウォール街』『7月4日に生まれて』『JFK』）が多く、それが自身のトレードマークになっています。

父が食事中によく政治や思想の話をしていたからね。話したり、書いたり、議論をしたりする環境で僕は育った。だから社会問題を描く映画が多いんだ。映画で身のまわりの因果関係を描こうとしている。

ジョン・シングルトンはアカデミー監督賞に史上最年少でノミネートされました。映画になったことがないストーリーに声を与え、自らの体験に忠実に映画を撮りたいと願っていたそうです。

僕はアメリカに住む黒人男性だ。映画を撮るなら、それについて描かなきゃ。僕が知っているのはそれだけ。世界を変えようとはしていない。いい映画を作れば必ず文化に浸透する。映画を世に出せば、あとは独り歩きしていく。

彼は初の作品について、こう述べています。

『ボーイズ'ン・ザ・フッド』はストリート版のおとぎ話だ。多くの人が同じ経験をしているから、自分を重ね合わせることができる。だから応援してもらえたんだよ。「おい、それは俺の話だよ。俺が経験したことだ」って。しかも、あまり映画に描かれない物語だった。

もちろん、昔の映画がみな社会問題を扱っていたわけではありません。シングルトンもリメイク物の『シャフト』（二〇〇〇年）を監督したりしています。しかし、パワフルな映画は監督も観客も共感できる、人間のリアルな面を描いています。観客がキャラクターに自己を投影し、真実を探せるような映画はパワフルだと言えるでしょう。「その瞬間に込められた真実の探求」です。監督によっては、それを人物の姿で追及する人もいます。観客の心にポジティブな影響を残す題材を、ロン・ハワードは求めます。

誰の心の中にも、成長して変わろうとする力がある。暴力などではない何かをして、自分を変えていく力を内に秘めている。

そうした企画や題材が監督の元にやってくる場合もあります。ピーター・ウィアー（『誓い』『刑事ジョン・ブック目撃者』『いまを生きる』）はこう語ります。

結局、僕が題材を選ぶのではなく、題材が僕を選ぶのです。まるで心が音楽にかき立てられるように感じると、僕はこの作品をやるんだな、という確信が生まれます。どの作品でも、脚本を読んで最初に感じたことをどう映像にするかが課題です。

感情は身体をさざ波のように伝わるものであり、言葉で説明できません。モーツァルトの曲を聴いた時のようなものです。感動した。心が揺さぶられた。そういった強い思いのおかげで十二ヵ月以上に及ぶ制作期間を頑張り通せる。何百人もの人々と共に現場を動かし、さまざまな問題を乗り越えていけるのです。

そしてもちろん、よいストーリーとパワフルな人物描写が好まれることは言うまでもありません。それらを総合的にもつ脚本が名監督たちの関心を引くと言えるでしょう。

脚本に原点がある

ほとんどの監督は特定のジャンルかテーマ、もしくはある種の登場人物に惹かれます。

昔、筆者は大ファンである監督のシドニー・ポラックに面会をお願いしました。彼の作品についての感想や思いをしっかり手紙に書いて二回送ると、面会を承諾して下さいました。当時、まだ若かった筆者には巨匠に会うのにふさわしい服がなく、濃いピンクのブラウスにブーツというういでたちで、失礼ではないかと気を揉んだものです。お会いすると、彼は、自らの作品はすべてラブストーリーだと言いました。『トッツィー』は愛と友情の物語。『愛と哀しみの果て』は国への愛と、安定と自由とのせめぎ合いの物語。『追憶』（一九七三年）は過去の愛をせつなく求める物語というわけです。

一方、スティーヴン・スピルバーグは自身の幼少時を作品に反映しています。『未知との遭遇』や『E.T.』では父親が不在の家庭を描いています。脚本家が同じテーマやイメージ、スタイルに何度も立ち返るように、監督たちにも自らのテーマがあるものです。

他の作り手に影響を受ける監督もたくさんいます。スピルバーグは『アラビアのロレンス』に影響を受け、数週間にわたって何度も観たと語っています。

登場人物にもテーマがあるんだ、個人的なテーマがあるんだと気づいたよ。デヴィッド・リーン監督は壮大な景色をバックに大がかりなアクションをする人物を描いているが、『アラビアのロレンス』の中心には「私は何者だ?」という問いがある。

スピルバーグの言葉を続けましょう。「僕の初期のテーマはいつも、強大な自然や天敵に追われ、生きようとする弱者だ。『ジョーズ』や『激突!』や『ブリッジ・オブ・スパイ』、『シンドラーのリスト』に見られるよ。また、『レイダース/失われたアーク《聖櫃》』(及び、それ以外の『インディ・ジョーンズ』シリーズ)、『ジュラシック・パーク』、『戦火の馬』、『宇宙戦争』(二〇〇五年)にもね」

幼少期の体験は監督たちのテーマに影響を与えます。スピルバーグは子どもの頃にいじめを受けていました。また、父親は家庭を放棄して出て行っており、それに似たシチュエーションが『E.T.』で描かれています。

(『E.T.』では)子どもの寂しさをどう癒すかが大切なテーマだった。父親が出て行った後、エリオット少年に何が起きたらいいだろうか、と。宇宙人と出会う、などだね。[*1]

他にも、彼の作品には逆境に置かれた子どもが勇気や自信を得るストーリーが多く見られます(『太陽の帝国』(一九八七年)『A.I.』『戦火の馬』『タンタンの冒険/ユニコーン号の秘密』)。

彼はスピリチュアルなテーマや宗教的なテーマにも取り組んでいます。

僕自身の精神性は作品に自然に表れているだろうね。潜在意識を大切にして選択する以外にないと思っている。ちょっぴり外側に表れている思考を超えた何かが見つかるだろう。

彼は『シンドラーのリスト』で旧約聖書のモーセのように民を救う人物を表現しています。『プライベート・ライアン』では迷える子羊を探す羊飼いのような人物を、『E.T.』では奇跡の人を。『アミスタッド』や『ミュンヘン』、『続・激突！／カージャック』や『タンタンの冒険／ユニコーン号の秘密』では自由を求める人々を描いています。[*2]

スパイク・リー（『ドゥ・ザ・ライト・シング』『マルコムX』『ブラック・クランズマン』）は人種問題や搾取、不公平などの社会問題を描く脚本家／監督です。黒人に対するリスペクトの欠如に注目し、論争を呼びそうな題材を好んで取り上げます。

また、ライアン・クーグラーやエヴァ・デュヴァネイ（『グローリー／明日への行進』『リンクル・イン・タイム』）らアフリカ系米国人の監督も、黒人男女の思いを代弁することに意義を見出しています。デュヴァネイは「どの作品でも黒人の存在の素晴らしさを描くのが私の使命」と語っています。[*3] 彼女は自由についてのテーマも追求し、写真家で映画監督のゴードン・パークスの「誰にも境界線を引かせず、イマジネーションを羽ばたかせ、新しい地平線を切り開く」という言葉をインタビューで引用しています。[*4]

彼女はまた、「自らが自分の人生を照らす光になること。（中略）一人ひとりが少しずつ輝けば、私たちを貶めようとする人々より輝く人が増える」とも語っています。[*5]

ノーマン・ジュイソンも人種差別や不公平の問題をストーリーに描いています。彼はこう述べています。

> 映画で人種差別が描かれるたびに、アメリカ人は気まずく感じるでしょう。でも、向き合うべきです。偏見や不公平がある限り、善悪の違いはわからない。何が正しく、何が間違っているかも理解できません。

「他者」の気持ちを感じることが大切です。[*6]

彼はこう付け加えています。

どの作品にも存在意義があると僕は思っています。楽しんでもらえるストーリーを描きながら、自分自身の恐れや喜びを示すような人生観が出せたらいい。大それたことだと今になって思うけど、それでも世界を変えたいんですよ。ほんの少しでもね![*7]

テーマの探求は強いモチベーションを生みます。映画で何かを変えたいという願いにつながるのです。

スタイルを見つける

特定のスタイルに惹かれる監督もいます。クエンティン・タランティーノはありとあらゆる映画を観ていることで有名ですが、映画の中のバイオレンスは「とても楽しい!」と語っており、他の追随を許さないほどの暴力を自作で描いています。[*8]『レザボア・ドッグス』や『パルプ・フィクション』、『キル・ビル』、『イングロリアス・バスターズ』、『ジャンゴ 繋がれざる者』、『ヘイトフル・エイト』のエンディングをご覧になるとわかるでしょう。

ジョエル・コーエンとイーサン・コーエン兄弟(『ファーゴ』『ノーカントリー』『バーン・アフター・リーディング』)はかすかな笑いを添えて誘拐や殺人を描くブラックコメディを好みます。

キャスリン・ビグローはサンフランシスコ・アート・インスティテュートとコロンビア大学で学んだ才女です。[*9]

『ブルースチール』（一九九〇年）や『ゼロ・ダーク・サーティ』では男性社会での女性の立場や複雑な感情に切り込んでいます。また、『ハート・ロッカー』などでは骨太なアクション場面から人物の静かな主観に深く入り込むことでも知られています。

リサーチで世界観を深める

監督が決まると企画は勢いづいて進みます。原作の本や実話に基づく企画もあれば、すでに脚本があるもの、あるいは両方の要素が混ざっているものもありますが、いずれにしても、題材を深く理解するにはリサーチが必要です。

俳優が役づくりで実体験をする「メソッド」演技のように、監督も体当たりの「メソッド」演出が必要な場合もあるでしょう。精神病患者（『ビューティフル・マインド』）の内面を扱うなら想像もできますが、火事を扱う『バックドラフト』のようなアクション物ではどうでしょう？　ロン・ハワードは消防士の活動を少し体験したそうです。

脚本家は元消防士。僕も少し消防士たちと過ごしてみた。消防署に一泊して、出動の際に同行させてもらったよ。

彼は『アポロ13』では無重力状態を体験するために、俳優たちと空中給油・輸送機ＫＣ－１３５で高度五万フィートを飛行しました。

ロケ地で俳優たちに現地の環境を体験させる監督もいます。オリバー・ストーンは『プラトーン』のためにブートキャンプを用意しました。フランシス・フォード・コッポラは『地獄の黙示録』の出演者たちをフィリピンに連れて行き、長期のリハーサルをしました。そして、撮影が五百日間以上かかったことは有名です。『ダンス・ウィズ・ウルブズ』でケヴィン・コスナーは俳優たちにラコタ語の習得をさせました。野営や乗馬、険しい地形での歩行も実体験するよう依頼しました。『いまを生きる』の撮影時、ピーター・ウィアーは俳優たちにごっこ遊びをさせ、一九五〇年代の私立高校を想像するよう促しました。

ライアン・クーグラーは『ブラックパンサー』のリサーチでアフリカに行きました。自らの民族的な背景への視野も開けたそうです。[*10]

物語の舞台となる場を実際に見て体験することは、とてもよい準備と言えるでしょう。思い込みを捨て、脚本のダイナミックさと洞察を映画のリアリティで表現したいものです。

脚本を磨き上げる

リサーチができてくると、脚本の見直しが必要になるでしょう。監督が意見を出し、大きな変更をする時もあります。『いまを生きる』の脚本で、ロビン・ウィリアムズが演じる教師は元々、死ぬことになっていました。『エイリアン』でシガニー・ウィーバーが演じる人物の元々の設定は男性でした。

ロケーションや季節の変更、バスの中でのシーンを電車にするといった小さな変更も生じます。監督自ら書き直しをおこない、脚本の共同執筆者となることもあります。ストーリーを伝わりやすくしたり、登場人物の感情をさらに豊かにしたりするために、脚本家と密に相談する監督も少なくありません。オリバー・ストーンは他の脚本家たちと直接やりとりすることを好みます。脚本を修正する重要な時期であり、彼はうまく距離を保って進めると言います。

誰かと共同執筆する場合もあるが、基本的には一人で書く方がよいと思っている。僕は人と同じ部屋で仕事はしない。リチャード・ボイルの小説を映画化した『サルバドル／遙かなる日々』のような場合は例外だけどね。彼から話を聞き、僕がまとめて（中略）ドラマ化した。ロン・コーヴィック（『7月4日に生まれて』の原作者）にも戦争体験を話してもらい、ほぼそのとおりに構成している。僕はいつも、つい書き過ぎてしまう。ちょっと激しく、撮り過ぎるぐらい撮って、編集段階で抑える。脚本は生き物みたいなものだ。僕は常に変え続けるよ。書き直すたびに、紙の色をブルーからピンク、グリーンというふうに変えていく。やがて最初の白いページはほとんどなくなるよ。元のページは叩き台だ。そこにビジュアルやシーンの順序や新しいアイデアをどんどん加えていく。

写真や雑誌の切り抜きも集めて参考にするよ。それらを脚本の裏に留めておき、いいものを選んでシーンに生かす。書きたいことをすべて書いたら、よい形に落ち着く。これ以上はできそうにない、これでよし、という感じだ。

ピーター・ウィアーの場合は、こうしたリライトが済んだ後に勘が冴えるそうです。

二、三週間が経つと、それまでの経験が生きてきて、感性が鋭くなり、とても直感的になります。スタッフとの会話やレストランでの夕食、バス停で見かけた人、空を飛ぶ飛行機、ハワイでの滞在——なにもかもが自分の中に蓄積したものと響き合い、これから作る映画と結びついていくんです。この時の感覚に、監督としての僕のすべてがかかっていると思います。

ノーマン・ジュイソンは多くのメモを書いてから、脚本のリライトを始めます。

言葉の言い回しや感情について思いつくことをメモしておきます。何度もシーンを読み、自分で演じてみるんです。脚本家と役を分担して読み合わせをすることもあります。

その過程で、ふとストーリーの本質に気づくでしょう。少しずつ石を削る彫刻家のように、彼はシーンに埋もれた感情を探します。

秘められた感情を探すんです。くすっと笑わせるような、おかしなところをね。僕は毎日笑うし、たまに涙ぐむ。どのストーリーにも、どのシーンにも、笑いと悲しみはあるはずです。陰と陽のように、いつも僕たちに作用を及ぼしています。

感情を重視しながら、彼は脚本の仕上げに向かいます。

リアルな態度や行動を描き出すよう、脚本家と相談します。ストーリーの流れやリズムを生かし、シーンをなめらかにつなぎ合わせます。脚本術とはそのようなものです。

映像でストーリーを語る

脚本が撮影できる形に近づいてくると、監督は映画のビジュアル面を考えます。ここで監督の技術が前面に出てきます。優れた監督はストーリーを力強く、いきいきと見せる方法を考えるのです。ロン・ハワードは次のように述べています。

監督としての仕事を本格的に始める前から、ビジュアルの案をメモし始めているよ。構想の第一ラウンドだね。会話のページの四分の三程度に線を引き、「二人の声がかぶるからツーショット」とか「ずっと全身ショットで。二人は世界の一部、その世界を背景で見せる」といった簡単なメモを書く。「裏庭―昼」と設定が書かれていても、夜の地下鉄の方がもっといいなと思う場合もあるけれど、具体的に思いつかない時は「もっとパワフルな絵に」とだけ書いたりする。

そんな彼も『バックドラフト』で燃えさかる火事のシーケンスを四ヶ所で描く際に、炎ばかりのシーンにどう差をつけるか悩みました。

火事が起きるたびに、違う感覚を出したかった。炎を見せるだけでは毎回同じになってしまうので、四つのスタイルを作ることにしたよ。
一度目の火事は子どもの目線。火事の夢を見るような感じ。二度目は生まれて勢いを増した炎のキャラクターとの戦闘。新人消防士を追いながら、炎の怖さや威力と、現場の混乱を描くことにした。

三度目の大きな見せ場は超自然的な、呪われた炎のイメージ。あたかもドアが呼吸しているかのような感じだよ。ここで、消防士たちはまるで炎が生きている敵であるかのように語る。撮影は『エイリアン』のようにステディカムを使い、いつどこで炎が爆発するかわからないスリラー感と、点滅する光でモンスター映画のような感覚を盛り込んだ。

最後の火事ではカメラの動きに大きなコントラストをつけた。位置を固定して撮るところと、大きく動かすところを作り、昔風の派手な撮り方をした。西部劇のような、神話的な対決だ。

神話的な意味を見出す

神話的な対決をビジュアルで表現し、何を伝えるかに監督の才能が表れます。『テルマ&ルイーズ』でリドリー・スコットは次のような意図があったと明かしています。

神話が本格的に始まるのはテルマが強盗をする時だ。何も知らずに運転席で待つルイーズは、ふと、近くにいた老女を見る。老女は睨み返す。ルイーズは口紅を塗ろうとするが、捨ててしまう。強盗をはたらいたテルマが車に駆け込み「早く出して」と言う。この瞬間に二人は一線を越え、過去を捨て去る。

彼はアクション映画で名声を得ましたが、大事なものはカーチェイスや銃撃戦ではなく、あくまでもストーリーや感情、情報の伝達だと語ります。それらは当然、脚本に書かれていますが、ふさわしい映像を見つけるのは監督の仕事です。

いい脚本をただ撮影するだけでもいいだろう。『テルマ&ルイーズ』は素晴らしい脚本だ。だが、「最後に観客にどう感じてほしいか?」を決めなくてはならない。ありのままにドキュメンタリー風のドラマとして見せるか、神話的な存在になっていく二人に超常的なエンディングを与えて昇華させるか。

この映画の結末は、本作を歴史的な名作に押し上げたと言われます。彼は「法に追われる女たちの逃走劇を少し超えた映画になった」と謙遜しています。

リドリー・スコットは『エイリアン』でビジュアル派の監督として名を轟かせました。イメージへのこだわりは尽きません。

「全体のイメージを大切に。光とビジュアル、音、質感で考える」という彼の言葉からは、画家としての背景が伺えます。『ブレードランナー』の靄がかかったようなイメージや、『グラディエーター』でマキシマスが小麦の穂を手でかすめながら妻の元へと歩む美しいイメージなど、印象的な映像の数々が思い浮かぶことでしょう。

ピーター・ウィアーも神話やメタファーを考えます。『いまを生きる』で生徒たちが初めて洞窟に入る場面では、俳優たちに修道僧のようなフードが付いた衣装を着せました。

霧は私たちを孤立させ、私たちの姿を隠し、秘密の感覚を与えます。霧が立ち込める森をフード姿の人影が歩く場面は、この映画の中で重要な瞬間です。

また、鳥の映像にも意味が込められています。

生徒たちはまるで何かの群れのようでもあります。規律どおりに制服を着ており、個性がありません。ロビン・ウィリアムズが演じたキーティングは鳥たちに名前をつけるようなことをします。個性とは何かを語り、本心に従って生きるように促します。集団に埋もれて流されるな、と。

階段を下りる生徒たちの場面の前に、編集で鳥を入れました。彼らがいる場所の窮屈さと、羽ばたく鳥の自由さとの対比です。彼らはまるで鳥のようです。鳥も群れになって飛ぶ時は個性や個人の意思がありません。

優れた監督は映像で考え、よいショットを本能的につかみます。『テルマ&ルイーズ』のオープニング・シーケンスを思いついた経緯をリドリー・スコットはこう語ります。

オープニングをどうするかは想像できなかった。そこで、ユタ州にいる間、山に向かう直線の道路に立ってみた。その景色は自由を表しているように感じたよ。これは本編のどこかで使えそうだと思い、六分間、その景色を撮った。結局、それをオープニングのタイトル映像にした。

リズムをつかんで演出する

監督はシーンや映画全体のリズムをつかんで表現に導きます。俳優の演技やストーリーの運びに緩急をつけるのです。

パティ・ジェンキンス（『モンスター』『ワンダーウーマン』）はこう語ります。

私のマインドは音楽的。作曲家がどうやって曲を作り、リズムを作るかがよくわかります。どこで盛り上げ、どこで落ち着かせるか。（中略）全体のリズムを把握しているのは監督だけです。俳優に全力を出させるタイミングや、感情の起伏のリズムも監督が見ています。

彼女は自分を指揮者にたとえています。「俳優の感情を抑えてもらう時もあります。（中略）まだよ、と」。タイミングを待ってから、「今よ！」と合図を送ります。[*11]

そうするためには脚本にある抑揚を注意深く読み取り、リアリティを感じ取ることが大事です。監督は脚本から生命の息吹きを感じ取り、波長を合わせます。オリバー・ストーンはこう述べています。

作品ごとにリズムがある。それによって僕の生活のペースやトーンが決まり、編集も音楽も決まる。俳優の仕事に似ているね。映画に関わる一年か二年の間、そのリズムで車輪を回転するようにして暮らす。どの映画にも独自の音楽がある。視覚的なリズムだ。

ブロッキングと絵コンテを作成する

監督はセットに入る前に多くの準備をします。俳優がどこへ、どのタイミングで動き、いつセリフを言い、その場に止まって何をするかを決める「ブロッキング」をおこないます。脚本には「車の外観」など単純なシーンもある一方、「Aはデスクに歩み寄ると、一番上の引き出しからダイヤモンドを見つけてポケットに入れ、ドアを開け、廊下の様子を確かめてから部屋を出て、背後でそっとドアを閉める」といった複雑な動きもあるでしょう。あるいは「Aがレストランに入って席につき、誰も座っていない席を見る。Bがやってきてその席に座る」などです。

カーチェイスや銃撃戦、軍隊の攻撃、サメが船を襲うといった複雑なシーンがあると、監督は絵コンテを描きます。自分自身や俳優、撮影監督、照明デザイナーにプランがわかりやすいように用意するものです。監督自身がまず簡単な絵を描き、後で絵コンテアーティストと共に仕上げる場合が多いでしょう。

美術大学で学んだリドリー・スコットは、この過程を重視しています。

> 絵コンテは映画を最初に絵にしたものだ。(中略) 脚本を読み、ロケーションを思い浮かべて絵コンテを想像する。シーンを目に浮かべると、イメージがぽんぽんと頭に浮かぶ。[*12]

スティーヴン・スピルバーグは美術専攻ではありませんが、簡単な絵で考えます。

> オリジナルのスケッチはほとんど自分で描くよ。(中略) マッチ棒みたいな感じで人の形を描く。(中略) 遠近法で構図を描く。(中略) 矢印を描く。(中略) 光の使い方をいろいろと考える。

アルフレッド・ヒッチコックは精密な絵コンテを描き、そのとおりに撮影したことで知られます。『サイコ』の有名なシャワールームの場面も、どこでナイフが登場し、いつ女性が叫び、バスタブの排水溝にどんなふうに血が流れていくかが絵コンテに描かれています。一般的に、そこまでこまかい準備をする監督は多くありませんが、アクション映画では詳しい絵コンテを用意します。パティ・ジェンキンスの『ワンダーウーマン』が一例です（絵コンテはインターネットで公開されています）。ロン・ハワードも『バックドラフト』の火事のシーンは全て絵コンテを描いています。

この段階で監督はビジュアル面の表現を試行錯誤します。スピルバーグは六ヵ月かけると言いますが、そこまでの期間がかけられるのは贅沢だとも言っています。[*13]

映像の一コマに当たる絵を描くと、監督はそこに矢印を書き入れ、車や人物の動きを示します。左右に移動したり、カメラに近づいたり遠ざかったりする動きです。また、枠の外に矢印を描いてカメラの動きを示します。左右にパンしたり、上下にティルトしたり、ドリーで前後に動いたり。また、画角の中で視野を狭めたり、広げたりする動きも描きます。

特殊効果やCGを絵コンテに含めてもいいでしょう。青や緑の背景を使い、どうCGを合成するかを描く場合もあります。

写真を絵コンテ代わりに使う監督もいます。スタンリー・キューブリックやピーター・ウィアーはシーンの内容や撮影の仕方を写真撮影し、俳優や撮影監督に示します。コミックの映画化ではイラストや原作から抜粋した絵を使う時もあります。

『スター・ウォーズ』の第一作目でジョージ・ルーカスは第二次世界大戦の記録映像を参考にしました。当時の空中戦に匹敵する緊迫感を求めていたためです。[*14]

ライアン・クーグラーはこう述べています。

プリプロダクション期間中は机の上に、セットの縮尺模型を置いていたよ。アクションフィギュアを使ってプランができる。（中略）本当に楽しかった。（中略）おもちゃで遊ぶ子どものような気分だったね。[*15]

キャスティングで苦労することもある

監督は脚本の息吹きを感じるように読み込むと、それを身体で表現する俳優の確保に向けて動きます。ロン・ハワードは大女優ベティ・デイヴィスから聞いた言葉をなつかしさと共に、こう思い出しています。

監督の仕事の九十五パーセントは脚本とキャスティング。それがうまくいけば、後は黙って撮影するだけでいい。

監督の想像と、実物の俳優はどの程度、一致させるべきでしょうか？　まず身体的な特徴を見る、とノーマン・ジュイソンは語ります。

身長や体重、年齢と、声や外見、ボディランゲージが僕のイメージと合う俳優を探します。前から脚本を読み込んでいるので、僕は俳優よりも人物のことを知っています。しかし、オーディションに来た俳優を見て、僕のイメージが覆される時もあります。はっとして考え直すこともありますよ。

『月の輝く夜に』のキャスティングを始めた途端、彼は困った問題に直面しました。

シェールがロレッタ役を演じる自信がないと言い出したんです。「私はニューヨーク出身ではないからセリフの発音ができない」と。歌手なのだから、セリフもリズムで覚えられるはずだと説明しました。ブルックリン出身のイタリア系女優ジュリー・ボヴァッソを彼女のおば役として練習相手にし、ニューヨーク出身の人たちを多く採用し、「彼らとしゃべっているうちに自然に慣れるよ」と説得しました。『月の輝く夜に』のセリフはとてもリアルだから、脚本どおりにしていれば間違いないと伝えました。

リハーサルで問題点をあぶり出す

主要キャストが決まればリハーサルに入ります。今日のハリウッドではその期間が短縮される傾向にあり、監督の意向や俳優の日程など、多くの要素を見て決定します。およそ二、三週間程度が目安です。

ノーマン・ジュイソンはリハーサル中に俳優と親しみ、どのようにコラボレーションを進めていくかをつかむと述べています。

リハーサルは大好きです。役柄について俳優と話し合うことは大事ですからね。意見が食い違えば、俳優側の理由や主張に耳を傾けます。

気さくに食事をしながら話す他に、脚本を通し読みして話し合う「テーブルリーディング」もおこなわれます。意見の相違があれば話し合いますが、折り合いがつかなければ俳優が降板したり、制作全体が中止になることもあります。一九九六年にジョン・トラボルタはロマン・ポランスキー監督の『The Double』という映画にキャスティングされました。ところが、パリでのリハーサル中、トラボルタは演出や方向性を不愉快に感じ始めました。彼は「捉え方がまったく違ったんだ。僕はコメディドラマだと思っていたが、監督は薄っぺらいマンガのようなノリを求めていた」と語っています。[*16]彼は自分の役が書き直されていたことに苦情を言いました。すでにセットが立てられ、脚本も（筆者の意見としては）悪くなかったのですが、監督とは合意に至らず、制作は中止になりました。その後双方が訴訟をして示談となりました。筆者は被告側の証人でしたが、情報公開できるのは弁護士の許可が得られた分だけです。リハーサルでも本番でも、意見が対立する時には双方の言い分に微妙なニュアンスがあるとだけお伝えしておきましょう。[*17]

リハーサルは必要ない、あるいは、あえてしない、という監督もいます。本番の直前に軽く動いてみるだけ、あるいは、いきなりカメラを回して俳優の新鮮な表情を収めようとする監督もいます。思ったような素材が撮れる確証はありませんから、かえってとても高くつく可能性もあるでしょう。大多数の監督は、リハーサルはある程度必要だと心得ています。オリバー・ストーンはその過程を重視しています。

リハーサルはたくさんする。拠点を置いたら一週間程度はリハーサルをして、ロケーションでもまたおこなう。撮影の時も、新しいシーンに入る時にリハーサルをする。

その場その場での状況判断は常に大事です。優れた監督は適度な分量でリハーサルをおこない、本番に移るタイミングを見極めます。

カメラの位置を決める

リハーサルが終われば長いプリプロダクションも終わり、撮影が始まります。許可証が発行され、何百もの人々が現場に入ります。ケータリングの車両が入り、初日のシーンの衣装が運び込まれ、制作アシスタントが無線機を手に動き回ります。

あわただしい雰囲気の中、監督は撮影監督と共にシーンのセットアップをします。両者のコラボレーションで脚本のビジュアル表現の成否が決まります。

『ウエスト・サイド物語』と『サウンド・オブ・ミュージック』でアカデミー監督賞を受賞したロバート・ワイズはハリウッドで誰よりも多く場数を踏んだ人でしょう。晩年のインタビューで、撮影には準備と柔軟性が何よりも大事だと強調しています。

自分なりにブロッキングを考え、絵コンテを山ほど描いていても、それに囚われていてはだめだ。俳優とセットに入れば、想定外のことに気づく。

セットで最初に尋ねられるのは「どこにカメラを置くか」です。監督はどんなショットを撮りたいか、という意味です。

昔の映画は単純でした。踊る女性や走る機関車を撮って上映するだけで、人々は喝采していたものでした。いまや映画はずっと洗練されています。撮影機材が進歩して、多彩な表現ができるようにもなっています。

映画で伝えたい雰囲気に合わせ、監督は幅広い選択肢からショットを選びます。映画の世界観を紹介する外観シヨットもさまざまです。ニューヨークの街を見渡す空撮ショット（『ウエスト・サイド物語』『ウォール街』）や、山脈を眺めるようにパンするショット（『サウンド・オブ・ミュージック』『ブロークバック・マウンテン』『ザ・マウンテン 決死のサバイバル21日間』）、航海中の船をはるかに眺めるショット（『レッド・オクトーバーを追え！』『タイタニック』（一九九七年）『キャプテン・フィリップス』）などは、観客を映画の世界にいざなう役割を担っています。私たちが見慣れた光景もあるでしょう。珍しい世界や、見たことがない世界が舞台となるなら、観客を案内するようなショットが求められるでしょう（『ジュラシック・パーク』『センター・オブ・ジ・アース』『インターステラー』）。

こうした外観ショットは「エスタブリッシング・ショット」と呼ばれ、特に映画の最初によく使われます。舞台設定を伝えると同時に、映画のテーマを表現する時もあります。『いまを生きる』のオープニングの後には伝統的な雰囲気の校舎が見え、規律と自由というテーマも感じさせるでしょう。あるいは、見慣れた光景に突如、異質なものが登場する映画もあります（『E.T.』『ジュラシック・パーク』）。

広い視野で舞台設定を見せた後は、人物に少し近づいた「ミディアムショット」を撮ることが多いでしょう。人物たちが登場すると、ストーリーへの親近感が生まれます。次に、もっと人物に接近した「クロースアップ」。食卓を囲む家族（『再会の時』『ハンナとその姉妹』『ミート・ザ・ペアレンツ』）や、スポーツ映画に登場するチーム（『勝利への旅立ち』『しあわせの隠れ場所』『アイ，トーニャ 史上最大のスキャンダル』）、舞台を見る観客（『カイロの紫のバラ』『イングロリアス・バスターズ』『マダム・フローレンス！ 夢見るふたり』）などのシーンに使われます。

人物が腕時計を見るところで、腕時計のクロースアップを監督が求める時もあります。これは「インサートショット」と呼ばれます。

人物が見るものを撮った映像は「主観（POV：Point-of-View）ショット」とも呼ばれます。たとえば、人物が血まみれの両手を見る時に、主観ショットを使うと、観客は人物本人の目線で見ているかのような共感を感じるのです。

向かい合う二人をまずツーショットで撮り、次に、一人の背後にカメラを置いて、肩越しに相手を撮る「オーバー・ザ・ショルダー・ショット〔肩なめ〕」を撮る時もあります。

また顔や口元、目や耳をクローズアップで大写しにしたり（『ゲティ家の身代金』）、足や、手術中の腎臓や心臓を撮る時もあります（『オール・ザット・ジャズ』）。

発言やアクションをする人物をクローズアップで撮るだけでなく、反応する人物の表情も「リアクションショット」に収めます。

会話シーンでは特に、相手の話を聞く人物の表情も大事です。『テルマ&ルイーズ』でリドリー・スコットは三台のカメラを同時に回し、音声も同時に録りました。一台はジーナ・デイヴィス、一台はスーザン・サランドン、もう一台は二人を一緒に収める形で各シーンを撮影しています。

カメラを上下左右に振って撮る「パン」ショットは動きでその場を見渡せます。被写体に寄っていても、引いていてもパンは可能です。映像に突然何かが現れるように見せることも可能です。『タイタニック』では海の上をカメラがパンしていくと甲板に佇むローズの姿が現れます。クローズアップからどんどん引いて状況を明かす方法もあります。『キャスト・アウェイ』では筏を映していたショットが引いていき、やがて大きな船が視界に入って主人公が救助されるとわかります。

映画は何百というテイクをつなぎ合わせて作られます。最終的に、それぞれのテイクの中の数秒から一分程度が本編に入りますが、熟練した監督はカメラを長回しで撮影し、編集でカットをせずに本編に使います。『ブギーナイツ』（ポール・トーマス・アンダーソン監督）や『ゼロ・グラビティ』（アルフォンソ・キュアロン監督）、『黒い罠』（オーソン・ウェルズ監督）がよい例です。アルフレッド・ヒッチコック監督の『ロープ』も十分間のテイクをつないで作られています。

マーティン・スコセッシ監督の『グッドフェローズ』も有名です。レイ・リオッタ演じるギャングが路上を歩き、ナイトクラブの裏口から店内に入る姿を長回しで追っています。厨房を通ってテーブル席につき、舞台に芸人が現れてトークを始めるところまでがワンショットで撮られています。このテイクは三分以上ありました。複雑な動きを完璧にするために、入念なリハーサルがなされています。

筆者は友人の映画監督と一緒に初めてこの映画を観ました。「これ、長回しで撮ってるよ!」と友人にささやかれ、筆者もそれに気づきました。

アレハンドロ・ゴンザレス・イニャリトゥのアカデミー賞受賞作品『バードマン あるいは（無知がもたらす予期せぬ奇跡）』はこれをさらに発展させています。カメラは主にマイケル・キートンが演じる人物を追い、本編全体をノーカットであるかのように見せています。実は途中で何度もカットされていますが、ポスターや壁にカメラをパンしてうまくつなぎ、ワンテイクに見せる工夫をしているのです。タイムラプス［低速度撮影］や暗闇をはさむ箇所もありますが、全般的に長いショットを連続させて作っています。[*18]

カメラの動きを決める

カメラの位置を決め、どう動かすかを考える時に、ロバート・ワイズは巨匠ジョン・フォードの単純な方法を称賛しています。カメラを動かさず、俳優たちを動かすのです。

カメラは観客の目のようなものです。シーンを自然に見せるには、カメラの動きを抑えるべきだとロバート・ワイズは述べています。

やり過ぎはいやだね。カメラを三六〇度回して撮る人もいるが、それではカメラの動きが目立ってしまう。カメラを意識させないように、アクションに合わせて動かしてみるといい。観客にはできるだけ、作り手の存在を意識させないことだ。

最近、派手な撮り方が、悪い意味で目立っているとデヴィッド・ザッカーも同意します。

カメラは自然に動かすのみ。凝った動きはよくないよ。ストーリーを伝えるための動きなら素晴らしいね。つまらない脚本を撮り方で面白くしようというのはだめだよ。

特にコメディで、彼はフレームの方を重視します。

コメディはフレームが勝負。ジョークが最初から最後まできちんとフレームに収まるか。映像の背景にも注意する。何が映っているかをよくチェックしないとね。

『裸の銃を持つ男２½』でレスリー・ニールセンとプリシラ・プレスリーがベッドシーンを演じる場面で、背景の暖炉をよく見ると、串に刺した肉と野菜がゆっくり回りながら炙り焼きされている、とザッカーは明かします。

背景の仕掛けも、ネタと同じぐらい大事。背景が一番笑える時もあるよ。

フレームに関しても、近年の技術の進歩にはめざましいものがあります。その一つはステディカムの登場でしょう。カメラの周囲にウエイトを付けて安定させることにより、ドリーに乗せて動かすよりも圧倒的に自由度が高まっています。フレームを全方向に滑らかに動かせるようになった今、監督の選択肢の幅は広がっています。

『ジョーズ』でスティーヴン・スピルバーグは入り江を横切る小さなフェリーにカメラを乗せて撮っています。車が船に乗り入れる。俳優たちが車から降りる。彼らは歩み出て会話をする。カメラは固定位置です。船が出て行き、岸に着くまでをノーカットで撮影し、ワンシーンにしています。

ロバート・アルトマンの『ザ・プレイヤー』のオープニングも、カメラをゆっくり移動させながら、長回しで撮影所の中を見せています。プロデューサーや脚本家、エグゼクティブらが企画のピッチをしたり、噂話や昼食の相談をしたり、手紙を見たりするところが紹介されます。ストーリーやテーマを伝えるカメラワークとして有名です。

ステディカムがなかった時代でも、素晴らしいショットが撮影されています。『風と共に去りぬ』でスカーレットが駅前で立ち尽くすシーンがありました。カメラが引いていくと、広場を埋め尽くす傷ついた兵士たちや遺体が見え、戦争の恐ろしさが伝わります。さらに引いていくと、ぼろぼろになった南軍の旗が視界に入り、スカーレットが怯えて走り去る理由を伝えます。映画のテーマを表現する壮大なショットと言えるでしょう。

シーンを撮影する時、監督は人物たちがみな収まる「マスターショット」から始めます。その後、同じシーンを異なるカメラアングルで撮影します。ミディアムショットやツーショット、クロースアップなど、さまざまなサイズを撮るでしょう。それぞれのテイクは編集で、どうカットしてつなぐかが吟味されます。

マスターショットについて、ロバート・ワイズは次のように述べています。

マスターショットは脚本でいうと数ページ分になる。カメラを固定してシーン全体を収めようとすると、かなり引いた絵になるだろう。だが、カメラを三脚に乗せていても、多少は寄ったり上下にティルトしたり、左右にパンできる。

カメラをどこに置いて撮るかは自由ですが、ジョン・フォードの「役者の目と同じ高さはつまらない」という言葉にロバート・ワイズも同意しています。人物の目より少し下からあおり気味にするか、やや上から俯瞰すると、シーンはダイナミックになるそうです。

マスターショットを撮ったら、アングルや視点を変えて「カバレッジ」を撮ります。ロバート・ワイズの助言を続けましょう。

カバレッジはたくさん必要だ。ツーショットやオーバー・ザ・ショルダーは、シーンをテンポよく、ドラマチックに編集するための素材。うまくつながらない場合に使う素材でもあるから、じゅうぶんな量が必要だ。試写で笑いがとれなかったり、削除したいセリフが後で出た場合、役者の後ろ姿の映像に別の音声を差し替える時もある。

技術面もさることながら、なぜそれをするかをけっして忘れてはなりません。映画監督が名を残す理由もそこにある、と彼は力説します。

一番大切なのはシーンそのものだ。目の前にあるものを撮れ。盛り上げろ。演じろ。俳優が感情を表すところから撮り始める時も、監督はそれがフレームの中でどう見えるかも考える。私は被写体を画面いっぱいに映したい。横に空間をあけると構図のダイナミズムを失う。だから、三人が登場するなら、ウエストから上のミディアムショットで撮ってスクリーンを埋めるんだ。

撮影中のトラブルに対処する

撮影現場にトラブルはつきもので、日程のプランにも影響が及びます。スティーヴン・スピルバーグの『ジョーズ』では、撮影中に機械仕掛けのサメが壊れて動かなくなりました。予算はオーバーし、撮影日数も予定していた五十五日間をはるかに超えて、百五十九日間かかりました。映画が公開されると史上最高の興行収入を得ましたが、スピルバーグはトラブルをむしろ好んでいます。

うまくいって自信がある時ほど不安になるんだ。追い詰められるほど、どうやって抜け出そうかと考えるから、やりがいを感じる。(中略)これはおおごとになりそうだ、と思うほど――遅くまで残って課題に取り組み、やり遂げよう、と思うんだ。[*19]

どんな巨匠も演出どおりに動いてくれない俳優にはお手上げです。エイミー・ヘッカリングは『ベイビー・トーク』の撮影中、おむつをつけた赤ちゃんが重要なセリフをたくさん言う場面に悩みました。

寝ている映像を撮るのが一番難しかったです。現場はいつも騒がしくて、赤ちゃんが起きてしまいます。セットを暗くして、スタッフには裸足で作業してもらいました。泣くところを撮る時は、赤ちゃんの足の裏を指で軽く弾きました。これは看護師さんが乳児の意識を確認するのと同じ方法ですから安全。でも、動物を指でつつくのは違法。動物愛護の規則があって、ネズミを怒らせたりするのは禁止です。

そんな彼女も続編を撮影する頃には、コツをつかんでいたそうです。

年齢別に五人の赤ちゃんに出演してもらいました。『リトル★ダイナマイツ／ベイビー・トークTOO』に出演してもらった二歳児はとても反応がよくて賢い子。姉弟に嫉妬する場面のモンタージュでは私の真似をしてもらいました。怒った顔やうらやましそうな顔、意地悪そうな顔などをしたり、「大嫌い」と言ったり。私がいろいろな顔をするたびに、彼もそのとおりにするのです。素晴らしいリアクションを見せてくれました。

本物の赤ちゃんの扱いも難しいが、人形を使った撮影も大変だと彼女は主張します。小道具や特殊効果を用いた撮影には、それなりの困難があるそうです。

胎児のパペットを作りましたが、しょっちゅう壊れました。樹脂と素材の耐久性が乏しかったのです。また、顔のパーツはみな異素材でできていました。眉毛がそれぞれ違う方向に動き、口をゆがめて表情を作ります。ただ、表情によっては、顔の筋肉が動くタイミングに差があることが多いので、パーツごとに操演者をつけました。撮影前にタイミングを確認するだけでも二、三日かかりました。本番では、確か、一つひとつの動きを二十五テイクから五十テイクほど撮ったんじゃないかしら。

現場の雰囲気を作る

大変な作業を進める中で、監督はクリエイティブな雰囲気を作る存在です。監督の人柄によって現場の雰囲気が決まります。

オリバー・ストーンはこう述べています。

俳優の立場で物事を見て、どんな気持ちでいるかを理解するよう努めているよ。なぜなら、彼らは感情面や、やる気の面でサポートが必要だから。

同じくノーマン・ジュイソンも、俳優との仕事に温かい思いを感じています。

俳優には心から共感します。現場では、彼らが最も僕に近い存在。お互いに頼り合える、よい関係を築きたい。また、監督である僕に守られていると感じてもらいたいんです。僕は彼らの親友であり、役柄として素晴らしい演技をしてくれることだけを望んでいる、と。

エイミー・ヘッカリングも同意します。

私はみんなで歌を歌ったり、紙飛行機を飛ばしたりして盛り上げるタイプではありません。物静かだし、リーダーっぽくない雰囲気で現場を進めています。俳優への気持ちはみんなわかってくれていると思うの。

出演してもらえて本当に感謝しています。俳優は自由にふるまい、ばかなこともしてくれる。失敗しても大丈夫なんだと安心していてほしいです。私は仕切るタイプではないけれど、俳優にとって居心地がいい場を作ろうとしています。

クリント・イーストウッドの現場は業界で最も静かなことで有名です。叫ぶ人は誰もいません。拡声器で「静かに!」と言わなくても、すでにセットは静かです。イーストウッドは「カット」と言わず「ストップ」と言います。教養の高さを感じさせる雰囲気です。騒音を出すトランシーバーは使いません。彼はシークレット・サービスがイヤホンを使っていることを知り、自分の現場に導入しました。みなラジオ受信機を携帯し、静かに話すので、針が床に落ちる音さえ聞こえるだろうと言われます。イーストウッドは撮るべき素材を熟知して現場に入るので、予算も日程も予定より少なく終わります。『恐怖のメロディ』は予定より四日間早く撮影が終わり、予算も抑えました。『ミスティック・リバー』は四十三日間で撮影予定でしたが、三十九日間で終了しました。

彼の現場は一日の労働時間が短いことでも知られます。たいてい午後四時でその日は撤収。正午で終わる日もあります。午後六時までかかれば遅いとみなされます。[*20]

スパイク・リーやスティーヴン・スピルバーグと同様に、イーストウッドも毎回気心が知れた人たちと映画を撮るため、効率的な進め方ができるようです。スピルバーグはほとんどの作品で同じ作曲家やプロデューサー、助監督、エディター、撮影監督、衣装デザイナーらと仕事をし、俳優も何人かは同じ人たちを起用しています。「慣れていないと正気が保てない」とスピルバーグは言っています。[*21]

イーストウッドは多くの作品で同じ作曲家やキャスティング・ディレクター、衣装デザイナー、スタント・コーディネーター、プロダクション・デザイナー、エディター、撮影監督を起用しています。撮影監督トム・スターンは「クリントほど無言で多くを語る男は見たことがない。映画はすべて彼の頭の中にあるが、人の提案を無下にしない」と言っています。[*22] イーストウッドは「キャストもスタッフも慎重に選ぶべきだ」と述べています。[*23]

クリストファー・ノーラン（『バットマン ビギンズ』『インセプション』『ダークナイト ライジング』『インターステラー』『ダンケルク』〔二〇一七年〕）は現場で携帯電話の使用を禁止し、静かな環境を維持しています。俳優モーガン・フリーマンは『ダークナイト ライジング』での監督の集中力についてこう語っています。

ノーランは現場に入り込んでいたよ。冷静な頭脳で、渦の中心にいた……現場で彼を探しても、なかなか見つからないだろうね。視界の中にいるのに、気づかないんだ。彼には静かな権威があり、彼自身がそれを楽しんでいる。

俳優はストーリーを表現する存在

俳優はとても繊細です。彼らから名演技を引き出せるかは監督の手腕にかかっています。ノーマン・ジュイソンはこう述べています。

俳優に悩みや疑問があれば個別に対応しますが、撮影前によくリハーサルをしておけば、大部分はその時に解決できます。セリフや動きが変だとか、わからないとか、どんな葛藤があるのか、とか。納得いくまで話し合います。こんなふうにセリフを言ってくれ、と見本を見せるのは最後の手段。僕も不本意ながら、やってしまったことがありますが。

本番中に撮影を止めてスタッフを外に出し、出演者全員でシーンを通して演じ、これでよしというリズムができるまでやり直す時もあります。

ロン・ハワードは子役としての体験を監督業に生かしています。俳優と監督の共通点をよく知っているのです。

監督術と演技術はよく似ているよ。俳優はシーンの中で正直な部分を探す。ストーリーを伝えるために、シーンの突破口を求めるんだ。

彼らも監督と同じように、トーンやリズム、求められる方向性を知らなくてはいけない。これはコメディか、笑わせるところか、泣かせるところか。勘がよくてクリエイティブな俳優は、セリフに何かをプラスできる。監督も、そういうことができるといい。俳優との話し方がうまいと有利だ。なんといっても、俳優はストーリーテリングの第一のツールだからね。撮影をしくじったり、セットや照明がお粗末だったりしても、脚本と演技がよければシーンはたいていうまく成立する。

シーンと人物の方向性をつかみ、俳優がそれに向かえば結果が出せる。干渉はいっさい不要な時もある。監督が口出しするのは、俳優にアイデアを与えるばかりで自由を認めないのと同じ。どんなふうにセリフ言えばいいかを聞きたがる俳優もたまにいるけど、それは結果だけを演じようとする「リザルト演技」に過ぎないよ。お手本を真似するような演技をすれば、相手役の演技も硬くなる。こちらが俳優を邪魔しない話し方をすれば、あとは俳優が自分で調整できるはずだ。

俳優から最高の演技を引き出すために必要なものを知る。口で言うのは簡単ですが、難しいことです。出演者どうしでいざこざがあり、誰かがやる気を失くした時にも、監督は対処せねばなりません。ピーター・ウィアーは『いまを生きる』で七人の少年たちをアンサンブルキャストに迎えた時のことを、こう語っています。

ロビン・ウィリアムズとの共演は彼らにとって大ブレイクのチャンスです。しかし、役に大小があったため、互いにどことなく張り合う感じが漂っていました。自分のクロースアップは撮ってもらえるのか、といった不安や要求です。よし、それでは環境から変えていこう（中略）みんなで集団生活をし、登場人物さながらの雰囲気を作ることにしました。まず、髪型を全員同じにしました。次に、三、四回の授業を設けて僕が教師役になりました。机を並べて「ここが学校だと想像してくれ。僕は演劇と国語の先生だ。これからみんなでクリスマスの劇を作る。君たちは自分の役として参加してほしい」と告げました。設定は一九五〇年代だから、「すげえ」とか「やるじゃん」とか「まあ、そう」といった現代的な口語は禁止。NGワードのリストを配りました。そして彼らにクリスマスのトナカイ役を与え、徹底的に子どもっぽいお芝居ごっこに興じてもらいました。みんな、徐々に無邪気さを取り戻し、全体の雰囲気が和らぎました。

俳優の個性や現場の環境などによって、問題は千差万別です。しかし、うまく感情を引き出すことに成功すれば、映画は素晴らしいものになります。ノーマン・ジュイソンは『月の輝く夜に』でこんな体験をしたそうです。

午前三時から激しいラブシーンを撮ろうとしたんです。でも、シェールの衣装は薄いドレスにハイヒール。寒いからいやだと彼女は言いました。俳優にとって寒さは大敵。身体が冷えると、リアリティのある演技どころではなくなります。

そこで僕はカメラをセットして(中略)あまりの寒さに彼女は不安を感じ、泣き出しそうになりました。実は、このシーンは彼女が決心できずに苦しむ場面です。結局、身体が思いどおりにならない状況が演技に役立ちました。押し通したおかげで名演技が撮れたんです。

発想力が豊かな監督は常に解決策を探し、必ず何かを見つけるようです。リドリー・スコットは『エイリアン』のクライマックスの撮影で、ある課題に直面しました。

『エイリアン』のラストの十七分間はほとんどセリフがない。シガニー・ウィーバーは相手役がいないところで感情を出さねばならなかった。それはとても難しいことだから、僕は常に彼女の役に立とうとしたよ。現場に小型のスピーカーを置いて、富田勲の『惑星』を流したりね。音楽は役立った。無音よりは、ずっといい。

シーンにリアリティをもたらすために、監督は撮影の順序も工夫せねばなりません。ノーマン・ジュイソンは監督のビジョンが重要だと語ります。

撮影の時に、俳優にはそのシーンの感情を取り戻してもらいます。それがストーリーのどのあたりか、彼らも知っているはず。監督も感情の流れを把握しています。ただし、それをばらばらな順番で撮影しています。

監督はみんなのことを気にかけますが、やはり、特に大切にするのは俳優です。ロン・ハワードも次のような環境を目指しています。

みんなが結束し、俳優をリスペクトし、俳優がしていることを大切にする現場。

コラボレーションの軸になる

撮影が終わりに近づく頃には混乱も収まっているでしょう。考えることが多い環境では、特に監督の直感的な能力が重要になります。セットは巨大なキッチンのようで、何ができるか予測がつかない、とリドリー・スコットは述べています。

創造とはシチューのようなものだ。(中略)どこに向かっているのか、よくわからない時もしょっちゅうある。ただ直感と本能に従うしかない。いくつかの論理と照らし合わせて、だいたいの方向性を確認したら、とにかく決めて先へと進まなくてはいけない。撮影は時間との戦いだ。常に効率と創造との葛藤の中にいる。

オリバー・ストーンは全員のコラボレーションを強調します。

脚本も編集も監督も演技も、みんな同じだよ。一つの鍋の中でスープを煮ているようなものだ。監督も、ある程度までは役者だ。脚本家も、紙の上で演技する役者。映画のコラボレーションの楽しさは、いろいろな人たちと共に働き、彼らから学ぶこと。好きになれない人もいるだろうが、それでも共存しなくてはならない。忍耐力がつくよ。

映画制作では、どんな時でも人々の間に信頼や尊重、思いやりがあるものです。撮影が進むにつれて、よいものをいかに安く、速く撮るかが死活問題になってきます。スープやシチューのように、一見、ぐちゃぐちゃなカオス状態であったとしても、みんなの努力が溶け合えば、素晴らしい映像作品ができるでしょう。

ロン・ハワードは三つのステップをとっています。

第一に、毎日、基本のプランを立てて現場に入る。第二に、俳優や撮影監督、プロダクション・デザイナーたちの提案を聞く。第三に、それらの提案について考える。よく検討し、うまく混ぜ合わせ、僕が立てた大枠に生かす。元々あったものをより面白くし、ストーリーをさらにうまく表現すれば、作品のクオリティが上がるだろう。

マーサ・クーリッジ（『WISH ウィッシュ／夢がかなう時』『プリティ・ガール』『Half the Picture（未）』）は制作を始める際に、撮影監督やプロダクション・デザイナーに提案を求めます。

彼らが思うビジュアルと感情が、私の思いと共通するかを確かめます。みんなのビジョンというのは監督のビジョンですからね。それを全員でシェアして制作に入ります。

その結果、出来上がったものの責任を負うのは監督だと彼女は言います。

すべては選択にかかっています。キャストを選び、セットを選び、撮り方を選び、どのテイクを使うか選ぶ。編集で画面に映る一コマ一コマは、すべて私のものです。何百回も見て選んだ結果、そこにあるわけです。選び抜いて撮影した素材ですから、映っているものはみな必然。失敗があれば、それも私の責任です。そんなつらい時も、確かにあります。

監督はすべてを回す軸のような存在です。かつてテレビドラマの子役として活躍したロン・ハワードは、映画監督としてアカデミー賞に輝くまでの道のりで、興味が尽きないコラボレーションの魅力に深い感謝を表しています。

責任は監督が負うが、どれだけ多くの人たちが関わっていることか。みんなのイメージが早く一致すればするほど、コラボレーションも早く進む。それぞれの分野に長けた人たちからの提案で、作品がよくなるんだ。

〈原註〉

＊1　HBO documentary, *Spielberg*, by Susan Lacey, October 7, 2017.

＊2　Steven Benedict, "Steven Spielberg's Techniques and Themes," YouTube, July 7, 2012, https://youtu.be/-uCBYFHRHU0 (accessed July 1, 2020).

∗3 Shipra Harbola Gupta, "Tribeca: Ava DuVernay's 8 Tips to Filmmakers on How to Stay in Control," *IndieWire*, April 23, 2015.

∗4 Quoted in 121clicks, "Gordon Parks – Inspiration from Masters of Photography," *121clicks*, January 6, 2014, https://121clicks.com/inspirations/gordon-parks-inspiration-from-masters-of-photography (accessed July 1, 2020).

∗5 Christina Radish, "Ava DuVernay on Why She Made 'A Wrinkle in Time', Choosing the DP and Composer, and More," *Collider Movie News*, February 23, 2018.

∗6 Norman Jewison, *This Terrible Business Has Been Good to Me: An Autobiography*, New York: Thomas Dunne Books, 2005.

∗7 John Wakeman, Ed., *World Film Directors*, Vol. 2 ,New York: The H.W. Wilson Company, 1988.

∗8 Casey Chan, "The Violent And Bloody Scenes Of Quentin Tarantino Movies," *Gizmodo*, May 14, 2015.

∗9 William Skidelsky, "Kathryn Bigelow: Director with a Different Take," *The Guardian*, August 15, 2009, https://www.theguardian.com/theobserver/2009/aug/16/kathryn-bigelow-director-hurt-locker (accessed July 1, 2020).

∗10 *CBS This Morning*, "Director Ryan Coogler's First Priority with Black Panther: Make a Good Movie," February 27, 2018.

∗11 Bryce Dallas Howard,"On Directing: Patty Jenkins' at AFI FEST 2017 in Hollywood,"(Not Found).

∗12 *Eyes On Cinema*, "The Art of Storyboarding with Ridley Scott", YouTube, September 27, 2014, https://youtu.be/ljjlXSGdSYs (accessed July 1, 2020).

∗13 American Film Institute, "Steven Spielberg on Storyboarding," YouTube, July 28, 2009, https://youtu.be/nBH89Y0Xj7c (accessed July 1, 2020).

∗14 Filmmaker IQ, "How a Director Stages and Blocks a Scene," by John P. Hess, https://filmmakeriq.com/ (accessed July 1,2020).

∗15 Natalie Mokry February, "6 Filmmaking Tips From Ryan Coogler," *Film School Rejects*, February 13, 2018, https://filmschoolrejects.com/filmmaking-tips-ryan-coogler/ (accessed July 1, 2020).

∗16 Jeff B. Copeland, "John Travolta Is Too Fat to Do Nude Scenes," *eonline.com*, July 25, 1996, https://www.eonline.com/news/33429/john-travolta-is-too-fat-to-do-nude-scenes (accessed July 1, 2020).

∗17 "John Travolta Settles 'Double' Lawsuit," *Hollywood.com*, n.d., https://www.hollywood.com/general/john-travolta-settles-double-lawsuit-57167831/ (accessed July 1, 2020).

∗18 Sophie Weiner"Check Out How One of Birdman's Ridiculously Long Shots Was Made," *Indiewire*, February 22, 2015.

∗19 HBO documentary, *Spielberg*.

∗20 Scott Founds, "Clint Eastwood: The Set Whisperer," *LA Weekly*, December 19, 2017.

∗21 HBO documentary, *Spielberg*.

∗22 Ted Erich, "Clint Eastwood: Conversations with a director and his team," *Action magazine*, September 2003, https://www.dga.org/Craft/DGAQ/All-Articles/0309-Sept-2003/Clint-Eastwood.aspx (accessed July 1, 2020).

∗23 Founds, "Clint Eastwood."

『ビューティフル・マインド』ができるまで

［監督］ロン・ハワード

題材を選ぶ

ブライアン（・グレイザー）も僕も、ジョン・ナッシュの天才的な数学の才能と精神病との矛盾に興味があった。深い苦悩を抱えた人で、映画の主人公としても素晴らしい。以前、僕らは似たような路線の企画をいくつか立てていたけれど、どれも問題があって進まなかった。

アキヴァ（・ゴールズマン）は普通の実話物として描くのではなく、すごい仕掛けを考えていたよ。ナッシュの幻覚や妄想を具体的に表現する方法だ。自分の身に迫るようなレベルで障害の性質が描けるし、前から僕たちがやりたかったこともできる。本当にクリエイティブで力強いストーリーだった。

精神病がもたらすジレンマに興味を惹かれていたんだ。病気に対する根強い誤解もあるし、人として厳しい試練でもある。また、家族にも影響を及ぼす。人間ドラマを描くには、非常に豊かでパワフルな題材だと感じていたよ。

どの世代にも、未知の暗闇につながる線があるのだと、ある数学者から聞いた。天才たちがその線に引き寄せられるが、それを超えられる真の戦士はわずかしかいない。その一人がナッシュだったんだ。

一人の人物を描き切る

僕が映画監督として活動する中で、『ビューティフル・マインド』の制作は当然のなりゆきのようにも思える。これまで取り組んできた人間ドラマと同じ要素が多いんだ。一九八〇年のテレビ映画『Skyward（未）』は僕の四本目の監督作品で、ベティ・デイヴィス出演。ただシンプルに、素直に描いた人間ドラマ。そういうものを監督すると、本当に楽しいんだ。

その方向性で監督をしていけたら、ジャンルやスタイルは何でもいいと思っていた。実績も積んだし、たいていのことはできそうだった。でも、一人の人物を描き切ったドラマはまだ撮ったことがないと気づいた。どの映画にもそれなりの難しさがあるよ。ナッシュは幻覚の中の人物らに欺かれ、それが幻覚だと知ってまた裏切られたと感じる。そんな体験を『ビューティフル・マインド』で映画として観客に伝えるには、どうアプローチすればいいか。脚本は見事だけれども、それを監督する者としては、映像の手法を目立たない形で一貫させる必要があった。

ストーリーを視覚的に表現する

本編で一貫して使うイメージの一つは幾何学柄。数理論理学について調べていて、数学者たちは数字だけでなく、関係性やパターンも扱うことを知ったんだ。形や関係、デザインや相互作用も考えるらしい。

僕もラッセル・クロウも数学に詳しくないけれど、僕には文章、ラッセルには音楽の知識がある。それに、何かを生み出そうとする情熱なら、僕にも理解できる。だから、人物や、人物の情熱に共感できる。

精神病と数学の世界を映像で表現するために、紙に書いた文字や楽譜に書いた音符を数学記号として考え始め、ビジュアルとして提示する方法を考えた。ナッシュが図形を見て試行錯誤する様子を見せれば、彼の視点やマインドのユニークさが伝わるんじゃないかと思ったんだ。

数学者たちがぼんやり空想する時や、問題を解こうとする時に、心の眼で何を見ているかを尋ねてみた。はっきり言葉で説明してくれた人もいれば、それが難しい人もいた。僕は身の回りの幾何学柄や図形を探すようになった——本編の最初に出てくる、ガラスに映るネクタイとか、ナッシュが走ってくぐるプリンストン大学のアーチなどだね。それが何かを象徴する時もあれば、ナッシュがじっと観察する時もある。

「人間」関係を作る

アキヴァは常につながりについて話していた。感情と感情のつながりだ。この主人公は人間的なつながりがもてない。その彼が得意とする数学は、宇宙の要素をつなぎ合わせようとすることだ。関連づけることによって、どこにつながりがあるかを理解しようとする。そこに興味を引かれたよ。

つまり、数学者は人が体験できそうにない存在や構造があることを証明しようとしているわけだ。でも、彼らは人として知っていることを拡大して謎を解こうとしているんだ。結局、人間関係が基本になっているわけで、すごく神秘的だよね。

映画では幻覚の中の人物も含めてみんな、ナッシュの主観で紹介しようと努めた。だから、彼に歩み寄る人物たちのワイドショットは使っていない。彼らが登場する時は、ナッシュの目線で見た姿を映画の中で紹介しているよ。ナッシュがいつも世界を観察していることを、観客に時折思い出してもらうための映像も入れている。僕らが話し合っていたのは、つながっていることと、そして彼が感情的なつながりをもちにくいことだ。

テーマを創造する

どんな作品でもテーマは一つとは限らない。だから、僕は個人的なテーマと社会的なテーマをいくつ見つけられるかな、と思って考える。そして、観客に伝わるように構成を立てる。アクションで前進でき、人物で表現できるアイデアを探す。『ビューティフル・マインド』は善悪の戦いを描いているとも言えるね。精神病が引き起こすものに対して、妻アリシアや他の人物たちが、自らの善良さで立ち向かうストーリーだ。

人物像を作る

友人たちに脚本を読んでもらったところ、ナッシュに共感しにくいかもしれない、という声がいくつかあった。だが、僕は彼の人生そのものが気高く英雄的だと感じていたから、ナッシュ自身はむしろ複雑な男であるべきだと思った。とっつきにくい方がずっと面白いんじゃないかな。

彼は愛嬌があって面白く、映画で観ても飽きないキャラクターだけど、「ちょっとイヤな男だな」と思うかもしれないね。そうだとしても、彼を責める理由はどこにもないと、後になってわかるだろう。ナッシュを映画でうまく描けたのはコラボレーションのおかげだ。アキヴァは素晴らしい脚本を書き、撮影中も現場にいてくれた。イマジンのプロデューサーのカレン（・ケーラ）は長期間、一生懸命に脚本を見てくれた。撮影が始まってからは大きな書き直しはなかったが、ちょっとした変更や新しいアイデアはしょっちゅう出ていたよ。

俳優の演技を支える

俳優陣とはだんだん密にやりとりできるようになり、彼らの役に立てるようになってきたと思う。役作りのためのリサーチをしてもらい、話し合いも積極的にするけれど、僕は縁の下の力持ちに徹している。彼らが役の中に自分を見つけてくれれば、リハーサルは成功だ。ストーリーで納得がいかないところを解決し、実際に動いて演じてみて、質問があれば全部出してもらうようにする。僕が求めるものを、彼らが自分の中でも見つけられるような場を作ればいいんだ。

統合失調症の症状は身体にも多く表れると聞いたから、ラッセルと僕はドキュメンタリー映像を見て研究した。小さなことでもいいから、何か見つけてほしいと彼に伝えた。

映画の前半あたりでは、彼の動きが変な癖かチック症のように見え、後半で、それが精神病の症状だとわかるようにしたかった。なんとなく、くねくねした動きだなと思って見ていたら、実はそれが統合失調症のつらい症状の表われだったと後で気づくんだ。

最も重要なアイデアを伝える

脚本の最後でアキヴァは見事な表現をしているんだ——バランスを見つけることについて。彼はナッシュにこんなセリフを言わせている。「私は常に数字を信じてきた。根拠につながる方程式や論理を信じてきた。私は間違っていた。どんな論理も根拠も、愛の不思議な方程式の中にしか存在しない。たぶん、美しい心をもつといいのだろう。だが、美しい心を発見するのは、もっといい」

ジョン・ナッシュと妻のアリシアはニュージャージー州を縦断する高速道路での交通事故で二〇一五年五月二十三日に亡くなった。ジョンは八十六歳だった。

第４章

俳優

「見知らぬ人々の好意が頼り」

名優を見れば、演技するのは簡単であるように思えます。彼らは自然にふるまい、セリフを言い、楽しそうにギャラを稼いでいるように見えます。しかし、演技とはそれほど「簡単」なのでしょうか？

「俳優はただ歩いてしゃべるだけに見えるので、みんな『私もやってみようかな！』と言いますね」と俳優で演技指導者としても有名なニナ・フォック（『巴里のアメリカ人』『重役室』『十戒』（一九五六年）『硝子の塔』）は言っています。「でも、演技はとても難しいのよ。簡単そうに見えるなら、その俳優の演技が大成功しているということなんです。俳優を生涯続けても、本当にうまくできるのはワンシーンかそれぐらいかもしれません」

俳優が最高の演技をするには、まず、強がるのをやめることから始めます。自分に対して完全に正直になり、内面にあるものを認めなくてはなりません。これを至高のレベルでおこなうには、自分との厳しい対話が必要です。古い感情や今の感情、自分が体験したことや心の傷や思い出と向き合います。それと同時に身体や声の使い方を磨き、人物の表現に生かします。

俳優は自分自身が道具ですから、他の部門の人々とはまったく異なる立ち位置にいます。思いや考えを伝えるために脚本家は文章を、作曲家は音を使い、プロデューサーは契約書を、監督はビジョンを使用します。そうしたものが俳優にはありません。どんな仕事をするかではなく、彼ら自身が仕事です。「自分」が仕事に直結するのです。

ベテラン俳優ピーター・ストラウスはテレビドラマ『リッチマン・プアマン／青春の炎』や『炎の砦マサダ』、映画『ソルジャー・ブルー』や『ラスト・タイクーン』（一九七六年）などで数十年にわたり活躍しています。彼はノースウエスタン大学で筆者と同級で、監督の授業で一緒だったことを覚えていてくれました。本書の初版のために、気さくに取材に応じてくれました。俳優と他のコラボレーターたちとの信頼関係の大切さについて、彼はこう語っています。

結局、俳優がセットで演技をする時は、『欲望という名の電車』のブランチ・デュボワが「いつも見知らぬ人々のご好意に頼ってきたの」と言うのと同じ状態なのさ。僕らは衣装を着ているが、大勢の前で裸になるのと同じだからね。みなさんのご好意が頼りなんだ。

俳優が批判的なコメントに敏感なのも、このためです。脚本が酷評されれば、脚本家は「脚本はひどくても、自分がひどい人間だというわけじゃない」と言えるでしょう。俳優はそんなふうには言えません。批判をストレートに受けてしまいます。

好意的な評価を常に受けてきた俳優の一人にメアリー・マクドネルがいます。『ダンス・ウィズ・ウルブズ』でアカデミー助演女優賞候補になり、『パッション・フィッシュ』では身体に障害を負う女優の役でアカデミー主演女優賞候補になっています。ローレンス・カスダン監督の『わが街』での赤ん坊を見つける女性クレア役も高く評価されました。筆者は彼女と二度食事をし、俳優の感情について伺いました。

俳優にとって大切なのは、子どもの頃の体験だと彼女は言います。

たいていの俳優は感情面でよく反応するから、子どもの頃は大変だったんじゃないでしょうか。我慢ができなくて、大げさな子だとか、暗い子だと思われていたかもしれない。感情が激しくて、周囲とのギャップがあるんですよ。

俳優は他のコラボレーターたちとは違う世界に住んでいる、と彼女は続けます。

俳優は感情でものごとを体験する、世界に一定の割合で存在する人たちよ。気持ちで体験したことを頭で解釈したり、捉えたりして演技をするの。

出演する作品を選ぶ

トップクラスの監督やプロデューサーと同様に、売れっ子の俳優たちにもオファーが殺到します。ですから、出演する作品を選ばなくてはなりません。その際、まず脚本を読むのは彼らも同じ。ロビン・ウィリアムズは『いまを生きる』の脚本に惚れ込んだと語ります。

とてもパワフルだったよ。教師であるキーティングの役柄に精神性と知性を感じた。気高さや尊厳、クリエイティブな力強さもあった。自分にとても近いけれど得難い、貴重なものばかりだ。

ピーター・ストラウスはある種の心構えが必要だと感じています。

いつも、わくわくしながら脚本を読むように心がけているよ。静かな場所を見つけて脚本を開き、三つの要素が読み取れるか確かめる。まず、真実。コメディかシリアスか、どんな人種が出てくるか、ジャンルは何か、といったことは気にしない。真実が描かれているかを探す。洞察や深みがあるか、隠された何かを果敢に暴いているか――僕は大胆な脚本家が好きなんだ。次に、魔法のような魅力。なぜこの映画を撮るのか？　きらめいているか？　別世界にいるような気持ちにさせる脚本がいい。映画館の暗闇が見せる魔法だ。最後に、僕にとって日々の撮影がチャレンジになるか。現実をそのままやるんじゃなくて、超越したい。情熱や躍動感、憎悪や怒り、恐怖や痛みや喜び、壮大さがあるか。僕は大きく感じたい。激しく怒りたいし、深く悲しみたい。

面白い作品に多数出演しているジョン・リスゴーも、脚本選びについて語っています。『オール・ザット・ジャズ』や『ガープの世界』、『愛と追憶の日々』といった映画やテレビドラマ『3rd Rock From the Sun（未）』などに出演してきた彼ですが、はっきりした条件を決めて選択をしていることがわかります。

引き込まれるようなストーリーと、旅路を歩む人物があるといいね。出来事によって人物が影響を受けて変わっていく物語。人物が新しい面を見せて、びっくりさせるようなところも必要だ。僕が演じてみたくなるようなしゃべり方や外見、アクセントなどの意外性もほしいな。

出演オファーを受けた時、グラハム・グリーンは独自の手順で脚本をチェックします。彼は『ダンス・ウィズ・ウルブズ』でダンバー中尉と親しくなるスー族インディアンの役で知られ、近年『ウインド・リバー』や『アメイジング・ジャーニー 神の小屋より』に出演しています。

自分の役が出ているページをすべて抜き出し、それらを読んで、うまく流れているかを見ます。それから残りのページを読み、流れが合うかを確認します。僕が読んで理解できなければ、きっと観客も理解できないでしょう。

多くの俳優にとってはストーリーや人物よりも、テーマと脚本の価値の方に関心があるようです。しかし、自分に合う役が見つかりにくい場合もあるでしょう。実際に、より好みするほど選択肢の幅は広くない、とメリル・ストリープ（『ディア・ハンター』『クレイマー、クレイマー』『ソフィーの選択』）は言っています。

役柄の幅なんてないわ。「なぜこの役を選びましたか？　どこに惹かれましたか？」とインタビューで尋ねられても、何か言えたためしがないもの。女優には色とりどりの役がいつだって用意されていて、青やオレンジ、赤、緑、イエロー、暗い赤、朱色――そして私はオリーブ色を選んだわ、なんて……あり得ない。私はいい脚本に惹かれるの。議論やドラマ、感覚や感情がたくさんある主人公を演じたい。自ら行動を起こす人物よ。誰かの恋人役ではなくて、主体性のある主役を演じたい。

なぜなら私は偉大な女性スターを見て育ったから。ベティ・デイヴィスやバーバラ・スタンウィック、キャロル・ロンバードやルシル・ボール、キャサリン・ヘップバーン、グレタ・ガルボ……他にもたくさんいる。彼女たちの素晴らしい作品を心の糧にしてきたの。[*1]

オクタヴィア・スペンサー（『ヘルプ～心がつなぐストーリー～』『ドリーム』『シェイプ・オブ・ウォーター』）も中身が濃い女性キャラクターを探します。

パワフルな女性キャラクターとは、逆境に置かれても自分の意見が言える人物です。自分が何者かを知っていて、周囲の男性に何を言われても自分の思いを貫く人物です。[*2]

彼女はまた、映画にリアリティをもたらすために、多様性が必要だとも感じています。

多様性と言ってもアフリカ系アメリカ人やラテン系、アジア系、太った俳優や身体に障害がある俳優だけとは限りません。あらゆる年齢層の俳優が必要。注目されることが少ない人々にも目を向けるべきです。[*3]

役が永遠に記憶される

ストーリーを考えるのはたいてい脚本家か、監督かプロデューサーです。しかし、それが映画になると、観客の記憶に残るのは俳優です。俳優はいくつになっても、映画を観た人から突然声をかけられることが多いです。ロビン・ウィリアムズは『いまを生きる』が「情熱を思い出そう、好きなことをして生きよう、という気持ちを人々の心に甦らせた」と語っています。この映画について、彼が街角でいきなり質問されるのも当然でしょう。でも、彼を特に喜ばせたのはこんな言葉です。

ある日、ニューヨークで、ゴミ回収係の男性が僕を見て、大声でこう言ったんだ。「映画、よかったぞ——あの死人のやつ！」

こんな経験を誰よりも多くもつのは俳優で映画監督のレナード・ニモイでしょう。彼は『スリーメン＆ベビー』や『情熱の代償』を監督しましたが、なんと言っても『スター・トレック』のMrスポック役で世界的に知られています。プライベートで買い物中の時でさえ、人々が彼に近づいてきて『スター・トレック』のことを尋ねたそうです。

『スター・トレック』は娯楽作品だが、どうしてこんなに長年続いているんだ、と尋ねられる。その理由の一つは、見るたびに新たな体験ができるからだろうね。八歳の時に見れば、映像や音が面白いと感じるだろう。でも、二十歳になってから再び見れば、何か別のものに気づく。エコロジー的なテーマに気づいたり、読んだことがある小説との共通点を見つけたりするだろう。何かに関連づけることが、年を重ねるごとに増えていくんだ。

俳優がよい脚本を選んだつもりでも、ハリウッドではそれがどんどん書き換えられます。結局、俳優は与えられた脚本を演じるしかありません。経験を積んだ俳優はみな、脚本のクオリティの問題に遭遇しています。ジョン・リスゴーは次のように語っています。

脚本がよくなければ、リアリティのある感情表現がしづらいね。頑張り過ぎて、力んでしまう時もあるよ。書き方の問題や、掘り下げ方の問題で、人物が多角的につかめない時が一番難しい。うまく書かれた脚本を演じるのは楽だよ。

ニナ・フォックはこう述べています。

人が実際にどんなしゃべり方をしているか、脚本家には耳で聞いて捉えてほしいですね。

グラハム・グリーンは「どんな役を演じる時も、少しユーモアを加えたい。書かれたとおりにセリフを言ってもらいたがる脚本家はほとんどいない」と言っています。

ピーター・ストラウスは脚本の行間を読み込み、「人物の内面にある彩りが好きだ。それが豊かであればあるほど、僕の苦労は減るよ」と語っています。それが難しい脚本に出会った時は、次のように考えて対処するそうです。

脚本がまずいと俳優は大変だ。すごくドラマチックな場面になりそうなのに、それが書かれていない時もある。地団太を踏みたくなるよ。あえて書かないでおいて、いい具合に空白なら俳優は輝くさ。でも、耳から足が飛び出しているような書き方じゃ、俳優はさんざんだ。自分で何かしなくちゃいけない。掘り下げて追及すれば何かが見つかる。脚本家の意図に従って、人物に肉づけをするのが僕の仕事だ。

人物のことをよく知っているのは俳優の方だ、とレナード・ニモイは言っています。特に、長い間、続編などで同じ役を演じる場合はそうでしょう。

無意識にやった動きが注目される時がある。そして、脚本家が「あのセリフの時に眉を上げましたよね。あれはよかったです。次も、あれでいきましょう」と言ってくれる。だが、二十五年間も眉を上げ続けるなら話は別だよ！　すっかり役柄として定着し、七ページか八ページごとに「スポック、眉を上げる」と書かれてしまった。脚本家に言わなきゃいけないよ。「やり過ぎは逆効果だ。何か別の表現を探そう。安売りはしちゃだめだ」と。

脚本を読み込む

仕上がった脚本を受け取った俳優は、内容を自分の中に落とし込む作業に入ります。それぞれの俳優には独自の流儀があるようです。

メアリー・マクドネルはストーリーの流れを把握するために、図を描いてメモします。

> 人物がどう変化し、いつ、何が起こり、どのように感じるかをページごとに見て図にまとめます。撮影の順序が前後したら、その図を見て流れを確認します。

ヴィオラ・デイヴィス(『ヘルプ～心がつなぐストーリー～』『フェンス』『スーサイド・スクワッド』)は次のように語っています。

> 脚本を読み、人物について変えられないほど確定的な部分を抜き出します。そしてシーンを読み、私の疑問が解決しなければ、監督にとことん尋ねます。セリフそのものを覚えるのではなく、シーンの流れを覚え、その流れに身をゆだねます。[*4]

ニナ・フォックスは脚本の全体像を常に意識するよう生徒に勧めています。

俳優も監督と同じことをします。アクションや意図、小道具を読み取り、シーンの中での流れや区切りをこまかく特定します。自分の役が登場するページだけを抜き出して、残りは片付けてしまいなさいと生徒に勧めています。抜き出したページを毎日一回は読み、何をすることが必要で、どうすればさらによくできるかを考えてほしいのです。

レナード・ニモイはこう明かしています。

優れた俳優は役に何かを持ち込む。実体験か、人から得たものを生かす。書かれたことを輝かせる表現方法を見出して、最大限に表現する。身のこなしや姿勢や仕草で表現し、観客が「あんな人、いるよね」とうなずくような説得力を出す。俳優はセリフを言うだけでなく、それについて考える。想像する。もしも自分だったら、という感覚で役に近づく。あなたが俳優として成功しているなら、役に持ち込む何かをもっているということだ。

身体を役になじませる

演技をよくするにはリサーチが欠かせません。制作日程が厳しい昨今、リサーチ期間があるのは贅沢と言えるほどです。「リサーチが必要な役が来たら、俳優としてチャンスだと思ってワクワクするよ」とピーター・ストラウスは言います。人物像を深く分析し、銃の構え方までいろいろと考えるそうです。

武器を使う場面があれば、手の感覚を慣らすために練習に出かけるよ。たいてい、手に持つ小道具にたいした意味はないが、それがサブマシンガンUZIならすごく意味があるよね！　最近はいろいろな役があり、リサーチが必要だ。エイズ患者の役なら病状がどう進行するかを調べる。そう言えば、ノースウエスタン大学で習ったね。英国の国王を演じるには英国の歴史を知らねばならないって。本当にそのとおりだよ。

ニック・ノルティも凝り性で有名です。彼は『戦場』（一九八九年）の撮影でボルネオ島のホテルに滞在中、まるでパットン陸軍大将の作戦指令室かと驚くような書類の山を用意しました。作戦地図や、太平洋戦域での連合軍についての難しい歴史考察の本があり、ぼろぼろになった脚本が、原作小説のページに合わせて挟み込まれていたそうです。噂を聞きつけた監督のジョン・ミリアスはこれを見て「何を演技に使うんだい？」と呆れて声を上げました。ノルティは「全部です」と答えたそうです。

『ビバリーヒルズ・バム』に出ていたある俳優はロサンゼルスの路上で数日間行方不明になりました。安いお酒で酔っ払い、空き地で寝ていたそうです。彼は悪臭を漂わせてリハーサルに現れ、共演者のベット・ミドラーとリチャード・ドレイファスをびっくり仰天させました。もちろん、それが役づくりだったことは言うまでもありません。

実在の人物を演じる場合はリサーチも複雑です。役になりきって数日間も、数週間も過ごす俳優もいます。ジャック・ニコルソンも『ホッファ』で入念なリサーチをおこないました。

ビデオを山ほど見たし、本も読んだよ。ジミー・ホッファが働いていた街で撮影もあり、彼を知る人々がまだたくさん住んでいた。僕は彼の息子に会い、ホッファが訴えられた裁判の検事たちとも話した。

「この役はできそうだ」と感じる時もあるが、ホッファのような役は……「見ろよ、このスケールを。でっかい山みたいだぜ」と思う。どうすればいいかが具体的にわからないから、できるかどうかの確信がない状態で取り組んだ。[*5]

主人公ホッファの実生活は知られていません。ニコルソンにとっては、演技をある程度、自由にできる幅がありました。

この映画は伝記じゃなくて、描写なんだ。両者には違いがある。ホッファに起きた出来事を実際に知っている人はほぼいない。ということは、いろいろと推測したりして演じても許される。彼の内面をどう解釈をするか、俳優に任されている部分があった。

逆に、多くの人に知られている人物を演じるのは大変難しいことでしょう。『ウィンストン・チャーチル／ヒトラーから世界を救った男』のウィンストン・チャーチル役が一例です。

役づくりのために、ゲイリー・オールドマンは一年がかりでチャーチルの伝記を読み、記録映像を見て、チャーチルの親族とも話しました。その後、オペラ歌手と、方言で歌う歌手からレッスンを受け、チャーチルの声のトーンや抑揚やリズムを習得し、チャーチルの演説集のアプリを一日じゅう聞きました。また、声を低くするために、半音下げたピアノに合わせて練習しました。本番ではパッドを装着して太った体格を作り、特殊メイクに毎日四時間も費やしました。[*6]

役の解釈はいろいろな方面にわたります。脚本をヒントに人物の過去を想像することも多いでしょう。人物はなぜこれをするのか、何のためにするのか。昔はどうだったのか、今はどうなのか、また、未来はどうなりそうかを問いかけ、考えます。

役づくりのために取材する

出演を決めた俳優は、本番までにかなりの準備をします。ヴィオラ・デイヴィスはこう語っています。

私は何でも使います――ジュリアード音楽院の演劇科でそのようなトレーニングを受けましたから。（中略）実在の誰かを役に結びつけるのは好きですね。リアルで正直な演技を誰も期待していませんから、みんなびっくりします。『Lila and Eve（未）』ではわが子を殺された体験がある友人に話を聞いて役づくりをしました。*7

マーゴット・ロビー（『アイ、トーニャ 史上最大のスキャンダル』『ハーレイ・クインの華麗なる覚醒 BIRDS OF PREY』）はこう語ります。

時系列や背景はもちろん調べます。方言指導や発音指導、演技コーチにもつきます。（中略）映画『フォーカス』（二〇一五年）に出演した時は本物のスリに財布の盗み方を教わりました。*8

方言指導を受ける

言葉や発音、アクセントは多くの俳優にとって苦労が多いようです。この話題になると、みなため息をついたり、うなったりします。みな専門のコーチの指導を受けて練習します。メリル・ストリープは『愛と哀しみの果て』でデンマーク訛り、『クライ・イン・ザ・ダーク』でオーストラリア訛り、『ソフィーの選択』でポーランド訛りを習得しました。

メアリー・マクドネルは『パッション・フィッシュ』の撮影で監督のジョン・セイルズにやんわり、こう指摘されたと笑います。

　　メアリー、今、ルイジアナを出てノースキャロライナに入っちゃったね！

なじみのない外国語では難易度が上がります。『レイジング・ケイン』に出演したジョン・リスゴーの役柄がまさにそうでした。

　　スタンフォード大学のノルウェー語の言語学教授にアクセントを習い、ノルウェーの子守歌を一緒に歌ったよ。

『ダンス・ウィズ・ウルブズ』ではグラハム・グリーンも難しい課題に挑戦しました。

ラコタ語の習得を求められましたが、かなり異質な言語ですからなかなか記憶できませんでした。多くの言語を耳で覚えてきましたが、比べものにならない。ホテルの部屋で毎日八時間勉強しました。もらった音源は発音がゆっくり。その一方で、方言指導のコーチは早口で、情け容赦なくしごかれました。セリフを全部覚えるのに二週間かかりました。ホテルの部屋で夜中の二時まで発音を練習しても、翌朝には何ひとつ思い出せない！　泣きたい思いで最初から、ゆっくりやり直すしかありませんでした。

身体のトレーニングをする

役柄によっては、さらに多くの訓練を必要とします。撮影の何ヵ月も前から取りかかることもあるでしょう。その一例が『博士と彼女のセオリー』でのスティーヴン・ホーキング博士役です。エディ・レッドメインはこの演技でアカデミー主演男優賞を受賞しました。彼は本編のほとんどで車椅子に乗って登場し、ALS（筋萎縮性側索硬化症）の症状で身体をこわばらせた演技をしなくてはなりません。この身体表現をするために、彼はALS専門の病院で患者の人々と会い、症状の進行度によって筋肉がどのような状態を示すかを学びました。また、症状に合わせた姿勢が保てるように、ダンサーの指導を受けて何ヵ月も練習したそうです。ペンの持ち方や飲み物の飲み方、しゃべり方も、症状の進行に合わせた動きをマスターしました。

彼はホーキング博士に会い、爪が長く伸びているのに気づきました。自分も爪を切らずにいたら、婚約者に苦情を言われたそうです。彼自身も「かなりみっともなくなるぐらいまで伸ばしたよ。（中略）あちこちに引っかかるし、汚れやすい」と語っています。また、役づくりのために7キロ近くも減量しました。*9

サンドラ・ブロックも『ゼロ・グラビティ』で大変な訓練を受けました。撮影で長時間、同じ姿勢を保たねばならないからです。彼女は狭い宇宙船の中でワイヤーリグをつけたまま、何時間も過ごしました。宇宙服の着脱と宇宙船への出入りだけでもかなり時間がかかるので、出入りはやめて、窮屈な姿勢で十時間も過ごす方を選んだようです。そのために、彼女はダンス・フィットネスのトレーナーの指導を受け、身体を鍛えました。[*10]

サリー・ホーキンスは『シェイプ・オブ・ウォーター』で発話障害がある役に向け、特別な準備をしました。元々、少し手話を知っていましたが、撮影期間中も毎日、手話の先生から数時間レッスンを受けました。彼女の手話に間違いがないか、本番中も常にチェックをしてもらっていたそうです。

監督のギレルモ・デル・トロは彼女にサイレント映画をいくつか見せました。ハロルド・ロイドやバスター・キートン、スタン・ローレルといった往年の名優たちが無言で荘厳な佇まいを見せる様子に学ぶためです。

身体的な技能の猛特訓が必要な場合もあります。『アイ、トーニャ 史上最大のスキャンダル』で実在のスケート選手トーニャ・ハーディングを演じたマーゴット・ロビーは毎朝五時に起床し、振付師と一緒に何時間もアイススケートの練習をしました。映画ではジャンプとスピン以外の部分は本人が滑っています。

また、彼女はトーニャの声や仕草を学ぶために、多くの映像を見て研究したそうです。[*11]

ガル・ガドット（『ワンダーウーマン』）はイスラエルで戦闘トレーナーをしていた経歴がありますが、さらに筋肉をつけるために八ヵ月の訓練を受け、こう言っています。

力というものは、ごまかしが効かない。[*12]

『インディ・ジョーンズ』シリーズでハリソン・フォードは長い鞭を見事にさばいています。

鞭を使うところはすべて僕が演じているよ。だが、続編を撮るまでの間は練習していないんだ。自転車のようなもので、一度基本を覚えたら、わりとすぐに思い出せる。僕はいろいろな長さの鞭を持っていて、柱や木に向かって練習する。手首の動きなんかは自然にできるようになったよ。ただ、やり方を教えてくれる人を探すのは大変だった。あの長い牛追い鞭を操るプロというのは、そんなに多くはいないんだ。[*13]

役に合わせて外見を変える

発音をマスターし、リサーチをし、おいたちや経歴をイメージし、身体面での特徴をつかむことは、人物の内面を外に出して表現する手段でもあります。身体面と心理面を融合させる方法はたくさんあります。

その一つは、まず外側を作って内面に入り込むアプローチです。仕草や動きをしながら、人物の性格を浮かび上がらせます。もう一つはスタニスラフスキーのメソッドで、内面にある心理をつかんで身体の動きにつなげます。人物の感情や記憶を探り、行動へと自然に表現する方法を模索します。

これら二つの理論は一つに溶け合いつつある、とニナ・フォックは語ります。

みんな自然に両方を使っているはずですよ。足を引きずる演技をすると、おのずと内面も変わります。身体の動きが心に影響を及ぼすのです。

深い心理描写で評価が高いジョン・リスゴーは、どの役にもまず身体面からアプローチをします。彼は『リコシエ』での役づくりをこう語っています。

この人物は昔、膝を撃たれたから、足を引きずるようにした。彼にとって負傷は屈辱的な敗北で、苦い思いを引きずっている。足はどんなふうだろう。膝が凍りついたような感じかもしれない。そう思って、膝に装具をつけてみた。

身につける物に大きな影響を受けるから、衣装合わせは大切だよ。デザイナーとアイデアを話し合うんだ。鏡を見て、衣装が人物像にどう溶け込むかを想像する。髪型も大事だね。髭を伸ばすことも、特殊メイクをすることも、すべて役の一部になる。

彼にとって、強く記憶に残っている役があります。

『バカルー・バンザイの8次元ギャラクシー』で演じたイタリア人科学者は、四十年前に異次元から来たエイリアンに身体をのっとられた人物だ。今でもエイリアンが身体に棲みついている。その年月の間に彼がどう変わったかを考えて、ぶっ飛んだアイデアを思いついたよ。彼はずっと電気と糖分を食事にしている。しょっちゅう感電しているみたいに逆立った赤毛のウィッグみたいなものはどうだろう、と提案したよ。

また彼は、虐げられた殺人犯の心理を捉えるために、「濁った色のコンタクトレンズを片目にはめた。この男は変質的で残虐だが、彼が自分自身に憤り、自分を過剰に意識する理由になるものがあるといい」と考えました。究極的には、役のために自らの容貌を変えるかどうかが課題となります。彼は『トワイライト・ゾーン／超次元の体験』の第四話に出演した時、監督のジョージ・ミラーから新しいことを学んだそうです。

髪を黒く染めろと言われたが、僕はその意味がわからなかった。そしたら監督は「それとも口唇ヘルペスにするかい?」と。何が言いたいんだ、と尋ねたら、僕の自己イメージを変えてしまうものがいいと言われたよ。あれは今でも覚えている。あれ以来、そういうものを積極的に探すようになったんだ。いいものをもらったよ。結局『トワイライト・ゾーン』では髭を三日間伸ばし、髪をグリースでテカテカにした。黒いスーツと灰色のシャツを衣装にすると、かなり狂暴な風貌になった。それは確かに僕が思う僕のイメージとは違った。役になるとは別人になることだから、解放感があったよ。

変わった人物を演じるために、グラハム・グリーンは変わった方法を編み出しました。「歯がなくて、騒々しくて、姿勢が悪い五十六歳の男を演じる時に、靴の中にボローニャソーセージをスライスして入れました。足の裏に、何かぬるぬるした感じがほしかったので」

映画史上最も有名な変身を見せてくれるのは『トッツィー』です。女装して演技に挑んだダスティン・ホフマンはこう述べています。

とにかく美人になりたくて、七ヵ月もメイクアップを試行錯誤したよ。「もうこれが限界」と言われた時はショックだった。ハリウッドに不可能はないと思っていたからね。[*14]

撮影は長時間に及びますから、俳優には基本的な体力も必要です。毎朝四時に起きて現場に入り、数時間かけてメイクをし、さらに何時間も出番を待つこともしばしばです。しかも、本番でカメラが回れば演技に集中します。画面に映らない監督や衣装係の顔は疲れていてもかまいませんが、俳優は輝かなくてはなりません。

役になりきる

演技とは何かをすることだけでなく、存在することも含みます。俳優は役になりきり、その存在を観客に信じさせるのが仕事です。「何かをすること」は人物の内面を理解してこそ可能だとニナ・フォックは語ります。

理解するから行動ができ、行動するから感情が生まれます。食事の仕方は？　健康にどれぐらい注意している？　身体にぴったりした服を着るか？　食事がビッグマックや豆類ばかりという人物はよくガスが出るでしょう。健康管理に無頓着なら便秘がちでしょう。

ドアまでの行き方が理解できなければ、ドアを開けて通ることもできません。登場の準備もできないし、どんなシーンも思い描けないでしょう。

自分の過去を追体験して演技に生かすこともあります。ロビン・ウィリアムズは『いまを生きる』のキーティング役に「なる」過程をこう振り返っています。

役づくりに生かせるものは何でも使うよ。恩師のことを思い出してキーティングの人物像を作ったんだ。二、三人の先生の特徴を演技のどこかで生かした。知っている人たちを自分の中に取り入れて合成するような感じだ。
クリエイティブであるというのはどういうことか、まず自分の考えを確かめてから、映画に出てくる詩と組み合わせた。脚本をシーンごとに読んでメモを書き、それから全体を眺めてメモを書くことが多いよ。必要に応じて、簡単な覚え書き程度でいいんだ。そこが全体の中でのどのあたりかがわかればいい。それが大切だ。

ピーター・ストラウスは「なぜ、いつ、だれが、どこで、何を、どうやって。自分は誰か？　何者か？　何に駆り立てられるか？　なぜこの人物はこんなふうなのか？」と、５Ｗ１Ｈに従って考えるそうです。

自己を超越して何かを「する」力を養い、何者かに「なる」ことが演技の極意のようです。

感情の記憶を使う

ほとんどの俳優は、自分が過去に体験した感情を演技に生かしています。内面の成長がポイントなのでしょう。「すべては自分の中にある」とフォックは言います。

感情には六種類しかありません。愛、喜び、喜びの喪失、恐怖、憤り、そして、やり場のない怒りです。

ある心理学者はユーモアまじりに、感情には「mad, sad, glad, and skeert（scared）!（怒り、悲しみ、喜び、恐怖）」があると言っていました。さらに韻を踏んで、筆者は「hurt（心の痛み）」も加えたいと思います。

ロビン・ウィリアムズは演技の感情表現には多くの方法があると述べます。

自分の体験を生かす時もあれば、別のものを取り入れる時もある。内に秘めた感情を利用してもいいけれど、自分の中で消化できていないなら、まだ使わない方がいい。それを演技で使いこなせるのは、時が経って吹っ切れてからなんだ。無理して使おうとすると、本当に心が乱れて収拾がつかなくなるよ。

俳優は自分の心の傷をえぐるような題材にも取り組まねばなりません。メアリー・マクドネルは舞台で活躍していた頃に、演技と心の痛みは切っても切れないと気づいたそうです。

俳優には悲惨な体験を演技に反映する能力があります。私はある時、強い感情をもって舞台に登場する場面で、実際に私が知っている人に対して、ひどいことを思い浮かべました。すると、その場面にぴったりの感情が生まれ、演技がうまくいきました。

後で自分に腹が立ちました。私はこんなことを続けるつもり？　考え直さなきゃ、と。私の思いが誰かの運命に影響を及ぼすとは思いませんが、思考はエネルギーを生むとも言いますからね。考えてしまいます……。

心の痛みと演技について、ピーター・ストラウスはこう語っています。

心の痛みは常にあるよ、消えない痛みがね。貯金みたいなものさ。だったら、人としてオープンになること。表現者として、他人の視点に立ってみるべきだ。いい俳優は自分の体験を掘り起こして輝かせる。ある女優が夫と話をしていた時に、どうすればあんなに悲しい演技ができるのか、と尋ねられたそうだ。彼女が「うちの子が死んだと想像したのよ」と答えると、夫は驚いて、しばらく何も言えなかった。そして、やっと「ひどいな!」と言った。僕も、どう反応していいものやら。だが、彼女は真顔で「いいえ、それが俳優の才能よ」と言った。

変だけど、俳優はそうやって、心の痛みをポジティブなものに変えるんだ。愛する人々を想像の中で殺し、殴り、両手を切り落とし、病気にし、亡くし、離婚する。確かに、病んでいるように見えるかもしれないね。でも、俳優にとっては贈り物のようなものだ。

演技で心が病んでもいいのでしょうか? 撮影現場でちょっとした問題を起こす俳優の噂はたくさんあります。感情と心の病は紙一重ですが、重要な違いがあるとストラウスは説明します。

「心の問題が解決すると演技に使えなくなるから、カウンセリングなどはあえて受けない」と言う俳優がいる。かつては僕もそう思っていたが、大間違いだ。自分を理解し始めると心が開き、まったく新しい視点から演技を探求する気になれるんだ。

最終的に、俳優は自分に合う方法を見つけます。ロビン・ウィリアムズはこう語ります。

反応はちょうどいいレベルにしなくてはならない。やりすぎるとお涙頂戴みたいになってしまうから、加減が必要だよ。ぴったりのトーンを探すには何かを意識し、文脈に合うかどうかも確かめること。また、自分の内面を掘り起こすにしても、その内容は人に言わない方がいい。マジックの種明かしのようなものだからね。

リハーサルで何かを見出す

撮影が近づいてくると、たいていリハーサルをおこないます。演技が形になり始め、「マジック」を見出し始める段階です。ジョン・リスゴーはこう説明しています。

リハーサルは一週間ほどあるといいね。まず、脚本を通し読みする。次に、みんなでシーンを一つひとつ見ていく。助監督にト書きを一語ずつ読んでもらって確認しながら、全員でシーンを読む。ここで監督と俳優からアイデアが出される。その後、リハーサル室で立ち稽古。セットの配置どおりに、床にテープを貼る。緻密で込み入っているよ。また、椅子を四脚か五脚並べて車かバスの中に見立てることもある。

セッティングができたら、本格的なリハーサルに入ります。

人物が何をして、何をシーンで伝えるかを話し合う。一つのシーンで見せたディテールを、五分か十分後に来るシーンでうっかり忘れないように確認しておくんだ。撮影ではシーンの順序が本当にばらばらになる。ストーリーの出来事を順序どおりに追い、自分の演技を時系列に沿って見ていけるのはリハーサルの時だけだ。
稽古のしすぎはよくないが、脚本を見ながらでも、徹底的にシーンを演じておくといい。

リハーサルは俳優がお互いの相性を見る機会でもあります。思いついたことを自由に試し続けるために、柔軟性が大事です。それは一般的なイメージとは大きく異なるだろうとメアリー・マクドネルは言っています。

あえて答えを出さず、そのままにする俳優もいます。リハーサルで見つけた答えを、そのとおりに本番で演じるわけではありませんから。むしろ、たくさんのことに気づく場なので、クリエイティブに捉えています。いろいろな見方に触れるうちに、他の俳優たちと新しいことを試すのが楽しくなってきますよ。

また、いつでも失敗を恐れないのが最高の俳優だと彼女は考えます。

とても賢い演出家が舞台の初日でこう言ったのよ。「いくつか失敗しておいで。美しい失敗を。それが面白いんだ」って。

俳優と監督は、一緒に賭けに出るとうまくいくようです。ロビン・ウィリアムズと監督のピーター・ウィアーは『いまを生きる』のリハーサル中、常に何かを試していました。

シーンの撮影に入る前に、監督は気分転換に音楽を流すんだ。「何かやってみて」と言われて、解放感があったよ。「何もしなくていい」とも言われる時もあった。監督が自信に満ちていたから、何もしないでいる時でも安心できた。

メアリー・マクドネルは『ダンス・ウィズ・ウルブズ』で比較的長いリハーサル期間に恵まれましたが、課題はたくさんあったそうです。

草原で三週間リハーサルをしました。朝起きて全員バンに乗り込み、乗馬の練習。その後、ラコタ語のレッスンをしてから衣装合わせ。すべてが速いペースで進むので、みんなについていかなくてはと必死でした。ふと、適応するとはこういうことなんだわ、と思い始めたんです。大事なことは、慣れようとするよりも、慣れないことに対して自分がどう感じるかなんだ、って。そこに意識を向けると、役柄である孤児としてのおいたちや罪悪感、孤独感をつかむのに役立ちました。

リハーサルが進むにつれて、俳優は自分の内面に気づきます。気絶してケヴィン・コスナー演じるダンバー中尉の馬に乗せられ、家に連れ帰られる場面を思い出し、彼女はこう語ります。

誰かに抱きかかえられるのは、とても気持ちがよかったです。役の人物にとって、あまり味わったことがない気持ちでしょうね。きっと、誰かと触れ合うことさえ少なかったはず。たとえ気を失っていたとしても、彼女の内面で何が起きているかしらと想像しました。

意識が戻ると、彼女はダンバー中尉から目をそらしたいと思うでしょう。彼女はインディアンの暮らしに満足していますから。でも、それまで得られなかった心のつながりを中尉に求めずにはいられません。その思いがにじみ出て、二人は惹かれ合います。

彼女はリハーサルで「すごいことに気づいてメモすることがよくあります」と意欲的です。その際は自己満足にならないよう、抑えたアプローチに徹するそうです。

少し曖昧な部分を残しておくの。自意識が過剰にならないようにね。「どんな体験？　私たちはどこに足を踏み入れる？」といったことを書きます。刺激として、思い出すように。

本番に臨む

リハーサルが終われば撮影です。本番のプレッシャーへの対策はいろいろあります。リハーサルがうまくいくと、何かを本番に生かせるようになる、とジョン・リスゴーは語ります。

リハーサルで一度でも演技がうまくいったのを覚えていれば、シーンの本質がつかめているわけだ。仮に、本番で四つか五つのアングルから七〜八テイク撮るとすれば、同じ演技を四十回することになる。カメラリハーサルでもセリフが練習できるから、演技を修正するチャンスはたくさんあるんだ。マスターショットを撮った後は、演技の大筋は変えられない。大きく変えると、その演技の映像は編集で合わなくなるからね。でも、メリハリやリズムや意図は調整できる。いい監督はちゃんと見ているから、演技が過剰になった時は知らせてくれる。別の演じ方を試させてくれるしね。いろいろな演技の素材を揃えようとするからさ。

俳優はまず、周りの環境に慣れようとします。グラハム・グリーンは『ダンス・ウィズ・ウルブズ』で、ただ歩くことでさえ練習が必要だったと言います。

役のために、文明から完全に離れなくてはなりませんでした。衣装を着て歩き回りましたよ。そこに住んでいる感覚になるまで、時間がかかりました。身体になじませることが大事です。ごつごつした地面でも、すいすい歩けるようにね。そこにあるものすべてに慣れなくてはいけないんです。

メアリー・マクドネルは撮影期間中も、自分の反応に意識を向けます。

シーンの中で自分がどう反応しているかに注意するのは、それがそのまま演技の参考になるからです。以前は腕組みしたり、手を顔に当てたりして、それが演技だと思っていたけれど、自分自身の反応を大事にしていなかったのかもしれません。今は自分の感情的な反応を意識するようにしています。

グラハム・グリーンは禅のような集中力とリラックスを提唱します。

僕にとってはシーン中の一瞬一瞬だけが重要。シーンの合間の昼寝も大事です。力を抜く。座ってエネルギーを蓄え、次に備える。人のことはいっさい気にしない。集中しにくい時もあるが、それは自分に原因がある。

僕は自分の仕事をするためにそこにいる。食事にバナナを出せと文句を言うのは僕の仕事ではありません。「本番」と言われたらレンズの前に立つのが僕の仕事です。

レナード・ニモイも独自の方針をもっています。「日々、実直に働くこと。手抜きをしないこと。よりよい成果を目指し、きちんとやり遂げること」。彼はこれを子どもの頃に学んだと言います。

父は理髪師だった。散髪が終わったら、お客のエプロンをさっと取って「お次の方!」と言った。いい腕前だった。

ダスティン・ホフマンは映画初出演の時に演技術の大半を身につけたと述べています。

映画出演は『卒業』(一九六五年)が初めてだったが、いい経験をさせてもらったよ。マイク・ニコルズ監督は準備を完璧にする人だった。ある日、僕が少し手抜きをしていたら、監督は「これを再び演じるチャンスはないよ。今の演技が永遠に残る。後で後悔することになるぞ」と。強烈に覚えているよ。[*15]

映画では同じ演技を何度も撮影しますから、集中力を維持するのは大変でしょう。撮影の順序としては、まず全体をマスターショットで撮った後、それより少し寄ったショットを撮り、最後にクロースアップを撮ります。それに対する心構えについて、グラハム・グリーンはこう説明しています。

マスターショットはどうとでもなりますが、プロの俳優はクロースアップが勝負です。思考や内面の動きが表情に表れていないとだめなんです。セリフがないからといってぼんやりしていてはいけません。相手役のセリフや動き、マスターショットで印象的だったことなどをしっかり受け止めていればいい。それらに対して反応し、かすかな表情の変化に生かします。

映像の演技にはかなりの集中力が要る、とジャック・ニコルソンは語ります。

映画は舞台より難しいよ。『ホッファ』を舞台で三時間も演じられる役者なんて誰もいない。あのエネルギーを舞台向けに拡大すれば、ぶっ倒れるさ。それに、映画では自分の演技を見ざるをえない。舞台でひどい演技をしても、ほめてくれる人は十二人ぐらいいるだろう。だが映画は違う。「ああ、これを見なきゃいけないのか」とマインドでわかるんだ。映画の編集の経験があるから言うんだが、一日に撮った演技の半分はひどい。最悪なんだよ。

ニコルソンは「愛しきものを殺す」ことで有名です。

これでよし、と思うものを全部ボツにしろ。しかめっ面、笑顔、かしげた首、怒った顔、やることなすこと全部だ。それらはだいたい売れ線だが凡庸だ。

共演者たちとのコラボレーション

俳優は、まったく何もない空間で演技することはめったにありません。彼らは相手役とのやりとりから多くを得ています。脚本が映画になるまでの間に、カメラが切り取る映像の中でのコラボレーションもあるのです。レナード・ニモイはそれをテニスの試合にたとえます。

相手役とやりとりをして、互いのリズム感をつかむ。自分一人の演技は長く続けられないよ。そこで、テニスの試合のように、かけあいをする。どんな球が飛んでくるか、自分はどう打ち返すか、と考え始める。妻を演じる彼女はどう演じるだろうか？　怒るか、悲しむか？　彼女の表情や動きを見て、声の抑揚を聞き、それに対して反応すればいい。稽古で作り上げた演技を維持しようとしてはいけない。柔軟性が必要だ。演技はお互いの化学反応がすべてだ。

グラハム・グリーンも同じ言葉で表現しています。

監督は出演者全員をまとめる判断をする立場にいます。俳優どうしで対立してしまう時もあるけれど、たまたま、その相手が自分の敵対者役だったりしてね。仲が悪い様子が映像にも出ていたことがありました。うまい具合にね！　化学反応のようなものです。

ラブシーンの取り組み方

ラブシーンでは、たとえ相手役が嫌いでも、恋する演技をしなくてはなりません。筆者は学生時代、演技の先生に「相手のブローチとかスカーフとか、耳とか美しい金髪とか、何か好きなところを見つけて意識を向けて！」と教わりました。

一九九〇年代には『ヘンリー&ジューン／私が愛した男と女』や『氷の微笑』、『硝子の塔』、『アイズ ワイド シャット』といった過激な露出がある映画が発表されました。

本書の初版を執筆中、ある読者から「ラブシーンやベッドシーンの裏話が知りたい」という声がありました。筆者も興味がわいたので、同窓生の俳優ピーター・ストラウスに追加の電話インタビューをお願いしました。「いいよ、僕の自宅の電話番号にかけて。子どもたちが寝静まってからね！」と彼は言い、内情を教えてくれました。

セクシーな大スターが相手なら、演じる方もときめきそうですね。「いや、そうでもないんだ」と彼は打ち明けます。

ある程度の気まずさは必ずあるよ。俳優も監督もスタッフも気をつかうからね。当然だろう？　六十人ぐらいのスタッフに囲まれて、じっと退屈そうに見つめられているんだから。ラブシーンは山ほど演じたが、無我夢中になるなんてことはめったにない。

気まずさをやわらげるために、監督がとる方法を教えてもらいました。

まず、その場にいる人を減らす。次に、俳優が安心できる雰囲気を作る。プロ意識と、その場にふさわしいユーモアのセンスが大事だ。

俳優を安心させる方法は監督によってさまざまです。俳優で演技指導者のニナ・フォックは監督のフィリップ・ノイスが『硝子の塔』撮影時にとった方法を教えてくれました。

監督は自分が裸になってシーンを演じ、その映像をサンプルとして俳優に見せ、演技としてここまでやってほしいと伝えて承諾をとりました。

フォックもストラウスも、基本的に準備することは食事のシーンと変わらないと言いますが、セックスシーンとなれば少し考慮が必要です。本人どうしにその気がなくても、演技では惹かれ合っていなくてはならない、とニナ・フォックは強調します。

そのシーンで何を伝えるのか、相手役に何を求めているか、なぜ相手役に魅力を感じるかを考えます。実際には好きでなくても「二、三日の辛抱。シーンの間に相手の魅力がきっと見つけられる」と自分に言い聞かせること。シーンをきちんと演じ、相手役に求めるものが自分ではっきりわかっていれば、大勢の人に見られているのを気にする暇はありません。

しかし、本当に恋愛感情が芽生えてしまうと困ります。「本当に興奮してしまったら絶対にまずい。男は理性でコントロールしないとね。実生活ではあり得ない思考だよ」とストラウスは苦笑します。

通常よりもさらに芝居をすることが要求される。こうした場合、俳優は自分を守らなくてはいけない。何をどこまでやるかを確認し、契約書にも明記してもらうべきだ。どの程度まで接近して、身体のどの部分までが映像に映るかを確認しておかなくてはいけない。

スチール写真の使用許可と、使用権の所有者の確認も大事だよ。特に、女優の場合、フォトグラファーが入ることを聞かされていなかったり、カメラの位置を教えてもらえなかった、といった怖い話が後を絶たない。

こうしたシーンには心身両面の準備をするとよいでしょう。「マッサージやフェイシャル美容で自分を磨き上げておくこと」とニナ・フォックはアドバイスしています。

特に、ヌードシーンでは大切です。できる限りの手入れをしたら、あとは気にしないで演じることです。

美しいボディは努力なしには得られません。「撮影前にボディビルダーや歯科医の元を訪れる俳優はとても多いよ」とストラウスは語ります。

俳優は大きな見せ場の撮影の六週間前になると、突然ジムに姿を現す。

きわどいシーンを演じる場合、いいことはあるのでしょうか？　彼は二、三の点を挙げてくれました。

誰かとくっつくのも仕事の中だけだからね。お互いに尊重できる相手なら、ちょっと心が温かくなる時もあるかな。それに「氾濫する川から馬を救い出す」シーンに比べたら、「彼女に激しくキスする」方が、ずっといいさ。

脇役として共演者を支える

「サポーティング・ロール」と呼ばれる脇役の演技にも難しさがあります。「僕にとって、サポーティングという言葉の意味は大きいです。それなりの難しさがありますよ」とグラハム・グリーンは慎重に言葉を選びながら語っています。

やりすぎはいけません。愚かなことは考えず、目立たないようにします。自分が中心のシーンは思いっきり演じますが、そうでない時はサポート役に徹します。端役であることを恥じる必要はありません。「小さな役などない。小さな俳優ならいる」と言われるとおりです。

俳優はお互いから素晴らしい演技を引き出し合うことができます。『いまを生きる』のニール役を演じたロバート・ショーン・レナードはロビン・ウィリアムズとの共演をこう振り返っています。

文化祭で舞台に出ていいと父が言った、と僕がロビンに嘘をつくシーンがあったんだ。彼は「お父さんに話したのか？　なんて言った？」と尋ね、僕は「大丈夫です」と答える。

脚本どおりに五行のセリフが終わったから、僕は立ち去ろうとした。でも、カメラはずっと僕を追い続けるんだ。ロビンは何度も「本当に、本当にお父さんに言ったのか？」と言い続ける。僕は内心「カットだろ？　何これ？　こんなの脚本にないよ、カットしないの？」と焦った。ロビンはまた「本当に、そう彼に言ったのか？」と言って僕の目を見た。僕は怖くなって、「えっと、不機嫌そうでした」と言い、あとはもごもごと「父はどうせシカゴにいますから、どうでもいいですよ」みたいな、わけがわからないことをつぶやいた。

その場しのぎのアドリブだった。ロビンに問いつめられて、どんなに怖かったことか。彼はいろんな質問を僕に問い続けたから、僕は答えを見つけるのに苦労した。困ったよ。もちろん、ここは僕が嘘をつく場面だから、まさにぴったり。監督は「カット」と言ってから「完璧だ」と言い、そのテイクが本編で使われた。ロビンのおかげだ。彼にはそういう力がある。本番での演技がすごいんだ。

監督とのコラボレーション

監督と俳優たちは特別な関係性を築きます。制作中はお互いが頼りです。また、お互いを信頼することを学ばねばなりません。俳優は監督に何を求めるのでしょうか？

ジョン・リスゴーはこう述べています。

いい監督は新しい方向に向かう手助けをしてくれて、居心地よく、自由にさせてくれる。

メアリー・マクドネルの説明はこうです。

いい監督は男性的な面をもちながら、バランス感覚に優れています。はっきりと指示を出し、全体を見る論理的な思考がある一方で、俳優には共感を示し、女性的な資質を発揮します。そういったバランス感覚がある監督はすごい。ぜひご一緒したいですね。

俳優はのびのびと表現できる場を作る監督を求めます。言い換えれば、リスクを冒したくなれるかどうかだとピーター・ストラウスは語ります。

俳優が輝くのは大胆に挑戦している時だけだ。恐れていたら何も表現できないよ。挑戦するためには、失敗を受け止めてくれる豊かな土壌が必要だ。馬鹿にされたり、時間に追われていらいらされたりするのはいやだ。俳優を守ってくれる監督がいいね。

「現場で守ってくれる」という言葉は俳優たちからよく出てきます。その理由はストラウスの次の言葉からも伺えます。

俳優はみんなの注文に応えなくてはならないんだ。たとえば、あるシーンで僕が泣きながら部屋に入って女性に近づき、出て行くとする。ある監督が「じゃあピーター、ドアから入って。そこのドアだ。早く撮ろう」と言えば、撮影監督は「ピーター、ドアから入る時に照明を遮らないで、こっちの照明が当たるところに来て」と言う。衣装係に「ネクタイはゆるめない方がいい」と言われ、小道具係に「スーツケースは黒より茶色がいいかな?」と言われると、頭がパンクしてしまうよ。

大勢が忙しく作業をする撮影現場で、監督は俳優にどんな配慮をするのでしょうか? ストラウスの言葉を続けましょう。

また別の監督は「よし、小道具と衣装、音響、メイクは今ピーターと話して。みんなOK? いいね。じゃあピーターと僕が話すよ」というふうにまとめてくれる。

監督は僕を脇へ連れて行き、「戸口で涙ぐむにはどうすればいい? そのあたりからクローズアップを撮りたいからね」と言う。

あるいは「ここはカットを割りたいから、マスターから撮るよ。頑張ってよ、ゆっくり、徐々に盛り上げていこう。ちょっと楽屋で気持ちを静めたいかい? 大丈夫? 僕にできることはあるか? もう一度演技を見せてもらって、どうだったか話そうか?」

『いまを生きる』でロビン・ウィリアムズが新境地を切り開いたのは有名です。それまでの彼は、はちゃめちゃなコメディアンと見られており、感動的な人間ドラマは不可能だと思われていました。この批評家の予測を覆す大成功の裏には監督のピーター・ウィアーの手腕もあったでしょう。監督は彼の「扱い方」を心得ていたのか、「僕にシーンを三通り演じさせた」とウィリアムズは明かしています。

脚本どおりの演技と自由に即興できる「脱線バージョン」と、それらの中間の演技の三種類を撮ったんだ。脱線バージョンを最初に撮ったり、デザートみたいに最後に撮ったりした。アドリブなら本能がおもむくままに表現できる。そうでなければ引っ込めたままだ。一度でもチャンスがもらえるのは貴重だよ。それがうまくいくかどうかはわからないけれど。

脱線しながら演じたアドリブの中には、本編に採用されたものもあります。

シェイクスピアの作品を教室で朗読する時に、思いっきり脱線したよ。生徒の前で実演してみせる教師もいるから、キーティングが古典劇をマーロン・ブランド風やジョン・ウェイン風に朗読する演技を入れた。

結局、それが本編で見られる唯一の「脱線バージョン」となりましたが、まさに監督のウィアーが求める演技でした。そして、ロビン・ウィリアムズはアカデミー主演男優賞候補になりました。
また、監督は俳優の感情表現がストーリーの流れとずれている場合は指摘します。多くの名監督の現場を踏んできたメアリー・マクドネルはこう話します。

いい監督は軌道修正してくれます。ローレンス・カスダンやケヴィン・コスナー、フィル・アルデン・

ロビンソン、ジョン・セイルズといった監督はみな、重要な時にやってきて「ちょっと流れを見失っているように思うんだ」と言うんです。なぜそんなに鋭いの？　私は自分の場面の前後を確かめるだけなのに、監督は全員の流れを覚えているの。毎日、監督はどれだけ多くのことを考えているのかと思ってびっくりします。

撮影を素晴らしい体験へと導く監督もいれば、そうでない監督もいます。「僕は自分が職人であると思っていたい。僕は労働者なんだ」とレナード・ニモイは語り、監督の下でよい演技を「建築する」努力をしています。

だめな監督は仕事を困難にする。不揃いの脚を用意して「椅子を作れ」と言うように。倒れますよと言っても「とにかくやれ」と。だから、やるしかない。案の定、やっぱり倒れる。

俳優として彼が体験したことは、自らが監督をする際に大きく影響しています。

俳優が監督する側に回るのは、俳優の気持ちがわかるからだと思う。俳優のありがたさを知っている。それを恐れず、迎え入れる。自分が身をもって知っているからだ。

ピーター・ストラウスは次のようにまとめています。

求められる感情をちゃんとつかめたらいいなと思って、とにかくヒントを求めて必死に周りを見回していることが大半なんだ。相手役の名演技のおかげで僕の心が自然に動き、成功する時もある。休憩中に監督から聞いた話が参考になる時もあるよ。制作陣が効率重視であわただしく動いている中で、俳優は「うまくいきますように」と願うだけさ。クイズに答える努力はしたが、結局のところ演技はクイズじゃないからね。本番での演技ですべてが決まる。

あらゆるスタッフとコラボする

素晴らしい映画を観ると、あらゆる面でのコラボレーションが伺えます。ジョン・リスゴーはスタッフたちと積極的に人間関係を築きます。

いろいろな意味で、現場にいる人みんなをコラボレーターだと思っているよ。元々、僕は舞台俳優だったから、観客の反応が大事なんだ。映像の現場でも、スタッフを観客だと思って演じている。また、一人ひとりと親しくなるよう努力する。その方が楽しいし、僕の仕事は彼らとのコラボレーションで成り立つからね。

たとえば、ドリーを操作する人とは、演技のタイミングを打ち合わせる。僕の演技に合わせてドリーを押していくなら、僕がいつ間をとり、どう動くかを知らせておけば、本番での失敗が減らせる。そうやってカメラや照明の人たちとも話すんだ。お互いにファーストネームで呼び合う仲になれるといいよ。

編集などのポストプロダクションに携わる人々の顔は見えないものの、コラボレーションの精神は伝わるものだ、とリスゴーは考えます。

『トワイライト・ゾーン／超次元の体験』のエディターが驚いていたよ。僕は空の上で叫びながらもがくシーンでも、ちゃんとつながりを意識して演じてるって。僕はどのフレームでも動きの焦点がぴたりと合っていて、編集が自由自在にできたらしい。

彼は「つながらない演技を編集で必死につないで仕上げることも、実はすごく多いんだよ」とも言っていた。たとえ名演技をしたとしても、編集で使えないなら意味がないよね。だから、あらゆる人と協力しなきゃいけないんだ。

演技をエディターに託す

撮影された素材はポストプロダクションの現場に送られ、長期にわたる作業が始まります。俳優の演技がじっくりと吟味される段階であり、それを意識している俳優も少なくありません。しかし、この時期になれば、俳優は次の出演作に取りかかっているでしょう。よい演技を選んで作品を仕上げてくれる人々と会う機会はほぼありません。まさに、ピーター・ストラウスが言うように、「見知らぬ人々」に託す形になります。

赤の他人であるエディターの好意が頼りなんだ。演技についての僕らの苦労は、彼らにはわからないかもしれない。単純に尺だけを見て編集し、人物のすべてが凝縮された瞬間を見逃すかもしれない。エディターはエディターの視点で作業をする。結局、みんな自分の世界で自分の仕事をしているのさ。それをまとめるのが監督だ。見知らぬ人々が集まって、意外なことをしたりする。もちろん、俳優もその一人だよ。その中でも俳優には特別な力があるとヴィオラ・デイヴィスは自負しています。

なぜなら人間であることを尊び、表現するからです。堕落した面や病んだ面も、素晴らしい面も、すべて扱うのが俳優の仕事。人間性をフィルターにかけ、真実をまるごと表現していないなら、よい演技とは言えません。[*16]

すべてがぴったり合わされば、作品に関わるみんなの人生を変えるほどの名作が生まれます。ロビン・ウィリアムズにとっては『いまを生きる』がそうでしょう。

この作品には、とてもパワフルなものを感じていたよ。撮影を半分ほど終えた頃に実感した。なんだかすごい予感がするが、それを壊したくなくて、黙っていた。なすがままに続けていったよ。頑張り過ぎず、ただ体験を重ねた。心を動かす出来事だったよ。

〈原註〉

*1 "Spotlight: When Women Were in the Movies," *Screen Actor*, Fall, 1990, 15-17.
*2 Guy Lodge, "Octavia Spencer on 'Hidden Figures,' Diversity in Hollywood and a Post-Election Call to Action," *Variety*, November 21, 2016.
*3 Anthony D'Alessandro, "Octavia Spencer on Swimming in Guillermo del Toro's 'Shape of Water' and What Diversity Means in Hollywood," *Deadline Hollywood*, December 7, 2017.

*4 Leslie King, "'The Help' star Viola Davis gives students the script on being an actor," *Emory Report*, February 25, 2014.

*5 *L.A. Times Calendar* interview that coincided with the release of Hoffa: Nicholson revealed his own research methods to writer Hilary de Vries. *Los Angeles Times* Home Edition Calendar, December 6, 1992, https://www.latimes.com/archives/la-xpm-1992-12-06-ca-3049-story.html (accessed July 1, 2020).

*6 Paul Chi, "The Incredible Lengths Gary Oldman Went to Become W.C.," *Vanity Fair*, November 16, 2017; and Paul Zahn, "Oscar Favorite on Preparing for 'Darkest Hour'," *The Observer*, March 4, 2017.

*7 King, "'The Help' star Viola Davis."

*8 Chris McKittrick, "Margot Robbie: 'I do timelines and backstories, I work with a dialect coach, a movement coach and an acting coach'", *Daily Actor*, February 16, 2018.

*9 Ramin Setooden, "How Eddie Redmayne became Stephen Hawking in The Theory of Everything," *Variety*, October 28, 2014; and Kate Kellaway, "Eddie Redmayne: 'To Play Hawking I had to train my body like a dancer,'" *The Guardian*, December 7, 2014.

*10 Kristen Aldridge, "How Sandra Bullock Got in Shape for Gravity," *Shape*, n.d., https://www.shape.com/celebrities/how-sandra-bullock-got-shape-gravity (accessed July 1, 2020).

*11 Rebecca Ford "How Margot Robbie Nailed Her Landing for 'I, Tonya'" *Hollywood Reporter*, December 1, 2017; and Becky Kirsch, "Is Margot Robbie Really Ice Skating in I, Tonya: The Answer is Complicated," *POPSUGER*, January 11, 2018; and Todd Venezia, "Margot Robbie Hits Ice Rink to Prep for Tonya Harding Role," *New York Post*, January 4, 2017.

*12 Alex Morris, "Gal Gadot on Becoming Wonder Woman, the Biggest Action Hero of the Year," *Rolling Stone*, August 24, 2017.

*13 Michael Fleming, "Playboy Interview: Harrison Ford," *Playboy* 49, no. 8(August 2002), 59–64, 137–8.

*14 CNN, *Larry King Live* interview, 1994.

*15 Ibid.

*16 King, "'The Help' star Viola Davis."

［俳優］
ラッセル・クロウ、ジェニファー・コネリー*1

題材に対する反応

ラッセル・クロウ：僕はいつも題材を見て出演を決める。『ビューティフル・マインド』の話はエージェントのジョージ・フリーマンからもジェフリー・カッツェンバーグからも電話があって、二人ともすごく前向きだった。じゃあ読んでみるか、と、僕は裏庭のポーチに座った。夏のテキサスの、蒸し暑い夜だ。読み応えのある脚本だったよ。僕は自分を感動させるものを「鳥肌要素」と呼んでいるんだけど。

ジェニファー・コネリー：脚本を読んですぐ気に入ったわ。あんなふうにすべての要素が詰まった脚本は珍しいの。語り口も素晴らしくて、説得力がある。実話に基づいているから、さらに興味を引かれたんです。優れたストーリーをロン（・ハワード）が監督して、ラッセルが出演するなら完璧。「二度とわがままは言わないから、この役をさせて」と思いました。

役づくりをする

ラッセル：僕はまず人物を演じてみて「このセリフは言わないだろうな。こんなことを言うだろうな」と考える。即座に脚本を読み込んで、初見の時点でメモをたくさん書くよ。それと同時に身体も反応している。

役を愛しなさい、と昔はよく言われていた。僕は多くの役を演じてきたが、中にはポジティブな人物もいたし、ネガティブな人物もいた。だから、人物を愛すると、逆に役者として困ると思う。客観的な見方を失うからね。つまり、どこまで表に出すかが問題になる。人物の内面がさらけ出せるのは、客観性を保っている時だけだと思うんだ。「まあ、この時の彼はいまひとつだけれど、それも彼の人間らしさだ」と言えるだろうし。僕は人物描写が好きだ。でも、人物を愛しているとは限らない。

特に長編映画での演技は天性のものが大きい。できる、できないがはっきりしているよ。僕はスタニスラフスキーやステラ・アドラーや、その他のいろいろな教えを生かしてはいるけれど、メソッド演技や特定の方法論には縛られていない。使えるものは何でも使う。

役柄のリサーチをする

ラッセル：晩年のナッシュは青年の頃と同じではないだろうと感じた。三十五年間も服薬と入院を経てきたからね。役づくりに必要なものをご本人からたくさん得るのは難しそうだった。だから、彼に会って取材するのは優先順位として低くなっていったよ。

ジェニファー：妻のアリシア役にはフィクションの要素が盛り込まれていたけれど、私はご本人にお会いしたかった。そうするのがいいという気がしたの。クランクインの前にお会いする約束をして、ニュージャージー州ニューアークの職場にお邪魔してランチをご一緒させて頂いたわ。

せめて直接お話しだけでもできなかったら、出演は不安だったと思う。ご本人に「私に表現してほしいことはありますか？　逆に、こんな表現はしてほしくないから気をつけて、ということは？」とお聞きしたかったの。そこから何か貴重なヒントや洞察を見つけたいと思っていたわ。偉大な殉教者や英雄としてではなく、人間として描くことが重要だと感じたし。最終的には本に書かれていることを手がかりに、私なりに人物像を作りました。

ラッセル：この映画は純粋な伝記としてではなく、ナッシュの精神の変遷を描くもの。それは基準として非常に大きなものだ。その前に演じた『インサイダー』に比べれば、はるかに緊張したよ。実在する人物なのに、実際の情報があまり得られなかったからね。ナッシュは学者たちの間では、たぶん変人として知られていただろうけど、彼の分析力が伺える記録映像はなく、若い頃の歩き方がわかる映像もない。音源もないからしゃべり方もわからない。彼の人生の足跡をたどって、何かを見つけるしかなかった。写真を見て、本当におおざっぱな事実をつかむだけさ。「ウエストバージニア出身か。ご本人が七十歳を越えた時はどうなっているかわからないが、ウエストバージニアの人として演じよう」って。

あとは脚本の中で演技に使えるものに注目した。ある時点から、推測と勘に頼るしかないなと感じ始めたんだ。七十代になっても覚えていることはあるだろうけど、人の記憶はあてにならないからね。ナッシュの記憶がどれぐらい正確かが知りたくて、まず「タバコを吸っていましたか？」と尋ねてみたら「いいや」という答え。実は、ご本人が何年も喫煙していた事実がわかっていなかったんだよね。彼自身はすっかり忘れているので、ご本人の話をあてにするわけにはいかないとわかった。

黒板の前で講義するナッシュの姿を、ロンがビデオに撮った。それを見ると、彼の手はとても上品で、爪がとても長い。そこで僕も爪を伸ばした。ものをつかむ時に少し慎重になるから、自然に手の動きが優雅になる。そうしたことが演技に生かせるんだ。

僕は十四歳の時に数学とは決別してしまったから……数学監修のデイブ・バイヤーの力を借りた。映画の中で僕は窓や黒板に数式を書くが、それらは数学者が楽しんで解く、一連の問題のようなものだと考えた。純粋な問いなんだ。見栄えのバランス上、たまに場違いな数字を書き込んだけれどね。

演技の下調べをどうやってしますか、とある人に尋ねられたので、「マンハッタンに住んでいるから、毎週日曜に散歩に出るだけでいいんだ」と答えたよ。実際、マンハッタンでいつも見かける人たちがいるんだ。イースト九十二番の路上にいる男は人に見えない友達が五、六人いて、彼らを相手にしゃべっている。朝、寝床を片付けながら「いつも俺ばかりに用事をさせて、ひどいよなあ」なんて言う。彼は特に好きだ。

ラブストーリーを演じる

ジェニファー：この映画はパワフルで感動的なラブストーリーであり、成熟した人間愛の物語でもあります。アリシアの目に、大学で有力な存在だったナッシュは素敵に映ったでしょうね。自らの考えを追求するところにも惹かれたと思います。天才の物語でもあり、精神病や結婚生活の苦難を経て栄光に輝く物語です。

ラッセル：ナッシュのすごいところは恋愛にも表れている。紆余曲折を経てからも、二人はまだ共にいる。だからすごいんだ。天才が精神の病を乗り越え、ノーベル賞を獲る。それ以上に、僕にとってすごいと思えるのは、五十年にわたって彼と妻が深くいつくしみ合っていることだ。

ジェニファー：映画で描いている二人の暮らしは創作ですが、本質的に伝えようとしているのは、二人の結婚生活の素晴らしさと、彼女が一途に夫を支え、回復を助ける先駆者のような存在だったことです。

ナッシュの奇行への対処を心得ていたのは、ほぼアリシア一人だけでしたから、それをしっかり表現しなくては、と思いました。ラッセルとの共演はとても勉強になりました。彼はカリスマ的で個性が強く、威圧感さえ感じさせるの。彼に話しかけづらそうにしている人もたくさんいたわ。私はそうならないように、気を引き締めました。

自らも混乱しながら乗り越えようとするアリシアをご覧頂けたら嬉しいです。彼女も悲しみや、自分に対する不信感と闘っていますから。映画のその部分は自分でも大好きなんです。それがなければ、ナッシュと共に居続ける姿に説得力が出なかったでしょう。この映画には愛と栄光、意志、奇跡的な回復が描かれています。

コラボレーション

ラッセル：ロン・ハワード監督は一見普通の人に見えるから、世間の人々はまったく気づいていないと思うんだ。

彼ほど激しい映画監督を見たことがないよ。でも、彼はその激しさを柔らかなやり方で出している。まとめる能力が高いからだし、彼もそうありたいと思っている。

ジェニファー：ロンと仕事をするのは大好き。俳優を大事にしてくれるから、こちらも気が引き締まるわ。試してみたかったことは必ず試してシーンを終えることができた。ラッセルも本当に多くのものを与えてくれる、素晴らしい共演者。その場ですぐに反応を返してくれる。完全に準備をしてくるけれど、本番ではそれをさらに磨こうとするの。常に変化し続けるから、予測がつかない。場がいつもダイナミックになるの。脚本に書かれていたことが、こんなふうになるなんて、とわくわくしたわ。

〈原註〉

*1 *NBC News* "Actress Jennifer Connelly Discusses Her Role in *A Beautiful Mind*," NBC, January 3, 2002; and Matt Lauer, "Ron Howard and Jennifer Connelly Discuss *A Beautiful Mind*," NBC, February 12, 2002;and Dave Kehr, "Film Review; *A Beautiful Mind*," *The New York Times*, July 19, 2002; and Glenn Whipp, "Ron Howard: *A Beautiful Mind*," *The Daily News of Los Angeles*, March 17, 2002; and Valley Edition; Bob Strauss, "Something Extraordinary, *A Beautiful Mind*'s Jennifer Connelly Finds the Formula for Success," *The Daily News of Los Angeles*, March 21, 2002; and Valley Edition; Borys Kit, "Scriptors Honor Writers Behind *Beautiful Mind*," *The Hollywood Reporter*, March 18, 2002; and Louis B. Hobson, "Beautiful Roles: To Jennifer Connelly—Praise Is Great, But Being a Mom and Working with Russell Crowe Are Real Prizes," *The Toronto Sun*, January 9, 2002; and Michael Shanyerson, "The Intriguing Miss Connelly," *Vanity Fair*, September, 2002.

第 5 章

裏方

セットを支える人々

幕が開いて照明が暗くなると、観客はくつろいでポップコーンをほおばります。オープニングのクレジットが流れ、二時間後に映画は終わります。エンドクレジットが終わる頃には客席は空っぽです。清掃員がポップコーンの容器を急いで片づけ、次の回に備えます。観客はみな帰路へと向かいます。

忘れられがちな映画のクレジットにもストーリーが見てとれます。まず最初にスタジオ名が出て、脚本家とプロデューサーと監督の名前が続きます。その他のコラボレーターたちの仕事のあり方は、一般的な観客には知られていません。

制作で頑張る人たちにも、それぞれにアカデミー賞の部門があり、評価されます。大作映画の裏方として活躍する人たちをご紹介していきましょう。

ユニット・プロダクション・マネージャー

チームの管理

ブルース・ヘンドリックスはウォルト・ディズニー・スタジオのフィジカル・プロダクションの社長として一九九二年から二〇一一年の間、実写長編映画の制作を統括してきました。彼はユニット・プロダクション・マネージャー（UPM）として『パイレーツ・オブ・カリビアン』三部作や『シックス・センス』、『ザ・ロック』、『アルマゲドン』（一九九八年）、『ナルニア国物語／第1章：ライオンと魔女』などの超大作映画を含め、三百作品以上に関わりました。彼の経歴はプロデューサーやUPM、脚本家、監督、スタジオ・エグゼクティブなど多岐にわたります。また、ABCの夕方の児童番組『THE WAVE（未）』でエミー賞を受賞。筆者は一九八〇年に同番組のプロデューサーのセカンド助手として、ブルースと初めて会いました。本書のための取材をお願いし、再びお会いすることができました。

かつてユニット・プロダクション・マネージャー（UPM）がしていた仕事はラインプロデューサー（LP）がするようになり、今はLPの下でUPMが働いています。LPが監督やプロデューサーと密に連携し、LPの指示を受けてUPMが動きます。

ごく小規模の映画ではＵＰＭだけで現場を回すこともあります。制作の規模によって決まります。

ＵＰＭはスタッフや撮影照明機材やケータリングの業者を手配し、書類手続きや予算管理やスタッフの雇用、ロケーションの確保をします。現場で問題が起きた時は対処に当たります。

ＵＰＭは撮影班を統括しますから、一人ひとりの動きを知っていなくてはなりません。会計士と一緒に予算管理もしますが、予算を立てるのはＵＰＭです。また、撮影日程も、俳優のスケジュールやロケーションの空き状況や天候を見ながら決定します。鉄道や空港、米軍や自治体との連絡交渉もＵＰＭが担当します。許可証を申請することも多いので、書類の扱いが得意な人がいいですね。

これらの業務はみなＬＰの管轄ですが、実際に動くのはＵＰＭです。制作の規模によっては、全部を一人でこなすこともあります。

『パール・ハーバー』の撮影地はメキシコとイギリス、米国カリフォルニア州とハワイ州とテキサス州です。一人のＬＰの下に三人から四人のＵＰＭという体制でした。

ＵＰＭになるには

たいてい、まずプロダクション・アシスタント（ＰＡ）として現場に入り、ロケーション・マネージャーを経てＵＰＭになります。

ＰＡからプロダクション・コーディネーターの助手になり、そこで昇格してからＵＰＭになる道もあります。プロダクション・コーディネーターはＵＰＭの右腕となる役職で、ＵＰＭを強力に補佐します。

ＵＰＭの仕事は座学では学べません。実践して学び、何年も経験を積んでようやく一人前になります。

ＵＰＭを雇う人

まず、スタジオや監督がＬＰを雇い、ＬＰがＵＰＭを雇います。その後、仕事は制作が完了するまで続きます。自主制作では資金提供者が人選に関与するかもしれませんが、たいていは監督がＵＰＭにふさわしい人を知っていて、声をかけます。

仕事の苦労

歴史物では画面に映るものすべてに時代考証が必要です。たいてい衣装の予算は高くなり、ヘアメイクも手がこんだものになるでしょう。現代に残っていないものを創作するわけですからね。

『パール・ハーバー』ではメキシコのバハ・カリフォルニア州のロサリトビーチにセットを立てて撮影するため、僕が国防総省に交渉して許可を申請しました。また、船舶や航空機の保安についてメキシコ政府にかけあい、その他三ヵ国、三つの州とも連絡や調整をおこないました。メキシコでのことはすべてハワイやテキサスでのことに影響するので、複数のＵＰＭの間でのコーディネートの仕事が膨大にありました。

「日本軍の飛行機が十七機ほしい」と監督が言えば、ＵＰＭは「予算オーバーです。十四機なら用意できます」などと言うでしょう。さらにＵＰＭは飛行機の所有者に使用場所を伝え、パイロットとの打ち合わせや日当の交渉もします。整備士の人選やエキストラの人数決定もします。大作映画ですから、まるで空軍さながらの規模でした。

『パール・ハーバー』の撮影中に飛行機が一機、墜落しました。幸い、パイロットは無事でした。事故の原因は、滑走路に立てた人工のパームツリーに翼が接触したこと。あってはいけない位置に立てていたのが間違いでした。アクション映画の撮影ではスタント・コーディネーターと安全確認や事故防止の打ち合わせをします。何らかのスタントがある場合は救急車を配備し、最寄りの病院を確認しておきます。

やむを得ない事情で急遽ロケーションを変更する時もあります。仮に、外国での撮影中に誰かが湖や池に落ちて水が体内に入ってしまったら、水質検査で安全確認をしなくてはなりません。そこが開発途上国で、撮影日が二日ほどしかない場合は大変です。そうした事件に山ほど遭遇しますから、不測の事態に備える力が必要です。

監督からの要望への対応もします。エキストラを三十人と見積もっていても、セットがスカスカだから百人に増やしてほしいと言われたりね。でも、監督は衣装の費用には詳しくありません。また、セットが見積もりの金額を超えたり、突然A地点からB地点へ全員を移動させる状況になったりすることもあります。どこで予算を削って費用を捻出するかを考え、監督に妥協をお願いする時もあります。

UPMに求められる資質

UPMにはプロデューサーや監督とのコミュニケーション能力が求められます。人の心や状況を先読みする勘も必要ですね。すばやく代替案を出さねばなりませんから。

おだやかに、はっきりと、また、悪い知らせを告げる時は正直に。現場は自己主張が強い人の集まりだから、自分のエゴは捨てること。いざこざが起きればUPMがグチの聞き役になることもありますが、無茶な要求をつっぱねることも大事です。臨機応変に、すばやく現実的な決断をすること。つまり、何でも屋ですね。

承認欲求を満たしたい人には不向きな仕事です。UPMは称賛なきヒーローですから。

プロダクション・デザイナー

夢を描くドリーマー

フェルディナンド・スカルフィオッティは非常に有名なプロダクション・デザイナーです。『ラストタンゴ・イン・パリ』や『ラストエンペラー』、『シェルタリング・スカイ』といったベルナルド・ベルトルッチ監督作品の多くに参加し、『トイズ』や『デイジー・ミラー』などでも活躍。『ラストエンペラー』でアカデミー美術賞を獲得しています。『トイズ』は興行的には不振でしたが、その個性的な世界観が好評でアカデミー美術賞候補になりました。以下は彼が一九九四年に世を去る前の、晩年のインタビューとなります。本書のために映画美術の「内側の世界」を語って頂きました。

プロダクション・デザイナーというのは作品を夢想する人なんだ。文字通り、夢を見る人さ。ニコラス・ローグ監督にはいつも「夢を見ろよ！　もっと夢を！」と言って頂いた。僕の理想は僕がデザインしたものを作成してくれる美術監督と装飾、スケッチ画家と大道具スタッフがチームで動ける体制。みんなが僕の美術部の一員として作業する形式だ。

たいてい、僕は撮影の三ヵ月から八ヵ月前までに準備を始める。『トイズ』はほぼ二年間を費やした。いつもかなりのリサーチをする。監督に見せるために、すべてのシーンの色彩スケッチも用意するよ。

『ラストエンペラー』ではまったく逆の状況だった。作品に参加したのはわりと後の方だったから、撮影までに最初の二、三のセットをデザインするのがやっと。あとは撮影と同時進行だったが、けっして簡単なことではないよ。準備期間は三ヵ月ぐらいだったかな。あのような歴史大作にしては短すぎる。

映画は一作品ごとに、必ず新しいものが要求される。『めぐり逢い』(一九九四年)では南太平洋を航行するロシアの客船をデザインした。こんな巨大な船をセットで作るとはね! 実物に乗ったことがないから、かなり調べた。次はまた、まったく見たことのない何かを作るんだろうね。作品ごとに世界がある。その世界を探求し、自分のスタイルで表現する。たとえそれがロシアの客船だとしても、自分なりのロシアの客船が作れるかが問題だ。

プロダクション・デザイナーになるには

プロダクション・デザイナーになるのに資格は要らないが、何らかの美術の経験は必要。僕は四年間ローマで建築を学び、その知識がとても役に立っている。芸術には子どもの頃から興味があった。よく美術館に行ったし、寝床で絵を描いていた。大学で建築を専攻してよかった。苦手な技術面を伸ばすことができたから。

美術監督に任せているとはいえ、プロダクション・デザイナーにも構造や建て方の知識は必要だ。青写真や図面の見方を知らなければ困ったことになる。色彩感覚も大切だ。色は僕の得意分野でもあるから、色彩は安心して取り組める。

脚本を読んで夢想する

初めて脚本を読む時は何も考えず、頭の中で情景を追っていく。ほとんどのアイデアはこの時に生まれるから、非常に大切だ。二度目に読んで別のアイデアを思いつくことはほとんどない。イメージが浮かぶよう、深くリラックスして読むようにしている。

現代物であれば、監督から人物設定をよく聞いておく。人物のことをよく知らなければ、家をデザインできないからね。

もちろん、監督と美術監督も含めて全員で何度も脚本を通し読みする。デザインが終わりに近づく頃には脚本の内容にとても詳しくなっているよ。ディテールの変更や小さな修整はあるが、やはり最初のインパクトが僕にとって決定的。大枠はあまり変わらない。

準備の過程

まず頭の中でデザインを始める。次に、ラフスケッチをする。もう少し細かく描き込みたい時は、作業が速いイラストレーターたちに依頼して時間を節約する。青写真や図面を担当してくれるデザイナー集団もいるから、任せておいて、美術監督と僕とでチェックをする。図面を元に模型を作るが、これは自分のためというよりは監督のため。青写真や図面を見慣れていない監督も多いからね。見方がわからず、上下さかさまのままで、じっと眺めていたりする。だから、空間の中でカメラをどう動かすかをイメージしてもらうには、模型を用意するのが一番いい。

『トイズ』でセット全体をアニメーション化できる新しいプログラムを試した。フロアプランと図面を取り込むと、セットの内観や外観、上の階や下の階など、すべて自動的に表示してくれる。その中でフィギュアを操れ、自由にカメラを動かせる。

僕にとっては夢のようだった。セットを全部これで作って監督に見せたが、彼はそれほど興味を示さなかったので、使うのをやめたよ。パソコンの画面を見てシーンを構想する方法は、当時はまだ、なんとなく冷たい感覚があったんだろう。だから、従来のように絵コンテを用意することにした。

作品に必要なリサーチは必ずするが、それが終わったら自分なりの創作を目指す。スタイルを打ち出すのは僕だが、人からの提案には常に耳を傾ける。歴史物ならその時代のスタイルがすでにある。その時代を知っていれば、それを意識して脚本を眺めるだろう。

『ラストエンペラー』

『ラストエンペラー』の仕事をするまで、僕は中国についてほぼ無知だった。政治的な状況のために、情報が本当に少なかった。中国美術の本も希少だったから、主なリサーチはイタリアとロンドンでおこなった。

紫禁城についての詳しい本があって助かったよ。中国の建築や芸術家もリサーチした。あまりにも幅広い分野だが、作品で描くのは清朝の最後の数年間と文化大革命の頃だから的が絞れた。映画でピーター・オトゥールが演じた英国人の家庭教師本人の著書も参考にしたよ。写真はなかったが、当時の人々の生活が読み取れた。

中国にロケハンに行った時、皇族の男性数人と面会した。皇帝の二人の弟たちが家族の記録や写真のアルバムを持っていて、大変貴重な資料となった。今はもう残っていない家屋の写真がいろいろあった。彼らが幼少期に育った宮殿もあった。今はクリニックになっていて、かつての面影はほとんどない。一九二〇年代の建物を見つけることさえ困難だからね。コンクリートで塗り固められたり、部屋を増築したりしているから。色についてもよく調べる必要があった。皇族だけが身につけるのを許されるインペリアル・イエローという特別な黄色がある。他の誰も使ってはいけない色だ。金色に近い、真の黄色だよ。また、セットのために再現した特別な赤色もある。

イタリア人の画家と彫刻家と僕とでチームを組んだ。紫禁城をはじめ、建物の天井はすべて当時の建築にならって重厚な装飾が必要だった。こんなにも「正統派の」中国式の壁画が描けるなんて、と中国人たちが驚いていておかしかったよ。だが、当時のものを正確に再現できる人は残っていないんだ。文化大革命では芸術や表現や自由が厳しい扱いを受けた。それ以前に栄えた技法の多くは失われ、忘れられた。僕らはようやく、何人かの美術学生を見つけたけれど、大変なことが非常に多かった。

紫禁城の中庭での撮影は許可されたが、屋内は禁止だったからセットを作った。映画はすべて紫禁城の中で撮られたとみんな思っているが、違うんだ。粘り強く交渉を続けて、最後に唯一、幼い溥儀が戴冠した場所だけ撮影を許可された。時間は半日だけで、人員は五人に限定。火気厳禁だったから照明機材が持ち込めない。

脚本では、閉じていた扉が開き、幼い皇帝が外に出て、大勢の人々と対峙する。だが、実際には、扉を閉じると中は真っ暗で何も見えない。こんなふうに撮影で困ったことに遭遇すると、たいてい、とっさに奇妙なアイデアを思いつく。

そのシーンで黄色のカーテンを使うことにしたんだよ。扉を開け放したままで、さっと明るい光が入るようにするにはそれしかなかった。天蓋のように上から吊るし、巻き上げることもできる。とても美しい動きを生んだよ。映画の重要な焦点になったから、僕としても非常に嬉しい。

『トイズ』

『トイズ』の脚本を初めて読んだ時はたくさんの選択肢が思い浮かんだ。解釈次第でどのようにもなる。バリー・レヴィンソン監督に任せてもらったので、一九二〇年代のダダイスト運動家のフランス人ロジェ・ヴィトラックの劇をイメージした。シュールな雰囲気がこの脚本に合いそうだった。

そこで、有名だが映画では珍しい二〇年代、三〇年代のヨーロッパの前衛芸術を使うことにした。超現実主義や未来派、ロシア構成主義、二十世紀初頭のモダニスト運動などだ。

一番よく使ったのは未来派の中で最も重要なイタリアのフォルトゥナート・デペーロだ。こうしたリサーチからひらめきを得たら、僕なりの創作に踏み出す。

屋外ロケをはじめ、いろいろな出来事があった。脚本の設定は木が生い茂った場所だが、森でカメラを構えると、どんなに美しい森でもリアルに映りすぎてしまうんだ。

それは僕が求めるものとは違ったので、草地の丘だけがある風景を考えた。サハラ砂漠みたいな景色で、砂の代わりに草があるイメージだ。デザインを描いてはみたが、そんなロケーションなど実際にあるかはわからなかった。いざ探し始めてみたら、ワシントン州スポケーンの近くにそっくりの場所が偶然見つかった。看板も電柱も何もない。十マイルごとに農家があるぐらいで、あとは緑の丘ばかり。小麦やキビや大麦を栽培する農業地帯だ。緑の色味を統一するために何か植えてもらって調整した。撮影が一年間延期になったから、種まきは二度になったけど。想像どおりの風景が見つかったことは、それまで一度もなかった。奇跡的だったよ。

CLOSE UP

『ビューティフル・マインド』ができるまで

[プロダクション・デザイナー]
ウィン・トーマス

プロセスの始まり

僕はデザイナーとして、映画を一つの旅に見立ててコンセプトを立てます。『ビューティフル・マインド』でも、まずは全体を三幕構成に従って分けました。

ジョン・ナッシュの人生の第一幕は完璧な世界です。彼はプリンストン大学の学生であり、病気の兆候など感じておらず、観客にも違和感を与えません。ちょっと変わっているから周囲になじめないところはあるが、充実した学生生活を過ごしています。

映画のこの部分では、温かく居心地のよい雰囲気を目指しました。部屋のセットは木の床や壁で、バーのセットもクラシックな感じにしています。一九四〇年代の終わり頃の、上品で落ち着いた雰囲気で、昔の学生たちのたまり場を再現しました。

第二幕でナッシュはシンクタンクのRANDに協力を求められ、人生に不穏な空気が漂い始めます。それが何かは観客にはまだわかりません。ここでは、壁にぬっと現れる不気味な影のイメージを使いました。映画のその部分を見て頂ければ、突然、暗い影があちらこちらに現れているのに気づくでしょう。撮影の面でもミステリー調の雰囲気を出しました。ブラインドを吊るして光量を調節し、時折、筋のように光が差すようにしています。

やがて影は大きくなり始め、ナッシュの精神も崩壊し始めます。影が彼の首を絞めようとするイメージです。よく見て頂くと、二、三シーンの例外を除き、画面の色味が白黒に近づいているのがおわかりになると思います。パーチャーの倉庫はセットですが、内部のデザインには直線を使っていません。壁やコンピューターの形はすべてが曲線でできています。後に出てくる精神病院やローゼン医師のオフィスの場面でも、ナッシュが連れて行かれる廊下は曲線になっています。

直線の廊下では突き当たりが見えますよね。でも、曲線になっている廊下では、先に何があるかは見えません。映画を観ている人たちも、ナッシュがいる場所はどこなのか、彼の気が確かかどうかもわかっていません。ナッシュの精神崩壊とセットに同じ意味合いを表現しています。それによって、さりげなく、何かが異常であることを観客にも伝えています。この先には何が待ち構えているのだろうか、という不安です。

病院のセットはパーチャーの事務所と同じく、白とグレーで統一しています。ローゼン医師のオフィスでナッシュは目を覚ましますが、木の壁はプリンストン大学のものに比べると、とても暗い色になっています。映画のこの時点では、観客はローゼンが何者かはわかりません――スパイなのか、善人か悪人かもわからない――ですから、映画の最初のあたりと似た要素をデザインに使っています。

ローゼン医師のオフィスからナッシュが引きずり出されて廊下に出ると、彼も観客も、そこが恐ろしい精神病院だったことに気づきます。彼が行く先は無限回廊。どこに連れて行かれるかはナッシュにも観客にもわかりません。

第三幕で彼はプリンストン大学に戻り、妻アリシアと家で暮らします。ここでは台所をイエローの色調にする以外は、味気ない雰囲気にしました。白黒っぽい壁紙を使い、ナッシュが座るポーチも殺風景なデザインです。新生活の中で取り残された無人島、といったコンセプトでビジュアル面を考えました。

スタジオとロケーションでセットを作る

セットのデザインに関しては、物語のムードとナッシュの感情の起伏を繊細なレベルで支えるように意図しています。長期入院を終えて移り住むプリンストンの家も、五〇年代風に美しく飾るのはたやすいけれど、ストーリーが伝える感情に合いません。心象風景の変化を視覚的に表現する方法を考えました。

プリンストン大学で撮影できたのは、たった二週間だけです。最初の頃の一週間と、制作が終わりに近づいた頃の一週間で、主に大学の外観を撮りました。その後は、ニューヨークで代わりになるロケーションが多く必要となり、よさそうな場所をいくつか見つけました。

寮の室内はスタジオのセットです。寮の外観の一部もスタジオに建て、季節の変化が表現できるようにしました。ナッシュのオフィスを作り、新聞の切り抜きで壁がいっぱいの納屋をロケーションで建ててから、納屋の中のセットをスタジオに組み立てました。ここで難しかったのは、ナッシュの精神崩壊を表現しつつ、危険な殺人者やストーカーのようには見せない、ということ。視覚的に絶妙なバランスが必要でした。

納屋の壁いっぱいに貼られたコラージュは二人の背景係が担当しました。蜘蛛の巣のように糸を張り、図形を線でつないでジョン・ナッシュの思考をうまく表現しています。

監督とのコラボレーション

ロン（・ハワード）は積極的に提案に耳を傾けてくれる監督です。必ず返答があり、僕の提案を発展させて使ったこともありました。僕が「第一幕は完璧な世界だね」と言うと、彼は「雑誌『ライフ』みたいな感じだね」と返してくる。僕の言葉に対して、彼なりの言葉でイメージを伝えてくれるので、僕がまたいろいろなことを思いつく。納屋の中を作っていた時に、何パターンかのサンプルを作ってロンと脚本のアキヴァ（・ゴールズマン）に見せました。その過程で僕の中でもアイデアが発展し、それに対してロンとアキヴァが何かを補足する。そういったコラボレーションのおかげで、ちょうどいいバランスが見出せました。

衣装デザイナー

線を操るイリュージョニスト

衣装デザイナーのマリリン・ヴァンスの経歴にはハリウッドの大作映画がずらりと並びます。『プリティ・ウーマン』や『ダイ・ハード』、『プレデター』、『ブレックファスト・クラブ』や『ロマンシング・ストーン 秘宝の谷』などがあり、『アンタッチャブル』(一九八七年)ではアカデミー衣装デザイン賞候補になりました。

初めて脚本を読む時は設定とストーリーと、そこに何が含まれるかを読み取ります。私が担当する人物は何人いるか。重要な登場人物は何人で、互いの人間関係はどうか。次に、人物についての質問を考えます。住んでいる場所は？ どんな生活？ 収入は？ 自分をどう表現する？ ジュエリーは身につけるか？ 安物のブレスレットをつけるか？ イヤリングは？ メイクアップは？ そんなふうにして人物像を徐々に作っていきます。非情な殺人犯にはそれらしいルックスがあり、労働者風の人物にはまた違うルックスがある。作品の個性も脚本から読み取れるでしょう。

衣装デザイナーにとって、暮らしの中のものはすべて心理的な表現です。人はみな、身につけるもので自己表現しますから。私は絵コンテに似た「人物ボード」を描き、フィーリングや目指す方向性をレイアウトします。これを使って打ち合わせをするので、業界の皆さんはよくご存じです。監督や俳優に見せながら相談したり、俳優の写真を使って、ご本人の外見や性格に似合う色を探したりします。喜んでもらえることが多いけれど、ちょっと面倒に感じる俳優さんもいます。場合によって、反応はさまざまですね。

リサーチ

どんな時でもリサーチは重要です。まず、専門書や、題材に関連する美術の本を当たります。絵画も見ますし、作品に必要なことは何でもします。

『プリティ・ウーマン』ではハリウッド大通りで街娼を探しましたが、客引きをしている女性なんて一人もいませんでした。当局の取り締まりが厳しかったのでしょうね。実際の人たちの服装が見られなくて困りました。すると、ゲイリー・マーシャル監督がある晩、ドライブ中にそうした女性を見かけたと言って教えてくれました。一九五〇年代か六〇年代頃のバンドのジャケットを着ていたそうです。完璧だと思い、男物の上着でミニスカートのお尻を隠し、太腿まである長いブーツをジュリア・ロバーツの衣装にしました。あのブーツは絶対に欲しかったです! ロンドンで見たことがあったので、現地から輸入しました。

『ラスト・ボーイスカウト』ではストリッパーのリサーチをしました。監督のトニー・スコットと街じゅうのストリップ小屋を見ましたが、とても勉強になりました。気づいたことをすべて人物ボードに色つきで描きました。

作品によって異なりますが、私が参加するのはたいてい撮影の六週間か八週間前からです。配役が決まるまで何ヵ月もギャラをもらって待機する時もあれば、三週間で急いで準備をする時もあります。十二週間あれば余裕たっぷりなのですが。

多くの衣装を扱う

『ロケッティア』(一九九一年)や『アンタッチャブル』のような映画には何百人、何千人というキャストに衣装が必要になります。『ロケッティア』で空を飛ぶ場面のために、撮影場所のサンタローサに千人が集まっていました。この人たちとスタジアムにいる人たち全員に衣装を着せなくてはなりません。二十四時間体制での仕事場を設ける時も多いです。二十人から三十人の裁縫スタッフと、衣装のメンテナンスやクリーニングを担当するスタッフもいます。

品目を分担する場所が数えきれないほど多い時もあります。シャツとベストは別の場所、スーツはまた他の場所、そして私は靴を担当する、といった感じです。

ウールのスーツは染めて柔らかくします。買ったばかりの新品は撮影に使えません。ピカピカで変に目立ち、見ている観客も落ち着かなくなってしまうのです。

『プリティ・ウーマン』

『プリティ・ウーマン』でのジュリア・ロバーツの役柄はファッションに無頓着ですが、賢い女性です。元は街に立つ娼婦ですから、派手でギラギラしていて、ごちゃごちゃした飾り物をつけている。どうやって物静かな富豪の心をつかむのでしょう？　彼女のドレスを控えめでスリムなデザインにすると、とてもエレガントになり、上流階級に溶け込む賢さが表現できました。彼女は彼の謙虚さに、早いうちから気づいていたのです。そんな時には「少ないほど多くを語る」という表現がぴったりです。

真っ赤なドレスが印象に残っている人も多いでしょう。「プリンセスのように」という監督の要望に応え、最初は舞踏会用のドレスを作りましたが、豪華な印象が強すぎたので考え直しました。昔の絵画にヒントを得て、格式を感じさせるデザインにしています。

リチャード・ギアのスーツは全て衣装部で仕立てました。シンプルで古風な上品さがある既製品が見つからなかったからです。当時、売られていたのはアルマーニ風の大きめのデザインばかり。私たちは、すらりとしたクラシックなテイストのものを求めていました。生地を広く使うのではなく、クール・エレガンスの路線を行きたかったので、イタリアよりはフランス風の感覚です。ベストで奥行き感を出すと、細身でありながら肩幅が広く見え、とてもきれいなラインになりました。

衣装合わせは大変でしたが、彼は我慢してくれました。何週間もかけて、毎日、身体に添うスーツを作るために採寸をしたんです。風合いのない生地だと細かい皺が目立つのですが、イタリアから取り寄せた生地が使えましたので、よかったです。

アクション映画

アクション映画では、人物がずっと同じ服装で登場することがあり難しいです。一連の『ダイ・ハード』や『プレデター』シリーズ、『ジャッジメント・ナイト』がそうでした。『ロマンシング・ストーン 秘宝の谷』ではキャスリーン・ターナーの衣装を同じデザインで二十四着も作りました。汚れ方や破れ方を二十四種類、用意したのです。

大変でしたよ。ロープにつかまってジャングルを横切ったらどうなるか？　上着はどう破れるか？　映画の初めにバスに乗り込んでくる彼女は野暮ったい印象ですから、以後、どうすればセクシーで魅力的に見せていけるか？　スーツは破れ、上着がなくなり、コートも靴も捨てます。

とにかく彼女をセクシーに、という方向で現場全体が動いていました。「脚線美がもっと見えるようにお願いします」と。そこで絹の巻きスカートを作りました。破れ方にエレガントで土っぽい美しさが表れます。

着脱で変化をつける

『ブレックファスト・クラブ』も制限があるシチュエーションでした。人物たちはずっと図書館にいるので衣装もずっと同じです。ビジュアル的に面白くするため、重ね着を脱いだり着たりするようにしました。エミリオ・エステベスはタンクトップ姿になり、アリー・シーディはバッグから着替えの服を出します。彼女の黒い衣装は既製品でよいものが見つからず、すべて私たちで作りました。暗い性格の女子高生が魅力的になっていく変化を見せるため、黒い服の下にかわいい白いキャミソールを着てもらいました。いろいろな物を入れておけるよう、ポーチ型のバッグも作りました。

『アンタッチャブル』では武器が登場するため、通常よりも生地をずっと多めにしてスーツや衣類にアクセントを加えました。一つの衣装につき、フィット感が異なるものを複数用意しました。たとえば(1)銃を持つシーン用。(2)銃を携帯しているように見せるだけの静かなシーン用。(3)走るシーン用。スーツの形を保つため、ところどころの生地を二、三インチ分、広めにとりました。走ったり転んだりしても恰好よく見えるようにするためです。

体型をきれいに見せる

衣装デザインでは人を美しく見せることが大事です。体型に悩みがある俳優はたくさんいます。ずん胴でくびれのない女優の場合、その体型がそのまま見えるようにするのではなく、生地を足すことによって細く見える部分を作ります。何か、そこに素敵なものがありそうだ、と感じさせる部分を作るのがポイント。目の錯覚、イリュージョンのようなものですね。線の使い方を工夫してイリュージョンを生み出します。私たちが画面で表現したいのはそのような感覚です。

『ロケッティア』に出演していた女優は豊満な体型でしたが、監督は彼女に白い衣装を着せたいと言いました。「映像では太って見えます!」と反対すると、監督は「彼女の肌とベビーフェイスなら大丈夫だよ。全体的にはつり合いがとれる。欠点を打ち消し合えば、きれいに見える」と。結局、大きな胸がさらに膨張して見えたので、特別なブラジャーを作って胸を押し込んでもらいました。

男優の多くは肩幅が狭くて胸囲の方が大きいことが悩みです。脚が短く、胴が長い人もいます。ブルース・ウィリスの衣装はズボンのウエストを高くし、胴を短く、脚を長く見せるようにしています。『ダイ・ハード』シリーズと『ハドソン・ホーク』では私たちが衣装をすべて担当し、彼のシルエットを整えています。

男優の衣装のデザインは本当に難しいです。女優なら素朴な印象からきれいな印象へ、といったように変化がつけやすいのですが、男性の場合はそうはいかず、テイストの加減も難しい。それだけに、成功した時は喜びもひとしおです。

コラボレーション

まず監督のビジョンを知るために、必要な情報をすべてもらいます。ビジュアル重視のスティーヴン・ホプキンス監督（『プレデター2』）は全体の調和を大切にします。一つのシンフォニーを奏でるような感じですね。ストーリー重視のゲイリー・マーシャル監督は「舞踏会のドレスを着てプリンセスに変身」といったシンプルな言葉から衣装のイメージを広げます。もちろん、俳優が現場に入るとさらに変更が入ります。

次に、プロダクション・デザイナーと周囲の環境について打ち合わせをします。『プリティ・ウーマン』ではホテルの屋内のセットに合わせて、ホテルマンの制服をはじめ、すべての衣装を調和させました。エレベーター係や受付係、マネージャーらの衣装にもテーマを決めて一貫性を出しています。ジュリア・ロバーツがロビーで彼らの前を歩いたらどう見えるか、とイメージを重ねて想像します。

撮影監督にはどんなレンズやフィルターを使うか確認します。特殊な方法で撮影するか？　緑か青の色味を使うか、赤だけにするか？　オフホワイトのような温かみのある白を多用するか？　照明が色彩に与える影響も大きいですから、とても複雑です。

衣装の色は暖色系か寒色系かを考えるところから始める場合もありますが、使う色はしっかり限定します。衣装デザイナーとしての自己主張は抑えるようにしています。自分の好みで決めるのではなく、作品にふさわしいと感じるものを提供すべき。衣装を作るのはファッションとして注目されたいのではなく、人物のためです。

衣装デザイナーが主張を試みている映画も増えているようですが、私は脚本と人物に意識を向けたいですね。自分のチームのみんなもそうあってほしいです。自己主張が強い人と仕事はできません。チームワークや仲間意識が大事です。

映像撮影のエキスパート

ハスケル・ウェクスラーは撮影監督として『夜の大捜査線』や『華麗なる賭け』、『カッコーの巣の上で』、『帰郷』(一九七八年)、『メイトワン1920』、『カラーズ 天使の消えた街』、『フィオナの海』など、幅広いジャンルで記憶に残る作品の数々を担当しました。彼はハリウッドで最も敬意を払われ、引く手あまたの撮影監督であり、『バージニア・ウルフなんかこわくない』と『ウディ・ガスリー／わが心のふるさと』でアカデミー撮影賞を受賞しました。一九六八年にシカゴで開催された民主党全国大会を背景にした『アメリカを斬る』では撮影だけでなく、自ら脚本と監督を務めました。反戦デモや暴動を描いた本作は今でも政治色の濃い野心作として高く評価されています。ブラックリストに挙がった過去もありますが、後に映画芸術科学アカデミーの理事を務めました。

本書の共同筆者エドワード・ホエットモア〔本書のファーストエディションの共著者〕はウェクスラーの作品の大ファンであり、インタビューの機会に大喜びでした。

俳優の動きは監督が指示するもので、カメラマンはそれを撮るだけだと思い込んでいる人はたくさんいます。間違いではありませんが、それ以上のものが存在します。脚本が映画になるまでの間には、撮影監督の存在が欠かせません。目の前にあるものはカメラを通して伝えられます。カメラが回り始めるまでは、紙に書かれた文言やアイデア、そして希望が存在するだけです。

私の仕事は監督が映像表現をするための手伝いです。脚本に書かれたストーリーを俳優を使って伝えるために、カメラの画角や構図や照明を監督と相談します。また、それにまつわるすべての機材を扱います。

撮影監督はチームを統率します。カメラの操作はカメラオペレーターに任せ、撮影監督は監督と共にリハーサルをおこない、画角や構図を検討します。撮影の補助的な作業はファースト助手がおこないます。フォーカス送りやレンズ交換、露光の設定、ディフュージョンやフィルターの調整や動作確認など多くの役割を負っています。フィルム式のカメラであれば、セカンド助手はマガジンの交換を担当します。また、どのロールに何が撮影されているかを記録して管理します。「ローダー」とも呼ばれるポジションであり、現像前のフィルムに最初に触れるスタッフです。

他に、電気の配線などを担当するガッファーや、ドリーやクレーンを扱うグリップと呼ばれるスタッフもいます。業界外の人々には理解しづらいかもしれませんが、美しい映画を撮るためには欠かせない存在です。

準備の過程

撮影の準備に「正しい方法」はありません。私はまず脚本を読み、そこに書かれているアイデアや感情に関心がもてるか、映像が思い浮かぶかを考えます。また、監督がどうイメージしているかについても話し合います。監督との連携は作品のクオリティにとっても、スタッフ全員の作業にとってもプラスになります。

カメラを使い、まず、衣装とメイクアップのテスト撮影をします。俳優が役に合うかを監督が確認するためのスクリーンテストもおこないます。スタジオの中などで技術面を確認するためのテスト撮影もします。ワンシーンの中で照明や光量が統一できるように均一に維持しなければ、観客は違和感を感じますからね。露出の度合いをカラーチャートで確かめ、フィルムストックごとに確認もし、レンズのマッチングも見ます。仕上がった映画にミスマッチが起きないよう、複雑な要素をしっかりと確認しておきます。

カメラアングルや色、照明、俳優の動線や立ち位置、カメラの動きはいつも監督と話し合いながら決めます。監督には撮りたい映像がある。それをどうやって撮るかを私が提案する。「そこの燭台を人物が盗むシーンだから、少し照明を当てておこう」といったことですね。重要なものをドラマチックに見せたり、効果的に表現したりする方法を考えます。

脚本を読むだけではお互いにイメージが伝えづらい時もあるため、参考になりそうな映画を監督と一緒に観たり、写真や絵画を見ることもあります。また、ビデオカメラを回して仮の撮影をし、サンプルとして見てもらうこともありますが、却下されたらボツにします。監督は船長のような存在。撮影監督の提案をどの程度取り入れるかは監督次第です。

カメラを動かす

機材が進歩したおかげで、今では最も大きい六十五ミリのカメラの動きも格段に楽になりました。

カメラを楽に動かすには、ファインダーからいかにカメラマンの目を自由にできるかが重要です。昔はカメラが重く、クレーンを動かすにも最低二人は必要でした。今ではカメラをポールに取り付け、自由自在に動かせます。

ビデオやジャイロスコープをヘリコプターに搭載して壮大なショットも撮れます。

撮影監督で大切なのは最新のテクノロジーをいつ、どのように使うかを知ること。また、他の部門の人たちとも協力できる、仲間づくりをすること。そして、最も大切なのは、いくら撮影がうまくても、駄作を秀作には変えられないと知ることです。人間性を重視して作品を選ぶとよいでしょう。

CLOSE UP

『ビューティフル・マインド』ができるまで

［撮影監督］ロジャー・ディーキンス

脚本の魅力

脚本に惹かれてこの作品に参加したよ。僕にぜひやらせてほしい、と思える素晴らしい脚本だった。難しいことにチャレンジできそうなストーリーだったしね。

どこまでを観客に見せて伝えるかが重要な作品だ。「この男が幻覚の中で生きていたことを、映画として、視覚的にどう見せるか」ということだね。『シックス・センス』のようにもできるだろうな、と思った。ハイテクなビジュアルで怖がらせようとせず、ナチュラルで落ち着いた雰囲気に仕上げる方法だ。

撮影の準備

僕が雇われたのは撮影開始の六週間前。ナッシュが幻覚で体験するカーチェイスのシーケンスなど、いくつか絵コンテを用意した。第二班に撮影を任せる部分も多そうだったけどね。でも、絵コンテどおりには撮影しなかった。絵コンテはあくまでも叩き台。ロケーションに向かう途中や、しゃべっている途中で柔軟に変更したよ。絵を見て思いついたことを生かしたり、ロケーションを見て「このシーンの動線はこうした方が面白いんじゃないか?」と試してみたり。この作品では、そういう提案は俳優からもかなりもらって生かしているよ。

撮影の技術

この映画では小さなジブアームを使った。小型のリモートヘッドでカメラが自由に動かせるんだ。ラッセル・クロウは自由に動きたがっていたからね。ジブアームを使えば役者の立ち位置を厳密に決めなくていいが、カメラの動きはある意味ぶっつけ本番になる。あらかじめカメラの動きをリハーサルで決めれば、その分、俳優の自由度は減る。この作品のような映画では俳優の表現の自由度を高めることが大事だ。

照明についてはあまり話し合っていないよ。映画の雰囲気と、ところどころの見せ方をざっと話したぐらい。ただ、いろいろな時代にまたがっているので、移り変わりをどう見せるかは相談した。冬に撮影したから日照時間は短かった。

ナッシュの幻覚の表現については打ち合わせをした。スタイリッシュに、シュールな感じにするか、自然な感じにするか。僕は抑えた表現をすればするほど驚きも高まると思っていた。すべてを現実だと受け止めていた観客は、やがてルームメイトのチャールズが幻覚だと知り、他の人物たちもナッシュにしか見えていなかったと気づくんだ。

監督とのコラボレーション

作品ごとにコラボレーションの仕方は異なる。ロン(・ハワード)はとても精力的で、現場で誰よりも働く人だ。彼は自分の考えをはっきりもっているが、僕が異論を唱える時もある。そうやって議論するうちに、みんなのアイデアになっていくんだ。『ビューティフル・マインド』ではとても自然な発展をしていたよ。いろいろな意見が出ることは、どんな監督にとっても、よいことだ。

メイクアップ・アーティスト

かすかなタッチで大きく変える

ピーター・ロブ・キングは多くのスターのメイクを担当したアーティストです。過去の作品には『バットマン ビギンズ』や『ダークナイト』(二〇〇八年)、『エイリアン』シリーズ、『逃亡者』(一九九三年)、『今そこにある危機』、『ジャッカル』などがあり、『ロジャー・ラビット』の実写部分のメイクも担当しています。彼は『レジェンド/光と闇の伝説』でアカデミーメイクアップ&ヘアスタイリング賞候補となり、『ラスト・オブ・モヒカン』で英国アカデミー賞のメイクアップ&ヘアスタイリング賞を受賞しています。

まず脚本を読んで、脚本家のコンセプトと監督のコンセプトを考えます。どの脚本にも幅広い可能性があります。キャラクターの人種や民族的な背景、年齢などは、実際に配役が確定するまでわかりません。最近では、プリプロダクションの終わり頃まで俳優が決まらないことが多いです。俳優がいなければ、メイクに必要な情報は得られません。どんな特殊メイクでも、途中で人が変われればかなり難しくなりますから、代役で準備するのは無理なのです。本人に会ってメイクを決定し、監督やプロデューサーに確認をとらなくてはなりません。

撮影前日から仕事を始めてほしいという依頼が多いですが、現代物なら一週間前、複雑な作品なら一ヵ月前から始めないと大変です。特殊メイクや特殊器具の制作には何ヵ月もかかります。「普通の」メイクでも、少なくとも本番の一週間前には俳優へのトライアルがしたいですね。髪の毛や顔の産毛の手入れに加え、脚本によっては傷や傷跡を作りますから、事前の準備が必要です。

スターのメイク

スターには存在感があります。スターの価値は観客の喝采を浴びることですが、そこにたどり着くまで、かなりの経験を積んでいます。突然スターになる人はほぼいない。彼らは経験豊富ですから、初対面の相手に対してもおだやかで寛容です。最悪なのは、スターでないのにスターぶる人ですね。扱いづらいです。

僕の経験上、スターとの仕事は一番やりやすいです。彼らは下積みを経た苦労人。もちろん自分のイメージが大事だと心得ていますが、神経質にはならず、なるようになるといった空気を漂わせています。

スターのメイクはご本人の資質を際立たせ、最高の姿を引き出すことに力を注ぎます。メイクの基本はそれですね。また、ストーリーに合う容姿を作る時もあります。多くの俳優は外見を変えたいと思っています。いつもの自分のままでいたくない、という気持ちがあります。でも、変化に抵抗する人もいますよ。年配の俳優が、昔のイメージを維持しようとするケースが多いです。新婚当時から二十年間、ずっと同じメイクをしている人のような感じで、全体のスタイルや、アイメイクやファンデーションをいつもどおりにしてほしい、というこだわりがあります。映画に合わせてバージョンアップを試みますが、細心の注意が必要です。

セットに入る

現場に朝一番で入るのは僕たちでしょうね。たいてい朝六時頃です。ヘア担当のスタッフや、俳優がメイクの前に衣装を着る場合は衣装スタッフも早朝から現場に来ます。

早起きには慣れます。ただ、メイクアップ・アーティストに求められる性格があります。心理的な要素を扱う仕事だし、また、どんな性格の人にも対応しなくてはなりません。メイクで美しくなり、喜んでもらえなくてはならないのです。僕らが朝から不機嫌な顔をしていれば、いくらメイクの技術が優れていても、いずれ現場に呼ばれなくなります。

メイクの所要時間は、男性なら十分から三十分ほど。女性は三十分から一時間半。脚本と、作りたい外見によって変わります。現代物のメイクにつけまつげを追加するなら、その作業の分だけ所要時間が増えます。口紅も、出したい色味によっては、標準色より時間がかかります。その他、補正や修復の必要があるかどうかでも変わります。長時間じっとしているのが苦手な俳優もいます。メイク係が嫌われているのではなく、彼らは立ち上がって何か他のことがしたいだけ。これはどうしようもありません。メイクに必要以上に時間をとられているというのは誤解です。そんなことをすれば業界で働くのは不可能でしょう。

とはいえ、俳優の気持ちもわかります。『レジェンド／光と闇の伝説』では、毎朝二時間以上もメイクに費やした俳優が何人かいました。『ロジャー・ラビット』のクリストファー・ロイドには特殊メイクが多く必要で、仕上げるのに二時間半かかりました。本当に彼はあんな風貌に見えるかもしれませんが、メイクですからご安心下さい。

彼のメイクでは、元々の顔を長く見えるように、顎と鼻、耳と喉仏に特殊造形をつけています。頭髪は剃り、人工毛をつけました。これらの作業をする間、彼は椅子に座ったままです。毎日そのメイクをして撮影に臨みましたが、あの顔でスタジオの外に出るわけにはいきません。作業は長くかかりましたが、彼はとても協力的で、役を楽しんでいました。

特殊メイクの素材は頬の内側からも外側からもつけられます。皮膚に少しのせるだけで、映像ではかなり違って見えます。メイクで演出できる変化はかすかですが、そのかすかな変化にメイクの効果や威力があります。人の印象を大きく変えることができますよ。

優れたメイクは観客に気づかれないけれど、作品に大きく貢献します。僕らへの最大の賛辞は「俳優が役にぴったりだった」と言われることです。

素顔のメイク

監督がキャラクターを素顔で登場させる設定では、通常のメイクより時間がかかります。映像で素顔に見えるメイクを施し、俳優にも満足してもらえるように努めます。

素顔風のメイクが大変なのは顔のほてりや吹き出物、ニキビなどをメイクで補正したり、隠したりするためです。そうした状態もリアルでよいのですが、撮影期間の途中でニキビが治ったら、編集が合わなくなります。ありのままの自然の状態で撮影した場合、何週間も経った後でその状態を再現する必要性が生まれます。メイクアップの仕事では、編集のつながりを常に意識しています。俳優の状態が日によって変わるなら、前日と同じ状態に見えるようにメイクをしなくてはなりません。

病気やケガのメイク

脚本の中で、いわゆる「よくないこと」が起きる場合があります。事故に遭う、病気にかかる、殴られる、負傷するといった出来事です。人の体にはいろいろなことが起きますから、外見もしょっちゅう変わります。

このような時にはリサーチをします。医学的な資料をよく検討して、映画の表現としてふさわしいものを慎重に選びます。観客が目をそむけたくなるほどリアルに再現することはめったにありません。銃で撃たれた傷などは想像するよりずっと恐ろしいものですから、メイクで作る時は抑えた表現をします。

『ラスト・オブ・モヒカン』では特定の口径の弾丸で撃たれた傷をリサーチしました。昔の銃は弾丸の速度が遅く、人体に与えるダメージは現代のものとは異なります。

難しい課題

歴史映画には特有の難しさがあります。特に『ラスト・オブ・モヒカン』はメイクアップ・アーティストの僕としても、近年まれに見る大規模な作品でした。

設定は十八世紀で千五百人の俳優がおり、戦闘シーンもあります。当時の雰囲気を再現するだけでも大変でした。俳優の全身にタトゥーを描く作業もありました。この時代の人たちは肌の露出が多いため、体型や筋肉の見え方も重要でした。それらに加えて、通常のメイク作業があったわけです。

『レジェンド／光と闇の伝説』ではそれとは異なる課題がありました。この映画は小鬼や奇妙なキャラクターがたくさん出てくる、素晴らしいおとぎ話です。出演者のほぼ全員に発泡ゴム製の造形などの特殊メイクが必要で、ゆうに五ヵ月かかりました。

また、人物を年老いたように見せる「老けメイク」は最も難しい技術の一つです。人が将来どんな風貌になるかがわかればよいですが、それは不可能というものです。残念ながら、メイクで作り過ぎている映画が目立ちます。メイクアップ・アーティスト側はやり過ぎだと自覚していますが、スタジオはわかりやすさや伝わりやすさを求めます。実のところ、メイクは控えめにする方がリアルに見えますよ。かすかなタッチでも、ちゃんと伝わります。

メイクアップとは、ほんのわずかに加えて効果を出すものです。ちょっとした違いのために、なぜこんなに時間をかけるのかと俳優は思うでしょう。でも、その「ちょっと」が違いを生むのです。

CLOSE UP

『ビューティフル・マインド』ができるまで

[メイクアップ・アーティスト]
グレッグ・キャノン

自然なリアルさを追求

メイクは九段階ありました。ナッシュの髭は一日伸ばした状態の時と、六日間伸ばした状態の二パターンです。わずかな違いを意識して、まず、できるだけ若く見えるメイクから始めました。前歯に造形をかぶせ、ほんの少しだけ出っ歯に見えるようにし、目元や首に少し特殊メイクを施し、シリコンの装具も作りました。

シリコンを重ねて、ソフトで自然な皺を作るプランを立てました。撮影で一度それを使うと、毎日同じものを作り続けることになります。一日ごとに使い捨てですからね。素材は練り状になっていて、本物の皮膚のように伸縮しますよ。

ラッセル・クロウにこの特殊メイクをするのに毎日四時間かかりました。表情に合わせて自然に動くので、とてもリアルに仕上がりました。ラストシーンのメイクでは、涙袋をかなり大きく作りました。髪はカツラで、パテを使って頭頂部の髪を薄くしていますが、これもとてもリアルにできました。楽しくて、達成感がありました。

サウンドエディター

音で伝えるクリエイター

スーパーバイジング・サウンドエディターのロバート・グリーヴは『白いドレスの女』や『シルバラード』、『愛は静けさの中に』、『偶然の旅行者』、『ロビン・フッド』、『わが街』、『ワイアット・アープ』(一九九四年)、『ズーランダー』など多くの映画に携わっています。

両親は僕が小さい頃、僕が難聴だと思ったそうです。僕は医者に連れて行かれて検査を受けました。機械からいろいろな周波数の音が出るのをヘッドセットで聞き、「これは聞こえるかい?」と尋ねられるのです。僕が「聞こえるよ」と言うと、医者は「それは聞こえないはずだけど」と言いました。その音は、普通の人間には聞こえないほど高い周波数でした。僕が難聴だと誤解されたのは、両親の声を自分でシャットアウトする「選択的聴力」のためでした。それが今ではサウンドエディターの仕事に役立っています。

審美眼を鍛えれば、美しいものに気づくようになります。耳を澄まして音を聴けば、五感のすべてが鋭くなります。感覚は連動しているのです。音に敏感になれば触覚や味覚、視覚なども敏感になります。五感を鋭くするには、どれか一つを高めるといいでしょう。

脚本をもらったらすぐに映画の音を考え、音が入る箇所を特定する「スポッティング」セッションをします。脚本に「カーラジオの音声」や「ドラキュラの屋敷に向かう時の雷鳴」などと音源がはっきり書かれているものに加え、ムードを演出するための音を考えて使います。カーラジオから流れる音楽なら、車外に吹く風の音や車のタイヤの音などを加えるでしょう。屋敷に向かう時の雷鳴なら、それは鳴り始めたばかりの雷か、どれぐらい激しいか。音によってムードがいろいろと変わります。

音を選ぶ時は控えめに、心理的な効果が出せるように考えます。潜在意識にはたらきかけるようにして、監督と脚本が求めるムードを高めます。

撮影現場で録った音素材をまず聞いて、それを調整して使えるならそうします。一九三〇年代頃の映画を観れば、レストランのシーンでよくテーブルの中央に花が飾ってあるのに気づくでしょう。花の中に隠しマイクが仕込まれており、俳優はやや身を乗り出すようにしてセリフを言っているんです。

撮影時の録音には余計な音が極力入らないようにします。レストランのシーンでは、エキストラは声を出さずにしゃべる演技をし、場面にふさわしい音声を入れるのは後です。走行中の車内のシーンを撮影する時は車を牽引し、セリフの音声を邪魔する雑音が出ないように配慮します。エンジンの音は後でサウンドトラックに入れます。

僕らの仕事はたいてい、ディレクターズ・カットが完成する二、三週間前から始まります。最初はセリフの整音作業から。路上で俳優にマイクを向けてセリフを録音すると、行き交う自動車の音などが背景音として入ります。これらの素材を編集でつなぐと、カットの切り替わりでサーッという音が耳につくでしょう。カットごとにマイクの位置が変わり、それに合わせて背景音も微妙に変化するためで、音響編集でスムーズにつなぐ作業をします。

場の空気感を出すために、背景音でシーンを埋める作業にも早めに着手します。森や駐車場など、それぞれに特有の環境音があります。

ちょっと変わった音づかいをしてみたい時もあるので、仮ミックスを作って監督の感想を聞きながら、全体の音を作っていきます。音を追加録音することもよくありますね。

アナログのサウンドトラックはフィルムとそっくりの形状をしています。両端にスプロケットと呼ばれる穴が開いていて、フィルムと一緒に前後に動くんです。録音する際、映画で聞こえる音をそれぞれ、トラックに分けて録音します。映像フィルムのリール一本につき最大百五十トラックほどになる時もあります。ミックス作業の時に、どの音をどれだけ大きくするか、シーンの音の方向を左右にふるか、中央にするか、サラウンドにするかを決めていきます。

クリエイティブな音使い

僕にとってクリエイティブとは、ストーリーを豊かに伝えるためにわずかなタッチや微調整を加えることです。『失踪』（一九九三年）でキーファー・サザーランドが演じる人物は、五年前に恋人を誘拐した真犯人の男に声をかけられます。失踪後の手がかりはなく、事件は迷宮入りしていました。男は鍵をチャラチャラと揺らして「あんたが探している男は俺だ」と言います。見覚えがある彼女のキーホルダーを見たサザーランドははっとします。

監督から「誘拐された時の音を何かで再現したい」と要望がありました。そこで、あからさまなものを避け、カモメの音声を使ってみました。カモメは餌を奪い合ったりする時に、笑うような声やクワーッという声を出します。それを鍵の音にかぶせたところ、誘拐の場面を鮮明に蘇らせる効果が出ました。

『白いドレスの女』

『白いドレスの女』では強い風が吹いています。風の音は寒さを感じさせますが、脚本が求めるのは蒸し暑い風です。撮影はフロリダでおこないましたが、気温は摂氏十度ほどしかありませんでした。映像ではみんな汗をかいて暑そうに見えますが、実際は非常に寒かったのです。しかも、ずっと風が吹いていた。そこで僕は、音で夏を感じさせる方法を考えました。コオロギの音声を重ね、風の音はみなヤシの葉を吹き抜ける音を使いました。ヤシの木は南国を連想させると共に、そこに吹く風の音にはカサカサとしたノイズがあり、草地を吹き抜ける風よりもやや厚みを感じさせます。

キャスリーン・ターナーが演じる人物の家には、軒先にウインドチャイムを吊るしています。僕は祖母の家のチャイムの音が大好きでした。古い金属管で、短音階の面白い音色を奏でます。映画に出ているチャイムのいくつかは古い素焼きのものですが、マイクで録音するとひどい音になり、録り直しました。スタジオの中だとあまりに「部屋」っぽい音になるので、砂漠のど真ん中の古い丸太小屋で録音しました。静けさの種類が違うのです。そこでチャイムの音を四時間分録音し、映画の中の心理描写に合う音を選んで当てています。

『愛は静けさの中に』

『愛は静けさの中に』でランダ・ヘインズ監督は耳が聞こえない人物の感情を表現する方法を求めていました。そこで、一つひとつの音を、実際に聞こえるよりもやや強調しました。ウィリアム・ハートが演じる主人公が初めて学校に来る時、トラックが通り過ぎた後に落ち葉が地面にすれる音。彼がマーリー・マトリン演じるサラに会う時は、彼女が使うモップの音も強調しています。

　別のシーンでは窓に雨粒が当たり、水滴が伝って落ちる音が聞こえます。この音は水滴を一粒ずつ落として録音し、一つずつ編集しています。雨全体の音と重なって、窓枠に落ちる雨粒の音を一つひとつ際立たせました。ムードを作るために楽曲を使う時もあります。ウィリアム・ハートが演じる人物が学校に向かうためにフェリーに乗っているシーンでは、カモメたちが飛び回っています。カモメの鳴き声を録音し、ハーモナイザーでトーンを変えて音楽にし、背景で流していました。

　プールのシーンでは耳をふさいだ時に入ってくる音のような感覚を出したかったので、貝殻を耳に当てた時の音より少し澄んだトーンを入れました。単調にならないよう、そのトーンを徐々に変化させています。また、マーリー・マトリンが演じる人物が初めて言葉を叫ぶ大きな見せ場では、録音した本人の音声を荒々しく響かせるために音量を上げ、観客を驚かせる効果を出しました。

　エンディングでは背景で人々がダンスを踊り、マトリンとウィリアム・ハートは駐車場にいます。音楽と静寂のバランスをとるために、かなり頑張りました。ダンスの音声が遠くで聞こえているかと思うと、突然、その世界を完全に抜け出して静寂が訪れます。

　このような場合はペースとタイミングが肝心です。打ち寄せる波の音に夜のコオロギの音声を重ね、さりげなく音楽をフェイドアウトさせました。つまり、夜を思わせる音にすり替えたのです。映画の中のちょっとしたところに驚くほどのディテールが詰まっています。想像よりも、はるかに多くの作業がなされていますよ。

ＶＦＸアーティスト

特殊効果の世界

ケン・ローストンは特殊効果の分野で最も大きな業績を上げた一人です。北カリフォルニアにあるインダストリアル・ライト＆マジック（ＩＬＭ）社の中心的な存在として二十年間尽力し、長年ソニー・ピクチャーズ・イメージワークスの社長も務めました。

彼は『バック・トゥ・ザ・フューチャー』や『フォレスト・ガンプ／一期一会』、『キャスト・アウェイ』、『ポーラー・エクスプレス』、『スター・ウォーズ』のエピソード４と５と６、『スター・トレック』宇宙大作戦シリーズの２と３と４、『メン・イン・ブラック２』などを手がけました。また、『スター・ウォーズ エピソード６／ジェダイの帰還』と『ロジャー・ラビット』、『コクーン』、『永遠に美しく…』、『フォレスト・ガンプ／一期一会』でアカデミー賞に五度輝いています。

僕は監督やプロデューサーと同じぐらい制作に関与します。この業界で、そこまで関わる職種はわずかです。僕はプリプロダクションから撮影、ポストプロダクションまで一貫して参加し、各段階での進行を見ます。複雑でこまかく、長時間かかる仕事が多いです。

僕らの仕事のメインは「前例のないエフェクトを作ること」。技術は日進月歩ですから、『永遠に美しく…』ではその前の年に不可能だったエフェクトが可能になりました。

子どもの頃から僕は『キング・コング』（一九三三年）をはじめ、昔の恐竜映画や怪獣映画を見て育ちました。特殊効果は安っぽいものもあれば、うまくできているものもありましたよ。一九三〇年代の『キング・コング』は当時の最新の技術を使っており、度肝を抜かれました。『十戒』にもすごいエフェクトが見られます。紅海が二つに割れるシーンは誰もが覚えているでしょう。ＳＦ映画では『地球の静止する日』や『禁断の惑星』、『メトロポリス』（一九二六年）、『宇宙戦争』（一九五三年）などが名作です。

僕がこの業界に入ったのは、特殊効果の先駆者レイ・ハリーハウゼンに影響を受けたからです。彼が手がけた『シンドバッド七回目の航海』や『ＳＦ巨大生物の島』、『ガリバーの大冒険』は映画としてはそれほどでもないかもしれませんが、当時としてはすごいとしか言いようのないエフェクトを使っています。

特殊効果に気づかず観ている名作映画もあるでしょう。『市民ケーン』にはおそらく百ショット以上で特殊効果が使われています。『ザナドゥ』はほぼすべてがエフェクトショットで、模型かマットペインティングのいずれかが使われています。画面の下部は大きなセットの映像で、天井部分の全体をマットペインティングにしている箇所もあります。下半分が実写で上半分がイリュージョンというわけです。

もう一つ、有名なのは『風と共に去りぬ』で炎に包まれるアトランタの風景です。たぶんバックロットにあった『キング・コング』のセットの大きな壁を燃やし、その炎の映像を使っているのでしょう。それにミニチュアの建物やマットペインティングを合成しています。建物の一階は実写ですが、上の階のセットは不完全な形で暗く写し、後で模型やペインティングを挿入しています。

夕日に照らされるタラのショットも特殊効果です。シルエットになったスカーレットの背景はマットペインティングで、前景にミニチュアの木が置かれています。これも観客が特殊効果だと気づきにくい成功例でしょう。

特殊効果を作る

僕はまず脚本を読み、視覚効果が使えそうなシーンをマークします。それから監督と制作チームと会い、どれぐらい複雑で、どんな仕上がりになるかを脚本全体にわたって検討します。

最も単純な特殊効果は煙、火、爆発などです。もう少し複雑になるとグリーンバックやミニチュア、ペインティング、光学合成、CG、アニメーションなどになります。二、三シーンを追加で撮影して重ね、合成します。

セットと同じに見えるように作られた模型を使う時もあります。セットとミニチュア模型は合成した時に完璧にマッチするように作ります。『バック・トゥ・ザ・フューチャーPART3』で大破させた列車は縮尺四分の一の精巧なミニチュアです。

ＩＬＭではクリーチャーや人体の模型や、エイリアンを動かすための変わった装置もたくさん制作しました。それ以外は俳優にメイクを施したり、パペットを使ったりして実写で対応し、今はコンピューター技術も導入します。『ロジャー・ラビット』はアニメーションのキャラクターと人物の実写映像とを合成しています。アニメーションの大部分を監修する英国のリチャード・ウィリアムズと二年間、密に連携しました。この作品のために、実写映像とアニメーション映像とを組み合わせる新しいシステムを作ったんですよ。既存の技術に新しいテクノロジーを応用して、影をつけたり色味を変えたり、ブレンドしたりする技術を発展させました。

この作品では本当にたくさんのディテールに気を配りました。俳優の目線がちゃんとアニメのキャラクターに向いているように見えるか。人物に当たる照明はアニメと実写で同じに見えるか。『コクーン』では冒頭と最後に空が割れて宇宙船が下りてくるエフェクトを作りました。雲の切れ目から白い光が差し、海にいるスナメリを照らします。

スナメリと宇宙船はミニチュアです。ラテックスを混ぜて作ったものを雲にして、水槽に浮かべて撮影しました。エイリアンも作りました。がりがりに痩せた女優が衣装を着たような感じです。これらの映像素材をオプチカル・プリンターで合成し、ほっそりとしたルックスとスモーキーな雰囲気を出しました。こうした合成をする場合はエイリアンと俳優を別々に撮りますから、俳優は見えない相手に対してリアクションを演じています。

『フック』も同じです。青や緑のスクリーンを背景にして撮影し、合成する技術は昔からあります。ティンカーベルが飛ぶ場面はすべてその方式で撮影しました。ジュリア・ロバーツが共演者たちと一緒にセットに入ったことは一度もありません。緑をバックにして撮ったティンカーベルの素材を再度撮影し、飛ぶ要素を付け足しています。羽根はミニチュアで、彼女の動きに合わせて飛ぶ動きを撮影しています。

監督が求めるものを作るのが僕らの仕事。『バック・トゥ・ザ・フューチャー』ではロバート・ゼメキス監督が僕らをロケーションに連れて行き、「この道でデロリアンを空に飛ばせたい」と言いました。スティーヴン・スピルバーグ監督も『E. T.』で自転車が空に飛ぶところを求めていました。このような場合は、まず、道の風景を撮影します。それとは別に、自転車やデロリアンの模型を作り、ブルーバックの前に置いて撮影します。それから、ブラックセンターと呼ばれる黒いシルエットの映像を作成します——『E. T.』の自転車のシルエットを覚えている方もいるでしょうが、そんな感じです。そのシルエット部分に自転車やデロリアンのカラーポジフィルムを焼きつけます。

つまり、セットとシルエットとカラーオブジェクトの三つの映像を組み合わせるのです。最終的な合成にはオプチカル・プリンターを使っていましたが、今はCGを使うため、手順は大きく変わりました。

実写vs特殊効果

実写撮影では、俳優の演技がうまくできるまでテイクを撮ればいいでしょう。でも、特殊効果の撮影ではそうはいきません。エフェクトの作業に時間とコストがかかるからです。

また、エフェクトを使う場合は映画制作の流れを逆算して考えます。編集でのつながりを完全に把握してから撮影するのです。それは監督とエディターにとって大変難しいことですが、仕方ありません。技術上の制約がありますから、スタートしてから一ヵ月後には大幅な変更ができなくなります。違うショットを試していたら期日に間に合いません。

ですから、監督にイメージを確定してもらうために、模型をビデオ撮影したアニマティックスを作ります。『スター・ウォーズ エピソード6／ジェダイの帰還』ではジョージ・ルーカスが編集を試せるよう、黒い背景に模型を映した映像を用意しました。スピーダー・バイクとストームトルーパーのラフな模型も作りました。

ビデオ映像はかなり撮りましたよ。それをルーカスが編集して、仕上がりのイメージを僕らに伝えてくれるんです。こうしたラフな映像を作れば、何をどこに配置したいか、被写体の大きさや照明をどうしたいかなど、僕らが知りたいことが全部伝わります。これを元に、スケジュールや行動、準備するカメラや人員、時間や予算の基本計画を立てます。

『ロジャー・ラビット』ではＩＬＭのステージでトゥーンタウンの五分間のシーケンスを撮りました。俳優ボブ・ホスキンスがアニメのキャラクターに対して演技をするところは何週間もかけて、すべてブルーバックで撮りました。ラフ・アニメーションとのラフ・コンポジットができるとすぐ監督に見せ、タイミングや俳優の位置、キャラクターや背景とのつり合いのチェックをしてもらい、ＯＫが出たらエディターに送りました。この流れ作業を幾度となくするうちに、みな要領をつかんでいきました。ストーリー的にもイメージがつかめてきて、最終的には大変うまくいったと思います。

『永遠に美しく…』は当時の最新技術

嬉しいことに、『永遠に美しく…』では開発期間に余裕があり、新しい方法を試すことができました。メリル・ストリープの頭がぐるりと後ろに回るシーンをご記憶の方も多いでしょう。安っぽい方法で見せるのも可能ですが、本作ではそれを超越する必要がありました。

まず、僕はバービー人形を買ってきて、頭を後ろに回してみました。と言うと、とても原始的ですが、人形を使えばイメージがつかめます。これなら、頭が十個ある火星人を普通に作る方が簡単だろうな、と思いました。僕は座って人形を眺め、考えました。

いろいろな案を考えたので、コンピューター部門の人たちに聞いてもらいました。ある女性スタッフに被写体になってもらい、ＩＬＭ内の小さなセットでテスト撮影をしました。ブルーバックや暗幕の前で何十種類もの動きをしてもらい、その中から候補を絞り込んでいきました。

頭がぐるりと回る場面の絵コンテをよく研究してから、ロサンゼルスで制作中の屋敷のセットに行きました。そこで一日を費やし、スタンドインの演者を入れて、頭が回転するシークエンスをビデオ撮影し、ゼメキス監督がファイナルエディットにできるだけ近い形に編集しました。仕上がりのイメージが把握できたので、技術面や人員、作業時間や機材の見積もりができました。

予算の問題は常について回ります。でも、特殊効果の仕事にはかなり抽象的な部分があるので、実際に作業してみないと費用がわからないところもあります。話だけなら一年間でも話していられる。わかったふりをすることもできる。でも撮影が始まった途端にすべてが動き出し、それまでの話はチャラになります。

『永遠に美しく…』はプリプロダクションと並行して特殊効果の準備のビデオ撮影がたくさんできた、非常に珍しい例です。こんな難しいことができるだろうか、とみな思っていたので助かりました。日程的にうまく回った、というと駄洒落のようですが、早いうちに感触がつかめてよかったです。

頭が後ろに回ったところの映像は、首の部分をコンピューター上で作っています。首の映像はコンピューターの中にしかありません。首が回るところを見せるため、実写のメリル・ストリープの身体の映像の胸と首の部分をコンピューター映像に差し替え、ブルーバックで撮った実写の頭部につないでいます。

頭が回る場面の尺は長いので、へたをすれば合成だと見破られてしまいます。映像の「トリック」のコツはカットの速い切り替えや、爆発やエイリアンの登場で観客の目を驚かせることですが、この映画ではそれができません。完璧なエフェクトが求められました。

メリル・ストリープの身体の実写撮影では、頭が後ろに回っていると仮定して一連の動きをしてもらいました。すごい演技力でしたよ。次に、頭部の背景となるように、セットだけを撮影。一ヵ月後、彼女に青いレオタードを着てもらい、ブルーバックで頭を撮りました。

その後、シーケンスの頭の位置を、ひとコマずつ設定してラフカットを作りました。かなりの重労働でしたよ。フレーム一つひとつの中で頭の位置をラフに決めていくんです。セットの照明とまったく同じ照明を加える作業もありました。

そこで「ポニーテール問題」が発覚しました。ブルーバックで撮ったクローズアップでは、彼女の地毛のポニーテールが切れたり、青い服の後ろに隠れたりしていたんです。頭の位置を決める作業を始めた時に、ポニーテールが切れてしまうのはまずいことに気づきました。急いでヘア担当の人にウィッグを送ってもらって撮影し、一フレームごとに、頭の動きにできるだけ合わせて合成しました。最終的には、とても自然な仕上がりになりました。

技術のこまかい話は避けたいけれど、映画のフィルムは一秒につき二十四フレームあるから、三分尺だと五千フレーム近くになります。それらのフレームを、ひとコマずつ作業していくわけです。複雑だし、時間がかかるし、細部を見る集中力も要ります。そのうちに気が変になりますよ。僕もおかしくなりそうでした。

このプロジェクトは全体で六ヵ月かかりました。早く始められてよかったです。ポストプロダクションが完了するまで、シーンには微調整が入り続けますが、それを待っていては間に合わない。すべての時間を有効活用しなくてはなりません。

この映画の特殊効果チームは総勢二百五十人。これはミニチュア制作やオプチカル部門も含めての人数です。CGチームやILMのエディター、撮影班や制作スタッフやその他大勢が関わり、総力を上げての制作になりました。

複雑な作業

『永遠に美しく…』の完成後、『フォレスト・ガンプ／一期一会』や『コンタクト』、『アリス・イン・ワンダーランド』といった難しい映画に取り組みました。

『フォレスト・ガンプ／一期一会』ではジョン・F・ケネディやジョージ・ウォレス、ニクソンらのニュース映像にトム・ハンクスを合成するのが大変でした。コントラストや質感、照明など、あらゆる点で不揃いな素材を合わせ、リアルな映像に見せなくてはなりません。戦争で両脚を失うダン中尉のエフェクトは、セットの一部分を動かしてリアルに見せかけています。ダン中尉役のゲイリー・シニーズが通り抜ける時は、障害物を取り払って撮影しています。通り抜けた直後に障害物を復元してショットをつなげました。ちょっとした仕掛けですが、本当に両脚がないように錯覚しますよ。

『コンタクト』では多くの複雑なショットがありました。ジョディ・フォスター演じるエリーを異空間に移動させる大きな装置や夢のような海岸のシーン、少女時代のエリーが階段を上がってキャビネットの中から父親の心臓の薬を見つけるところを鏡で見せるショット。さりげなく鏡を使っているので、物理的に撮影が不可能なことには気づかないでしょう。ゼメキス監督の見事な手腕です。

『アリス・イン・ワンダーランド』にはエフェクトがふんだんに使われています。ほぼすべてのシーンにエフェクトがあり、風景や不思議の国の人物、帽子屋の大きな目や赤の女王の巨大な頭も一から創作しました。大変難しかったですが、ティム・バートン監督の素晴らしいイマジネーションのおかげで最高の制作体験ができました。

実践しながら学ぶ

この仕事にはかなりの鍛錬と集中力が必要です。美術や映画の制作過程をすべて体験しておくといいでしょう。実際に仕事を始めると、全工程に関わることになりますから。ＣＧの知識もあるとよいですが、現場で実践して初めてわかることがたくさんあります。

仕事の九十五パーセントはどうにかできます。他との差をつけるのは残りの五パーセントで、そこに難しさがあります。そして、前代未聞の何かを成し遂げる力もそこにある。作品全体のレベルを向上させる力です。観客にとっては思いもよらないかもしれないけれど、映画を観て喜んでもらえたら、僕にとってはじゅうぶんです。

『ビューティフル・マインド』が
できるまで

［VFXアーティスト］

ケビン・スコット・マック

視覚的にストーリーを伝える

僕らはかなり早くから作品に参加しました。脚本が完成すると、どこで特殊効果を使うか検討に入りました。冒頭のネクタイのショットなど、ナッシュが図形やパターンを見るところにエフェクトを使っています。赤ん坊をバスタブで溺れかけさせるシーンは危険ですから、赤ん坊とお湯と、お湯で屈折して見える映像をそれぞれ撮影して合成しています。

数字も特殊効果で作りました。数字が前に出てきて、ナッシュが何か思いつくたびに小さくきらめかせるアイデアを考えたのです。また、バーでのデートシーンはブルーバックで撮りました。人物に合わせてカメラを動かし、トラッキングショットも撮っています。

また、少女マーシーが走っている映像では、そこにいる鳩たちが逃げていません。マーシーは幻覚の中の人物だからです。この部分は、最初に少女が公園で走る映像を撮り、CGで鳩を合成しています。ナッシュが寮の部屋で理論を考える場面はセットで撮りました。この映像に雪を重ね、春の新緑に小さな蝶が舞う映像を重ねて、季節の移り変わりを表現するショットにしています。

ノーベル賞受賞シーンでは拍手をする観客たちのエキストラをループさせ、場内の天井から照明を当てることによって大人数に見せています。

特殊効果にとって「気づかなかった」と言われることが誉め言葉です。視覚的にストーリーを伝えることが最も大事なことですから。

第 6 章

エディター

映像を見る目

映像を編集するエディターの元で、作品はある意味、書き直されるのかもしれません。別の職種にたとえれば料理人か庭師、あるいはミュージシャンや画家のようでもあるでしょう。

「映画の編集はスパゲティのソースを作るようなもの。フィルムをコンロにのせて下から熱し、かき混ぜる」とはウォルター・マーチ（『地獄の黙示録』『イングリッシュ・ペイシェント』『コールドマウンテン』）の言葉です。フランシス・フォード・コッポラやオーソン・ウエルズらの監督作品を編集した彼は、次のように話しています。

> 時々味見をして……だんだんと、自然に、フィルムの量がいい具合に減っていく。

また、彼は編集をガーデニングにもたとえています。

> 最初のつなぎは草ぼうぼうの庭のようだが、芝刈り機は使えない。うっかり花の茎を刈ってしまうかもしれないからだ。[*1]

キャロル・リトルトン（『白いドレスの女』『E.T.』『シルバラード』）は編集作業を音楽にたとえます。

> セリフにも映像にも、ストーリーにもリズムがあります。エディターはシーンのリズムを感じ、演奏します。同じフレーズを何度もたどるミュージシャンのように映像を見て微調整をくり返し、最高の技術と感情を引き出そうとするのです。

エディターは映像素材の中でなされている表現や意味づけ、カメラのアングルや動き、映像の濃淡や強調や視点などを比較しながら組み合わせを試し、まとめ上げます。「光や色や構図を扱う芸術家のようなもの」とジョー・ハッシング（『7月4日に生まれて』『JFK』『ザ・エージェント』）は述べています。

ラブシーンを熱く見せるためにゴールドや赤の色味を強調したりする。わずかだけれど、印象は変わるよ。回想シーンで色味を薄くし、セピア調にしたりね。

絵を描くみたいな感覚だけど、エディターに与えられるパレットは決まっているんだ。つまり、与えられた映像素材しかない。でも、その中で無限の組み合わせができるから、感情がはっきり伝わるようにつなぐんだ。何度も見直すから、惰性に陥らないように気をつける。

彼はエディターもまたストーリーテラーであるべきだと考えており、編集を脚本術にたとえています。

ストーリーのセンスも必要だ。お話を伝えることにわくわくして、どう並べたらどうなるかを意識しながら編集しないとね。血まみれのナイフを見せるのはドアが開く前にするか、後にするか。それぞれの選択肢はストーリーにどう影響するのか。ナイフは本編に入れない方がいいだろうか。入れるなら、そのカットをどれぐらいの間、見せれば効果的か。リズムとタイミング、ペースはストーリーに大きな影響を与える。

編集の歴史

優れた編集をすれば、観客は映像が編集されていることに気づきません。エディターの手腕は目に見えないものでもあるのです。ハッシングはこう語ります。

昔は誰かがくしゃみをするところや、消防車が走るところをただカメラで撮るだけで見世物にできた。その後、映像をつないで上映する発想が生まれ、編集という仕事が生まれた。さらに何年か経つと、誰かがインサートショットを発案した。腕時計を見る人物のワイドショットの次に、腕時計のカットをつなぐ手法だよ。最初、人々はその意味が理解できなかったけど、だんだん、それが映画の文法として受け入れられた。

百三十年の映画史の中で、技術の進歩と共に編集の機材や技術も大きく変わりました。昔のエディターはセルロイド製のフィルムを切って貼り合わせ、映像の動きがリアルに見える二十四フレーム／秒の映写機で上映していました。スローモーションやディゾルブ、クイックモーションなどの技術も生まれ、編集ルームで特殊効果の作成もできるようになりました。デジタル形式での編集が主流になった今も、セルロイドを切る「手作業」をなつかしむ声もあります。

昔の観客も徐々にカットやインサートやリアクションショットの意味を理解し、監督とエディターにとって表現がしやすくなりました。映像を扱う職種の中で、編集を担当するエディターはストーリーをわかりやすく、テンポよく伝えるために映像素材を選ぶ責務を担っています。

まず脚本を読む

エディターの仕事も脚本を読むことから始まります。

生涯で七十〇本以上の映画を編集したウィリアム・レイノルズの言葉を紹介しましょう。彼は一九九七年に亡くなりましたが、彼が手がけた『サウンド・オブ・ミュージック』や『ゴッドファーザー』、『スティング』は永遠に観客の記憶に残るでしょう。

脚本を読む時は「この映画がやりたいか」と考えているよ。映像を思い描いて「いい映画、いいエンターテインメントになるか」と考える。登場人物の躍動感や力強さ、面白さも意識する。「笑わせようとしているが、笑えないな」と思ったら、いい予感はしないね。

リトルトンも脚本から始めます。

どの作品に関わるかは主に脚本を読んで決めます。人物像がはっきり描かれているか、ストーリーはパワフルか。構成は明確に読み取れなくても、編集で再構築できる可能性があればＯＫです。撮影と編集の段階で何かを変えることも多いため、優れた脚本なら経典のように読み返せます。何を本編に入れるか、どれくらい焦点を当てるかを編集で決め、脚本の内容を、編集後の映像ではっきりと打ち出すのが私の仕事です。

彼女も脚本家に近い感覚をもっています。「脚本と編集はとても似ていると思うわ。どちらも一人でこつこつする仕事だから」。エディターも毎日十二時間から十五時間、一人で部屋にこもって作業をします。

下準備をする

脚本を読んで参加を決めたら、撮影開始と同時に編集作業を始めます。キャロル・リトルトンがローレンス・カスダン監督の映画に携わる時は、それより早く仕事を始めるそうです。

「彼は私をリハーサルに呼んでくれるの。私は静かに見学させてもらって、撮影前に世界観や作品の方向性を見ておきます。俳優がどんな問題に直面しそうか、どんな役づくりをして表現を楽しんでいるかも感じ取ります。編集で何度も映像を見ると感覚が麻痺してしまうから、リハーサルでの印象をメモしておいて、全体の感情の変化を覚えておくと、シーンや演技のよさを最高に引き出す編集に役立つんです。

彼女はリハーサルを見学しても、撮影現場にはめったに行きません。「他にすることが山ほどあるし、セットに行っても座って待つぐらいしかやることがない。時間の無駄としか思えないんですよね」と彼女は笑います。トム・ノーブル（『刑事ジョン・ブック 目撃者』『テルマ＆ルイーズ』『マスク・オブ・ゾロ』）も、ある理由から、撮影現場にいる時間を「最小限」にしています。

凝ったトラッキングショットを撮るために、みんなが朝から一生懸命に準備しているのを見てしまったら、そのシーケンスをカットしづらくなるよ。せっかく苦労して撮ったんだから、あれを使ってあげなきゃ、と。

映像素材を見る

その日に撮影された素材は「デイリー」と呼ばれます。撮影された順にエディターの元に送られてきますので、一つひとつの素材を見ながらよいものを選び、つなぐ作業を始めます。その時の着眼点について、リトルトンの説明はこうです。

監督が何に注目し、何を求めてテイクを撮っていたかを見ます。完璧なカメラの動きを求めて撮り直している素材もあれば、一テイクごとに内容を変えていて、編集で選べるように素材のバラエティを揃えている時もあります。

ウィリアム・レイノルズはこう語ります。

それが本編のオープニングの部分であれ、エンディングの部分であれ、シーンの素材が揃い次第、編集作業に入れる。その時、僕はまず、映像素材の中でのストーリーに注目するね。ストーリーを前進させるものと、ディテールをはっきり見せているものを最優先に選ぶんだ。次に優先するのが演技のクオリティ。できるだけ俳優のよいところを見せるようにするけど、やはり、ストーリーを明確に伝えることを最重要視するよ。

ストーリーを伝えるために、リトルトンは素材の組み合わせを常に意識しています。追求するときりがない世界ですが、彼女の趣旨は一貫しています。

編集の手法を理解して使いこなすことが大前提ですね。イメージのサイズやカットの速さで調整したり、カメラの動きを生かしたり。出来事の順序を入れ替えたり、アクションを追って時系列どおりに見せたり、二種類の映像を交互にクロスカットしたりといった編集の見せ方を知っておくべきです。

監督が外観や状況説明のショットを撮影している場合は、それを編集で入れるかどうか。入れるとすればどのショットにするか。人物の映像はミディアムショットを使うかクロースアップを使うか、などをエディターが選択します。

セリフを言ったりアクションをしたりする人物のクロースアップと同時に、それに対して反応する人物の「リアクション・ショット」も選択肢にあるでしょう。

会話のシーンは単調になりがちです。面白く見せるためにずっと苦心してきた、とトム・ノーブルは語ります。

リアクション・ショットはセリフを言う人物のショットと同じぐらい大切だ。セリフを言う人物を常に画面で見せ続けていたら、会話シーンの編集としては絶望的だろう。黙ってセリフを聞いている人物の反応の方がずっと面白いことが多いよ。

ショットを見て「いい反応をしているね」と感心するだけじゃなくて、そのカットを差し込む理想的なタイミングを探すこと。そのカットに相手のセリフの音声をかぶせる時もある。アクション部分の編集は簡単だが、会話シーンを完璧に編集するのは難しい。

素材をテイクごとに見ていくと、それぞれによい部分が見つかる、と彼は言っています。

これはキープしたいな、と思う瞬間はどのテイクにもあるよ。照明がきれいに当たっているテイクなんかを見たら――どうにかして本編に入れたいな、と思ってしまう。

お気に入りの部分が捨てがたくなるものですが、その誘惑に勝たねばなりません。

マスターショットの演技が完璧だから、そのまま生かすつもりでいても、途中で誰かのクロースアップも入れたくなったりするよ。そんな時は編集が目立たないように、マスターに溶け込むようにしてつなげる。できる限り、なめらかに見えるように心がける。

テーマを理解し、スタイルとリズムを作る

記憶に残る映画はテーマを強く感じさせます。エディターが作品の主旨を理解して、編集に反映させているのでしょう。ジョー・ハッシングは「オリバー・ストーンの古い映画は一語でテーマが表せると思う。『ウォール街』は

強欲。『7月4日に生まれて』は犠牲。『トーク・レディオ』は憎しみ。『JFK』は対立。人々と政府、真実とフィクションの対立。『ドアーズ』は何だろう、過剰、だろうね」と言い、ジャンルとテーマによって編集のスタイルとリズムが決まるとも語っています。

キャロル・リトルトンもこれに同意しています。

タイミングは大きな要素。音楽的なものです。曲にもタイミングがありますよね。言葉にも流れや切り替わりなど、タイミングがあります。俳優のしゃべり方にもリズムや抑揚がある。お笑いネタの間の取り方じゃなくて、音楽的な感覚でのタイミング。どこに焦点を当てて強めるかだと思います。エディターはなぜその映画を編集するかをわきまえること。作品にふさわしい感性で、しっかり選択すること。

トム・ノーブルは編集の極意を一言で言い表そうとしています。それはやはり「タイミング」です。

タイミングがすべてだね。絶妙なリズムとペースをつかむ勘が大事だよ。ただおだやかに見せるべき時があり、また、逆に、唐突に見せるべき時もある。「動」から「静」につなぎ、また「動」に戻す時もある。人物が部屋を見回す場面では、その人物の主観で物を見せたりね。どんなつなぎ方にもそれなりの音楽性があり、リズムやタイミングがあるんだ。

どれだけ見せるかを決める

ジャンルや題材も編集のスタイルに影響を与えます。キャロル・リトルトンはローレンス・カスダンの監督デビュー作『白いドレスの女』にフィルムノワールへの敬意を感じて編集に臨みました。

そのジャンルの決まり事のようなものが存在します。ビジュアルのスタイルにも、ストーリーの伝え方にもね。『白いドレスの女』は女がしかけた罠にはまり、彼女の夫の殺害を企てる男の話ですから、官能とミステリーの交錯が必要でした。何をどれだけ、いつ明かすかが編集での重要なポイントです。ポルノ風に見えないように気をつけるのが私の役目。監督はきわどいショットをたくさん撮っていたけれど、それをどこまで本編に入れるかはエディター次第です。観客にどう受け取られるかを常に考えましたよ。監督はできるだけ大胆にいきたかったでしょうけど、露骨に見せるよりは、見せない部分を作って想像させる方がずっと官能的だと思います。二人が別々の場所にいるシーンも、一緒にいる時と同じぐらいエロティックでしょう。

実在したロックバンドを描いた『ドアーズ』の編集スタイルを決めた経緯をジョー・ハッシングはこう語っています。

麻薬に溺れて幻覚をいっぱい見るようなライフスタイルを描いているから、霧のようにぼかして映像をつなぐディゾルブを多く入れたよ。また、オリバー・ストーン監督は『ウォール街』ではカメラをよく動かして撮っていた。獲物を狙う鮫のような感覚だね。そういう動的な映像なら、どこでカットしても編集がつながる。もちろん、なぜそこでカットを割ってつなぐかはちゃんと意図したけれど、二つの映像を交互に切り返す作業がすごく楽しかった。『ＪＦＫ』はカットや遷移が際立つよう、パキッとした感じで編集したよ。リビングでテレビを見る視聴者のカット。オズワルド逮捕のニュースを放映するリビングのテレビのカット。そして、テレビ画面のクロースアップ。ここでニュース映像は全画面になり、音声もステレオになり——突然、観ている側も引き込まれ、臨場感を感じる。

俳優とのコラボレーション

エディターほど俳優の演技をじっくり見る人はいないでしょう。すべてのテイクを何度も見直し、よいものを選びます。だとすれば、エディターが演技をどう評価するかが知りたくなりますね。

まず、編集でつながるか。テイクごとに俳優の動作や演じ方が変わっていると、編集で合わなくなります。優れた俳優はどのテイクでもだいたい同じ動きをします。動きのマッチングは特に食事のシーンで大切です。どのセリフを言う時にフォークやワイングラスを手に取るか、タイミングを決めて演じる必要があります。どのテイクでも、セリフや仕草が同じように再現されている場合、編集で一つのテイクの音声を抜き取り、別のテイクに重ねて使えます。

リトルトンはこう注意を促しています。

　でも、たまに俳優がうっかりする時もありますよ。眼鏡を右手でとっていたのが、別のテイクで左手になっていたりね。リアリティのある演技をしながら、編集のことも忘れないでいてほしいです。でないと、編集の選択肢がとても減ってしまうの。

とはいえ、俳優側には、いろいろな演じ方を試したい気持ちがあるはずです。ロビン・ウィリアムズやロバート・レッドフォードはテイクごとに演技を変え、バラエティに富んだ素材を編集側に提供することで知られます。『いまを生きる』の編集を担当したウィリアム・アンダーソンは特に面白い体験をしました。

ロビン・ウィリアムズはかなり個性的な俳優ですから、ピーター・ウィアー監督はいつも三パターンの演技をさせて、エディターに選ばせました。一つはロビンが好き放題にアドリブをし、やりすぎと言えるぐらいまでワイルドに演じたテイク。二つめは、脚本どおりに演じたテイク。三つめはその両者の中間です。

僕は映像を見た時の感覚で、三つをバランスよく使いました。彼がアドリブでジョン・ウェイン風の演技をしたテイクは使いませんでしたが、試写を見た監督が「あれを使ってみたらどうかな」と。そのとおりにしてみると、なかなかよかったので本編に入れました。それ以外は、だいたい最初に僕が選んだもので仕上げています。

リトルトンは俳優に対して、次のようなことを求めています。

人物が伝えることをはっきりと、リアリティをもって演じてほしいです。技術の面も、感情の面も、正確さが大事。それについては、私はとてもこまかいです。エディターは俳優の渾身の演技をばっさり捨てる悪者みたいに思われるかもしれないけれど。

そして、彼女はこう続けます。

でも、けっして個人的な好き嫌いで評価しているわけじゃないです。俳優を心から応援しているし、そのためにベストを尽くしています。だけど、技術的に使えない演技を本編に入れるのは無理なんです。私たちはみな、俳優たちを尊敬してる。でもね、編集できない素材はあきらめるしかない。結局は俳優にとって、もったいないことです。

演技の問題を編集でどうにかしてほしい、と頼まれることもあります。その際の対処法をウィリアム・レイノルズはこう語っています。

俳優がカメラに背を向けている映像にセリフの音声をかぶせたり、他の俳優のカットを見せたりして問題を回避するよ。あとは、画面の外でセリフを言っている体裁にするとか、別の俳優のリアクションの映像を使うとか、だね。

わずかなミスも編集では見逃されませんが、素晴らしい演技であればエディターもわくわくしながら作業します。そこには個人的な好みもある、とリトルトンは認めています。

メアリー・マクドネルの演技にはリアリティがあります。素材を見るたびに、何かを強く感じます。皮膚のかすかな反応から伝わってくるものがあるし、演じにくい瞬間をどうにかしようと頑張っているテイクも、見ればわかるんです。

つまり、大成功のテイクとそうでないテイクの差が歴然としている。人物の内面を一生懸命に探って表現したいという意気込みを感じますね。

監督が時間を与え、彼女がのびのびと演技できれば、どんな難しい場面も切り抜けられるでしょうね。そんな可能性をもつ俳優は多くありません。才能と努力の賜物ですね。彼女の場合はツボにはまると、ピュアな感情が波打つような、素晴らしい表情をするんです。引き込まれますよ。ただ佇んでいる時も、ブレない存在を感じさせてくれます。

エディターズ・カットをつなぐ

カットをつないでシーンを作ったら本編としてまとめ、ファーストカットを作ります。これは一つの大仕事ですが、エディター自身の選択がかなり反映されるとキャロル・リトルトンは語ります。

脚本に従ってつないだファーストカットはエディターズ・カットと呼んでも過言ではありません。撮影された素材は全部見て、どれがいいかを考えて、どのシーンでも最善だと思ったものを入れています。セリフやムードや人物など、すべてにおいてエディター自身がよいと思ったものが入っているのです。

撮影が終わった順に編集していますから、ストーリーの順序どおりに作業が流れず、少しやりづらい面はありますね。全体的に、無駄な部分をできるだけ削ぎ落すようにしています。ただ映像を連ねるだけでなく、演技とストーリーの面もしっかり見るようにしています。

ある段階までくると、脚本のことは忘れるようにする、と彼女は言います。

脚本が指標となって撮影が進むことは確かです。でも、撮られた素材にふさわしい編集をするためには、脚本を手放さないといけないんですよね。

特に、本編を初めてまとめる段階では、全体を映画として成立させる仕事はエディターの手にかかっています。監督のリードに従うことはもちろんですが、多くの決定はエディターがおこなうと彼女は述べています。

監督が撮った映像をつなぐにしても、ツーショットやオーバー・ザ・ショルダー・ショット、ロングショットなど、いろいろなアングルのショットのどれを選び、どれくらいの尺で見せるのか。監督がカメラを動かして撮ったショットなら、カットをせずに、そのまま本編に使いたいという意図があるでしょう。監督と撮影監督はビジュアルデザインを決め、レンズやアングルを選び、動きや構図を決めて撮影します。その後はエディターである私に任されています。

そこで彼女はまず、重複している部分を削除します。「くどいのは最悪。だらだらと見せるのもよくない」という判断の下、彼女は「ストーリーにとって役に立たないもの」を見つけて削除していきます。

また、彼女はこうも言っています。

削除し過ぎると情緒がなくなるの。観客をストーリーの世界に招き入れる時間を作り、ドラマの世界に入り込んでもらうことも必要です。

そして、観客はじょうずな編集に気づかないものだとトム・ノーブルは力説します。

カメラで撮っただけに見えれば最高。編集などしていないかのように見えるカットだね。もちろん、カットをはっきり意識させるべき時もある。激しいアクションをエキサイティングに見せるために、めまぐるしくカットを変える時などは、当然、編集が目立つよ。

だが、車内での会話やテーブルでの会話、パーティーなどの場面では、俳優のいい表情をもれなく本編に生かそうと努力しているよ。『テルマ&ルイーズ』がそうだ。スーザン・サランドンの素晴らしい表情や動きをなんとか本編に入れようとして頑張った。それがエディターの仕事だ。

監督が編集に求める基準は人それぞれです。優れた監督が毎回、同じエディターを起用したがるのも、お互いに気心が知れていて、暗黙のうちに通じ合うところが大きいからです。キャロル・リトルトンもローレンス・カスダンの監督作品によく呼ばれており、将来の機会を楽しみにしています。カスダン自らの手による脚本を読み返し、感情の流れを確認しながら編集することも多いそうです。

監督とのコラボレーション

作品をとおして長い年月を共にするエディターと監督との間には、あうんの呼吸に近いものがあるでしょう。コラボレーションの秘訣はやはり、互いに納得がいくものを出し合うことです。リトルトンは監督のカスダンとのやりとりについて、こう明かしています。「彼は何が好きでどうしたいかは言わないけれど、嫌いなものや避けたいものははっきり言うんです。私も映像を見れば、よしあしがわかる。山ほど映像を見てきたから、はっきりわかります」

ウィリアム・レイノルズは柔軟性を重視しています。

監督からは、カバレッジがたくさんほしい。つまり、さまざまなアングルから撮影した映像素材がほしいんだ。監督の仕事は映画の素材を揃えることだからね。素材が豊富にあれば、編集が柔軟にできる。たとえば、このシーンは意外に説明が多くてくどくなってしまったな、と後で気づく時がある。いろんな素材があれば、うまく差し込んだりしてスムーズにできるんだ。当然、前より尺は短くなるよ。

なぜその素材を撮ったのか、エディターが見て理解できるようにしてほしい、とリトルトンは力説します。その言葉はもちろん、監督に向けられています。

監督は編集でのつながりを現場で見ておいてほしい。特に、演技のつながりを。俳優は演技するだけでも大変ですからね。役になりきるだけでなく、気持ちの状態をシーンに応じて作らなくてはなりません。それだけでなく、シーンの前後の流れも知る必要があります。

監督の技術は俳優の演技を見て判断をすること。ワンテイクでOKを出していいか、何テイクか撮り直して次に進むかを決めるのです。やり直すなら、何をどうやり直してほしいかをはっきり伝え、テイクごとに改善してほしいです。

私はテイクを見比べて、監督がなぜ撮り直しているのかを読み取ろうとするけれど、本番中に演技のよしあしが見抜けない監督は多いですよ。撮るだけ撮って「この中のどこかにあるだろう！」ですって。

その「どこか」とは、どこでしょう。さあ、大変な作業の始まりです。「すごい量の素材をどんと渡されて、あとは私が監督か俳優の仕事を肩代わりするんです。『どうして二十テイクも撮り直したのかしら。何がしたかったの？』と。でも、いくら見てもちっともわからないんですよね」

ディレクターズ・カット

エディターは撮影完了から十日か二週間のうちに全体をつなぎます。素材の量は膨大ですが、時間の余裕はありません。監督はエディターの手柄に感謝してくれるでしょうか？　彼らはたぶん、他のことで頭がいっぱいです。脚本どおりに撮影できたか。撮ったつもりの映像と、実際に撮れている映像とに差があるか。

ファーストカットが仕上がれば、次の八週間から十週間、監督とエディターは共にディレクターズ・カットの作成に向けて動きます。その時、まず監督が体験するのは苦しみかもしれません。俳優レナード・ニモイは映画を初監督した時にそれを知りました。

つないだ映像を初めて通して見た時は落ち込んだよ。ひどい。形になっていない。つかみどころがない。平坦だ。つまらない。長い。間違っている。面白くない。ドラマチックではない。ただ延々と苦痛なだけ。これを何度か経験すれば慣れるだろうが、初めての時は絶対、甘い期待はしない方がいい！

これにはキャロル・リトルトンも同意します。「思い描いている現実と、実際に撮った映像の現実とはまた別ですからね」とにっこり。「それらがかけ離れていることはよくあります。本当のコラボレーションが始まるのはそこからよ。少し話して、後は任せてくれる監督もいるけれど、編集ルームに張り付いてずっと編集に口出しをし続ける監督もいますよ」

公開までにどれほど手を加えるかは、スタジオに対する監督の影響力や、その他の契約条件によるでしょう。ノーブルは次のように説明しています。

ファーストカットはつなぐだけ。そこから、すべてのシーンを削っていくよ。監督には午前中に全体を通して見てもらい、お昼を食べながら相談する。

午後からリールごとに、シーケンスごとに見ていく。シーンの編集について、監督と僕とで意見が合えばそのようにカットする。その後で、「このシーンはもう少し後で始める方がいいな」とか「もう少し早く出そう」といった入り方のタイミングを考える。

動きが少ないシーンや面白味のないシーン、本編に入れるほどでもないシーンは削除する。最初の一巡で十分から十五分は尺を詰めるよ。

ジョー・ハッシングによると、監督のオリバー・ストーンは次のような言葉で編集を評価するそうです。

オリバーはコラボレーションに前向きで、僕らの提案も歓迎してくれる。彼からの最悪のダメ出しは「ジョー、それはすごく普通だよ!」。彼はありきたりのものを嫌う。だから、平凡なことはしちゃだめだと学んだよ。普通のカメラアングルの素材が多いシーンは編集でぐちゃぐちゃにするんだ。「きちんとし過ぎているから、汚くしてくれ。もっといかがわしい感じにしてくれ」と頼まれるよ。

監督からこのような要望が出ると、エディターはそれを編集に反映します。削除や追加の提案が監督からあると、およそ一週間程度の作業期間が必要になります。

削除を終えてから全体を通して見て、確かに前よりよくなったな、と思ったら、次に、一つひとつのシーンをどう削るか考える。二週目の終わりには、さらに五分か六分ぐらい尺が短くなっているよ。

『JFK』での試練

『JFK』はエディターが四人編成で、独特のコラボレーションが求められたとハッシングは語ります。彼とアソシエイト・エディターのピエトロ・スカリアの二名はアカデミー編集賞を獲りました。また、監督はエディターのハンク・コーウィンとアソシエイトのジュリー・モンローも雇い、それに加えてファーストとセカンドのアシスタント・エディター、見習い二人とインターン一人、オプチカル・スーパーバイザーの下に助手を二名付けました。監督のオリバー・ストーンはこう述べています。

編集チームを作るのは僕だけだろうね。映画がどこまでいけるか探求できる。考えるプロセスこそが真の編集だろう。[*2]

この作品では幾多の課題に遭遇したとハッシングは語ります。まず、集中力の維持。「僕は飽きっぽいんだ」と彼は告白していますが、二百ページに及ぶ『ＪＦＫ』の脚本を手にした時は、どうだったのでしょうか。

オリバーから撮影台本をもらったが、読み終えるのに四日かかったよ。面白かったが文字がびっしり。集中しないと頭に入ってこない。こりゃ編集は大変だぞ、と確信したよ。こんなに複雑な映画を完成できるだろうかと思った。

エディターたちは多くの映像を取り込み、組み合わせる作業に追われました。オリバー・ストーン特有の長い撮影台本の映画を、普通に編集するだけでも何千カットも必要です。それに加えて、この『ＪＦＫ』では、ケネディ暗殺の瞬間をとらえた有名な「ザプルーダー・フィルム」と呼ばれる動画フィルムを映画に組み込む作業もありました。さらにリー・ハーヴェイ・オズワルドがジャック・ルビーに射殺される瞬間のニュース映像や、多くの専門家が語るドキュメンタリー映像、事件に密着したニュース映像がたくさんありました。

ハッシングはこう振り返ります。

『ＪＦＫ』ほどのボリュームになると編集が大変で、疲れて倒れそうになったよ。三日ごとに新しいカットを仕上げた。すごい速さで作業を進めたよ。テープをカットしてフィルムに転写した。編集機材を並べて、暑い中、大人数で頑張った。[*3]

もうだめだ、と思った瞬間はあったでしょうか？　彼がにやりと笑うところを見ると、危機は一度や二度ではなかったことが伺えます。

ポストプロダクション責任者のウィリアム・ブラウンがうまいたとえをしていた。「なあ、すごい荒波の中を漂う海賊船の映画を知ってるか？　帆は下ろされて、甲板は無人で、舵だけくるくる回ってる、ってやつ」。まさにそんな感じだと思ったよ。仕事の量は前代未聞。フィルムは大海原のように大量で、僕らはただ流されるまま。ちょっと怖かったよ。フィルムの海に溺れているかのような気持ちさえした。

やがて彼は救命具を得て、映画全体に活力が出始めました。叫びにも似た、語られるべきストーリー。彼はそれを、三人のエディターと共につないでいきました。

素晴らしい映像素材が豊富にあった。おかげで表現面でもいいものができたし、ストーリーも伝えられた。一つひとつのシーンを独立した単位で成立させながら、作品全体をとおして一貫させる必要はあったけど。

徐々に自然に任せてペースが作れるようになっていった。映画制作はみんなでおこなう集団的な活動だが、エディターは例外だ。編集とは大きな塊を削り、筋が通ったものにしてペースを整え、スムーズにすることだから。

彼は記憶をたどり、こう続けました。「ファーストカットの尺は五時間ぐらいあったと思う。最終版は三時間八分だ。そこに至るまで、たくさんの重大な決断があったよ」。そこに至るまでの間にしたことが、編集の技術と極意と言えるでしょう。

事件や事故に対処する

撮影中に悲劇に見舞われた場合は編集で立て直します。一九五九年版の『ベン・ハー』ではスタントマンの事故死の噂が長くささやかれていました。実際は、一九二五年版で戦車の競争シーンの撮影時にエキストラの一人が死亡しています（五頭の馬も死んだとのこと。今ではあり得ないことでしょう）。一九五九年版で起きたのはスタントマンの負傷です。チャールトン・ヘストンの代役ジョー・カヌートが、馬に突進されて傾く戦車の撮影で、戦車から投げ出されたのです。彼は戦車にしがみつき、見事に体勢を立て直しました。素晴らしい映像だったので、それに合わせてヘストンのクロースアップが追加撮影されました。[*4] エディターと監督はその映像をキープする決断をしたのです。『ワイルド・スピード SKY MISSION』では撮影期間中に俳優ポール・ウォーカーが亡くなりました。撮影中の事故ではありませんが、エディターのレイ・フォルサム＝ボイド、ディラン・ハイスミス、カーク・モリ、クリスチャン・ワグナーは主役級の俳優が欠けた後、編集での対応に迫られたのです。彼の出番の多くは撮影済みでしたが、未撮影の部分もありました。ポールの弟たちが代役を務め、編集でポールの表情をデジタル合成しました。

ナタリー・ウッドは『ブレインストーム』の撮影中に亡くなりました。ヴィック・モローと子役は『トワイライトゾーン／超次元の体験』でヘリコプター事故に巻き込まれて死亡しています。『クロウ／飛翔伝説』ではブルース・リーの息子ブランドンが銃で撃たれる場面の撮影で事故死しています。これらの事故はみな編集で対応されました。

変わった事件としては『ゲティ家の身代金』があります。公開間近の二〇一七年、主な出演者の一人ケビン・スペイシーが性犯罪疑惑で起訴されたのです。世論を考えると彼を降板させざるを得ず、スタジオと監督は元々の候補だったクリストファー・プラマーを起用して四百ショットを撮り直しました。エディターのクレア・シンプソンはプラマーの演技をスペイシーの演技と並べ、リズムや照明、色味をすべてマッチさせました。クリストファー・プラマーはこの代役の演技でゴールデングローブ賞やアカデミー賞など多くの賞にノミネートされました。

試写をして反応を見る

映画が完成形に近づくと「プレビュー」と呼ばれる試写をします。トム・ノーブルはこう言っています。

スタジオに見せるまであと少し。だが、仮のサウンドトラックと効果音を付ける作業にあと二週間ほどかかるから、合わせて八週間ほど作業を続けたことになる。

プレビューは初めて観客に映画を見せる機会です。初期の「スニークプレビュー」ではシーンのつなぎや音声、音楽に修整が必要な部分が残っていますが、上映中に監督は観客の反応を見ています。退屈していないか、笑わせたい場面でちゃんと笑いが起きているか。

引き続き、ノーブルの語りを紹介してきましょう。

観客の反応を見て、さらに調整をし、再び試写をして反応を確かめる。

それから広告宣伝の規模を決める「スタジオラン」の試写をおこないます。ここでスタジオ側から映画の修整や変更が要求されると、監督の対応が問われます。

監督とスタジオとの力関係によって、要求をのむかどうかが決まるんだ。スタジオ側の意見は聞くが、作品にまったく反映させない場合もある。監督が「では別の形にしてみよう」と変更を加え、それを見たスタジオが「ではこれで観客の反応を見てみよう」と言う時もある。観客の反応がよければ、作曲家に送って音楽をつける。逆に、反応が悪ければ、あらゆる対策をするよ。シーンを丸ごと削除したり、追加したり、構成を変えたりして、観客にストーリーが伝わりやすくする。

観客：最後のコラボレーター

映画の「最初の観客」は自分たちだとエディターはよく言います。映画を観る側の立場を念頭に、ストーリーがわかりやすくなるよう、また、意味やビジュアルのまとまりも意識をして編集します。昨今では納期に追われることが最大の悩みでしょう。

スタジオに見せる回数や作業日程はどんなふうでしょうか？　ジョー・ハッシングは複雑で政治色が強い『JFK』の編集に携わり、スタジオとの葛藤を体験したそうです。

スタジオに見せたら「ケネディの脳が飛び散るところを映像で見せ過ぎだ」と言われ、僕らは編集をし直した。次の試写でも別の点を指摘され、「不快感」を催させる映像がどんどん消される方向に向かっていった。

オリバーは観客に気をつかう監督だが、作品が小ぎれいになっていくことを心配し始めた。そこで彼は僕らに決断をゆだねたんだ。休日返上で働いて荒々しい映画を世に送り出す方がいいか、それとも、もっと長く働いて、この映画をお行儀よく整える方がいいか、と。僕らの気持ちは決まっていたよ。「この形で出そう、これでいい」と。荒々しいかもしれないけれど、そのことによってメッセージ性が強く打ち出た映画になった。

トップクラスのエディターたちの心意気がわかる逸話です。彼らはストーリーのセンスと編集の技術だけを武器にして、映像表現によって観客に語りかけます。成功すれば、映画は観客の心に響き、言葉で表せないほどの感動を与えます。隠れた存在でありながら、「暗闇の中」の観客たちの記憶に一生残る仕事をするのです。

〈原註〉

＊1　Interview with Michael Wohl, AZ Quotes, November 1, 2001, https://www.peachpit.com/articles/article.aspx?P-23895 (Not Found).

＊2　"Behind the Scenes: Scissors and Stone: Q&A with Joe Hutshing and Pietro Scalia," *The Hollywood Reporter*, 1992.

＊3　Ibid.

＊4　Gary Susman "25 Things You Never Knew About the Original 'Ben-Hur'", *MovieFone online*, August 18, 2016, https://www.moviefone.com/2016/08/18/ben-hur-charlton-heston-facts/ (accessed July 1, 2020).

［エディター］
マイク・ヒル、ダニエル・ハンリー

監督の感性がスタイルを決める

マイク・ヒル：僕らは制作初日から参加した。一週間前から準備を始めて、撮影が始まったらすぐに、撮れた素材をもらって編集を始めたよ。

ダニエル・ハンリー：マイクと僕は二十年前の『ラブ IN ニューヨーク』以来、ロン（・ハワード）の作品に関わってきた。最初は二人ともアシスタントだったけど、エディターが病気で倒れて、すぐに僕らが引き継いだ。ロンは編集を二人体制でするのが気に入っていて、僕ら二人のことも評価してくれたから、以後はずっと同じ形でやっている。

マイク：でも、僕らの編集ルームは別々なんだ。お互いに、まず、無作為に選んだシーンを一人で編集する。難しいシーンは補佐がいると助かるね。さらにもう一人、編集した映像を見るエディターもいればありがたい。

ダニエル：二人体制で編集をすると、自分とは違う視点での意見がもらえるのがいい。シーンのファーストカットに少しだけ長く時間がかけられる。新米の頃は自分の編集が天下一品だなんて思っていたけど、本当はそうじゃない。コラボレーションの一部でしかないんだ。行き詰まったら「ちょっと大変だ」とか「これ、どう思う？」と言って助け合う。特にファーストカットは一番難しいからね。シーンのリズムを探しながら監督の意図も反映しつつ、一番いい演技を探すんだから。

マイク：それぞれ一度、自分で編集してから、お互いに見せて意見を出し合う。ファーストカットは僕らに一任されているんだ。全部のシーンを一本につなげた時点でロンに見せ、そこからシーンごとの検討が始まる。

ダニエル：最初は恐ろしかったよ、全面的に任されるというのがね。でも、今は嬉しい。

マイク：コラボレーションがうまくいくのは、意地を張らないからだね。お互いを完全に信頼しているし、長い付き合いだからね。

撮影中に素材を見て、ロンが好きなテイクを指して「これ、いいね」と四回ぐらい言うのを聞いて、僕らが自分でシーンを構成する。撮影が終われば彼が来るから、シーンの編集に対する意見をもらい、変更を加えていく。

ダニエル：ロンのおかげで、いろいろな種類の映画の編集ができたよ。特定のジャンルに縛られず、『アポロ13』や『バックマン家の人々』、『ラブ IN ニューヨーク』、『身代金』といった幅広い作品に参加できた。ロンならではの監督のリズムがあり、彼の視点やトーンもはっきりしているけれど、僕らの見方も生かしてくれる。

マイク：編集のスタイルは題材次第。エディター自身のスタイルで編集するのではなく、監督と俳優がくれる素材に合わせるべきだ。編集でスタイルを作るのは最終段階だね。素材に従って編集したもののペースやリズムをさらに変えたり、シーン展開のタイミングを調整したりする必要がある時だ。あくまでも、俳優の演技と監督の演出が作品のスタイルを決定するよ。

ダニエル：スタイルは監督の感性によって決まるよね。経験と共に深まるだろうし、作品によって変わるかもしれないけど。編集では映画全体の流れを作るんだ。シーン単位ではうまく流れても、どこかで滞った場合は前後も含めて見直す。ナッシュが病院でローゼン医師と対面するシーンで、実は、ナッシュが精神病の患者を見てぎょっとするカットを入れていたんだ。彼が自分の病をふと自覚する表情だけど、それは真っ先に削除したよ。ナッシュが統合失調症だということをそこで観客にはっきり見せてしまったら、政府の陰謀として描いている部分が成立しづらくなるからね。

俳優や監督の意図を把握する

マイク：編集では俳優のリズムも大事。ラッセル・クロウの演技はバリエーションに富んでいて、編集で選べるようになっていた。普通に動いているテイクが複数と、少し変な動きのテイク、さらに奇妙さを増した動きのテイクの三種類。編集では中間の演技をよく使ったかな。映画の前半は普通の動きのテイクを多く使い、精神病が明らかになるにつれて、奇妙な動きのテイクを少し増やした。諜報員パーチャーに扮するエド・ハリスの演技はどのテイクもぴしっと安定していて、バリエーションはあまりない。妻役のジェニファー・コネリーもそうだ。ラッセル・クロウだけがテイクごとに演技を変えていた。編集のことを考えて、きちんと意図されていたんだ。

ダニエル：ナッシュが幻覚で見る人物たちをどう見せるかは、あらかじめロンと打ち合わせをした。必ずナッシュの主観映像だけを使うこと。また、まず音声が聞こえてから人物が姿を現すようにした。ロンのリサーチによると、統合失調症では聴覚の反応があるらしい。そこで僕らも、ドアの音と足音を入れてから、エド・ハリスを登場させた。咳払いの音声を入れてから、寮の部屋にチャールズが入ってくるようにした。僕はロンに「ずっとこのやり方をするの？　そのうちにあざとく見えたらどうしようか」と尋ねた。結局、人物の紹介が済めば、あとは普通にしていいことになったよ。

マイク：ロンの作品の中でも『ビューティフル・マインド』はやさしい部類。『アポロ13』や『ウィロー』は特殊効果やコンピューターでの作業が多くて大変だったからね。『ビューティフル・マインド』はかなりストレートなドラマだから、個人的には好きだ。ただ、中盤あたりで観客が驚くような脚本だから、それを大事にしたよ。幻覚だとばれそうなヒントを出しすぎないように気をつけた。でも脚本が見事だし、撮影も演出も巧みだったから、ただ素材に従って作業するだけでよかった。どんな映画でも編集は難しいから、簡単だったとは言わないけれど、とてもうまくいった。

ダニエル：ロンほどコラボレーションを大事にするクリエイターは珍しい。自分の考えを強くもっている反面、僕らのアイデアも大歓迎してくれる。彼はいつもおだやかで自信に満ちているだけでなく、自分の視点をはっきりと言葉で表現できる人だ。ロンは脚本の中に、あるいは作ろうとするものの中に、自分のクリエイティブな視点を見つける。そして、みんなが共感できる何かを探す。ロンの映画にはどれも、そういったポジティブな人間性が伺えるよ。

第 7 章

作曲家

感情を解釈する

映画制作に携わる人々はみな脚本に従って作業をします。しかし、脚本が映像になるまで、作曲家が手にするものは何もありません。彼らの仕事は音楽でシーンや人物の表現をサポートし、ストーリーを際立たせることです。音楽を聴けば人物が見えると言う監督もいるほどです。

作曲家も一人で作業をします。他の部門の人々は言葉やビジュアルを扱いますが、彼らは音やメロディーを扱います。彼らが生み出す楽曲や響きは映画を象徴するものになります。『スター・ウォーズ』や『荒野の七人』（一九六〇年）を思い出してみて下さい。最初に思い浮かぶのは音楽でしょうか、それとも映像でしょうか？　たぶん両方でしょう。

ラミン・ジャヴァディ（『ゲーム・オブ・スローンズ』『リンクル・イン・タイム』）はこう語ります。

映画音楽はいいね。映画館からの帰り道でも鼻歌で歌えるし、映画を観ないでも曲が思い出せる。音楽だけになっても、思い出として生きている。

音楽を作るのは特殊な才能です。脚本家や監督が演技をしたり、編集をしたり、絵を描いたり、衣装作りをしたり、メイクアップを手がけたりすることはあるでしょう。また、やればできそうだと感じている場合も多いでしょう。クリント・イーストウッドは作曲家でもあります。フランシス・フォード・コッポラは家族の中に作曲家がいます。ただ、彼らは珍しい例なのです。

『Emma エマ』で女性初のアカデミー作曲賞を受賞したレイチェル・ポートマンはこう言っています。

音楽は抽象的な言語です。監督には扱いが難しいものでしょう。[*1]

ハンス・ジマー（『テルマ&ルイーズ』『ライオン・キング』〈一九九四年／二〇一九年〉『グラディエーター』『ラストサムライ』『ダークナイト』『インセプション』）は次のように語っています。

監督は作曲家と打ち合わせる時に初めて、何をどう話していいかわからなくなるだろうね。彼らは脚本や演技については話ができるし、カメラのレンズを覗けば映像が見える。だが、音楽となると、突然お手上げだ。

そこで、監督やプロデューサーがおかしな注文を出すこともあります。自主制作映画『Overdrive: Live Set!（未）』などの作品で作曲を担当してきたジョナサン・デヴィッド・ラッセルはこんな体験をしたそうです。

「これじゃあまりに黄色い粉雪っぽい。青い雪の玉にしてくれよ」と言われた。[*2]

そのような中で、音楽に詳しい監督ピーター・ウィアーは希少な存在です。作曲家モーリス・ジャール（『アラビアのロレンス』『地獄に堕ちた勇者ども』『いまを生きる』『心の指紋』）は次のように述べています。

ピーターと組む時は、特に楽しい。彼はとても音楽的だからね。音楽文化に詳しくて、コミュニケーションがとても楽だ。なにしろ彼はクラシックから前衛音楽、ニューエイジ、エレクトロニック、オペラ、民族音楽に至るまで知識が深い。珍しい監督だよ。
どんな音がほしくて、どこに音楽を入れたいかも、彼ははっきりしている。オーケストラでいくか、電子音楽でいくかも自分でわかっている。しかも、音楽を使う意図も理解しているんだよ。他の監督は「オーボエかトランペットで試してみよう」と言ったり、思いつきでいろいろ提案したりするが、ピーターはいつも要望が明確なんだ。それでいて、他のアイデアも聞こうとするし、新しいことを試す意欲もある。そんなふうに音楽でコラボレーションできるのは本当に珍しい。

本書の初版を書く前に、筆者はＵＣＬＡ（カリフォルニア大学ロサンゼルス校）で映画制作の各部門についての授業を受けました。演技や監督、プロデュースの授業はなつかしく感じました。編集の授業もわくわくしました。以前に編集の授業を取っていましたし、独学でもかなり勉強したのでなじみがありました。しかし、長年ピアノの演奏や歌唱で多くの楽譜を見てきたにもかかわらず、作曲となると、たとえ短い曲でも気が遠くなりそうでした。それでも授業を聴講すると、学生たちは課題の映画シーンに合う二分間の曲を毎週作曲しているので驚きました。彼らは言葉ではなく、メロディーやハーモニー、和音で考えているのです。たった十二音でそこまでできる秘密は何なのでしょうか？

作曲家としての下地を作る

多くの作曲家は長年音楽を学んだ後に作曲の道に入っています。ジョン・ウィリアムズ（『ジョーズ』『スター・ウォーズ エピソード４／新たなる希望』『ジュラシック・パーク』『ハリー・ポッターと賢者の石』『リンカーン』）はジュリアード音楽院で学んだピアニストでジャズミュージシャンであり、ファゴットやチェロ、クラリネット、トロンボーン、トランペットも演奏しました。[*3]

ラミン・ジャヴァディはオルガンからギターとダルシマー演奏者に転身しました。彼はこう言っています。

> 僕は民族楽器を集めていてね。ギタリストとして、弦楽器はたいてい何でも弾ける。[*4]

ハンス・ジマーはかつてバグルスというバンドの裏方をしていました。一九八〇年代初めに「ラジオ・スターの悲劇」という曲が「一発屋」的な大ヒットとなり、ＭＴＶで最初に放映されたミュージックビデオとなりました。彼のポップな音楽性は電子音楽とアコースティック音楽を融合させるユニークな才能につながっています。たいていの作曲家は自宅かスタジオにグランドピアノを持っていますが、彼は電子楽器を揃えています。筆者は彼のスタジオに案内してもらい、ボタンやつまみがいっぱいの機材に驚きました。

脚本を読まない作曲家もいる

映画が作曲家に託される頃には、脚本が書かれた当初に比べて、ストーリーがかなり変わっているでしょう。あらかじめ脚本を読んで下準備をする作曲家もいますが、映画を観てから監督と打ち合わせる作曲家もいます。

デヴィッド・ラクシンはアカデミー賞無冠の偉大な映画音楽作曲家とされています。彼はオットー・プレミンジャー監督の殺人ミステリー映画『ローラ殺人事件』のテーマ曲で知られます。筆者は一九九三年当時、すでにご高齢の彼とお会いしました。行きの車内ではもちろん、そのテーマ曲を口ずさんでいました。ラクシンに、脚本と映像のコントラストについて伺いました。

脚本と映画にはかなりの違いがある。私はまれに、脚本を読まない時があるよ。監督が口で言うようなものが、映画で見えないことがよくあるんだ。こちらが先入観をまったくもたない状態でいる方が、はるかにお役に立てる。監督の思いに耳を傾けるよりも、映画の実物を観て発想を得る方がいいんだ。

映画音楽といえばヘンリー・マンシーニも有名です。彼は『ピンク・パンサー』シリーズの作曲を手がけ、「ムーン・リバー」の作曲者としても知られます。「脚本を読むのは撮影が始まる前に、書くべき材料を見つけるため」と筆者は彼から伺いました。「だが、脚本を読み終えたら、あとは忘れることにしているよ。書かれていることが実際の映像にない場合も多いからね」

作曲家にとっては脚本家よりも、監督の心情を感じ取る方がよいようです。ハンス・ジマーはこう言っています。

監督と一緒に過ごして、何に反応するかを見るよ。食事に行ったり、友だちの話や読んだ本の話をしたりして、参考にする。

モーリス・ジャールは『アラビアのロレンス』や『ドクトル・ジバゴ』(一九六五年)、『危険な情事』、『いまを生きる』、『ゴースト／ニューヨークの幻』、などの作曲で名高い存在です。彼はこう述べています。

撮影中はロケーションに行って、監督の仕事ぶりを見る。作品の狙いや、テーマとして伝えたいことを感じとるためだ。

撮影と並行して作曲が始められるといい、とビル・コンティ（『ロッキー』シリーズ）は語ります。

作品の雰囲気を伝えるために、監督が映像素材のビデオテープを送ってくれる時がある。元々の世界観は脚本家が書いたものだけど、僕は監督のビジョンを見る。

ハンス・ジマーは「僕の仕事は映画に貢献することで、その映画とは監督の映画という意味なんだ。脚本家の映画じゃない」と語り、こう嘆いています。

悲しいかな、映画制作では、書かれている言葉への意識がとても低い。映画はストーリーを伝えるものだよ。音楽でもテコ入れできるが、気をつけないと逆効果になる。

最後の工程で参加する

作曲家はすべての工程が終わってから作業を始めます。監督は映画の「最終」版を渡します。あとは音楽をつけるだけ、という形です。

トリを務めるのは大変です。ハリウッドのスタジオ制作では、売れる映画の完成を目指して激しいプレッシャーをかけてくるため、最終段階では日程がかなり厳しくなってきます。巨額のお金をかけての制作ですから、間に合わせなくてはなりません。

「ぎりぎりに声をかけられる割合は九十九パーセント。八週間かかる仕事を三週間で仕上げるはめになる」とデヴィッド・ラクシンは打ち明けますが、「でも、柔軟に対応しないとね。映画音楽家として、ある種のバカみたいな純粋さも必要だ」とほほえみます。それこそが最も大切な資質なのでしょう。

ただ普通に作った曲が名曲だともてはやされることもある。そもそも、観客は映画の音楽を意識してはいない。曲が目立ってしまえば、むしろ映画音楽として失敗だ。肝心のストーリーより音楽が目立つ映画がある一方、音楽を入れ過ぎていたり、ジャンルに合わない音楽を使ったりしている映画もある。昔、ある映画がジャズの曲を使っていたが、とても耳障りに感じたよ。きっと監督はジャズが好きで、この曲を聴きながら晩ご飯を作るような人だろう。好きな曲を人にも聴かせたいに違いない。おそらく作曲家は監督に「いい映画なんだから、この曲をつけるのだけはやめて下さい」と直訴して口論になっただろうね。

映画館でそんな気持ちになったのは一度や二度ではないよ。心の中で「このヴィオラを止めろ！　これ以上泣かせようとするなら、今すぐ映画館を出るか耳を塞ぐぞ」と文句を言っている時もある。

そのジャンルにしてはシリアスすぎる始まり方をしている映画の仕事を請けたことがある。ポストプロダクションの時に呼ばれて、音楽でどうにかできないかと相談された。全体的にコメディ調の映画だから、オープニングでも軽くて楽しげな音楽を入れてはどうかと提案した。うまくいったよ。音楽が映画を台無しにすることもあれば、深みを与えて素晴らしいものにすることもある。

デヴィッド・ラクシンは作曲家の存在をこう定義しています。

> 僕らは操作をする人なんだ。観客の潜在意識にはたらきかける。また、音楽でストーリーがよりよく伝わるようにする。

音楽でもストーリーを伝える

ビル・コンティは音楽でストーリーを語る手腕に長けています。彼は長年、アカデミー賞授賞式でオーケストラの指揮者を務めていましたが、『ロッキー』の音楽で一躍、名を馳せた作曲家です。彼は当初、『ロッキー』を「低予算の仕事」として請け負いましたが、映画の大ヒットで一躍、大成功しました。

その結果、彼が手にした豪邸には中世の絵画や欧州から取り寄せたタペストリーが飾られ、美しい佇まいを見せています。「『ロッキー』で建てた家だ」と彼は笑いますが、シルヴェスター・スタローンのイメージとはなかなか結びつきません。筆者はビルの豪邸にお邪魔してカプチーノを頂きながら、お話を伺いました。まず、作曲する時は、著作権などの権利を確保することが大事だそうです。映画がどれぐらいの収益を上げるかは誰も予測がつきません。彼は「『ロッキー』は必ずヒットする」と思ったそうで、その勘はまさに大当たりでした。音楽と映画音楽の作曲についての矛盾を、彼は言葉を慎重に選んで語ってくれました。

> 曲は内面から生まれるんだ。ユニークで独創性があるものを、解釈によって生み出す。何よりも大切なのはエンターテインメント性。楽しませることが大事だ。古い言い方かもしれないけれど、それほど芸術

的でないものに対して、芸術的な手段を使う、ということ。モーツァルトは楽しませるためだけに作曲したわけではないからね。芸術として書いたものが、人を楽しませている。僕たちは自分の仕事の意義をわきまえているよ——僕たちはエンターテイナーなんだ。

モーツァルトといえば、かつてハンス・ジマーが新聞記事で語った逸話があります。彼の息子がまだ小さい時、モーツァルトの話を聞いて「パパ、その人は、どの映画に音楽をつけたの?」と尋ねたそうです。

仮の音楽でテンプトラックを作る

作曲家に依頼をする前に、監督や音楽エディターは映画に合いそうな音楽を仮に入れた「テンプトラック」を作り、作曲家に提示します。

テンプトラックから仕上げまでの流れの例として、監督バリー・レヴィンソンのコラボレーションの過程をご紹介しましょう。

僕は複数の音楽エディターとテンプトラックを作る。僕の考えを伝えて、彼らの提案を聞く。これだという曲を二曲ほど見つけるのに、候補を六百曲ぐらい挙げるよ。多くの中からアイデアが生まれるからね。『レインマン』の音楽は弦楽器を使わずにいきたかった。悲しいムードになりすぎると思ったからね。また、いかにもロードムービー風になるのはいやだから、ギターも除外した。ジョニー・クレッグから「見果てぬ夢(アフリカのかけら)」など、何曲か送られてきた。いいなと思ったので、人物たちが車でパームスプリングスへ向かう時、風車の前を通り抜けるところで使いたいと伝えた。ハンス・ジマーにも「これがこの映画の音だよ――とてもリズミックな音楽だ」と言った。自閉症について識者と話した時に、彼らは「自閉症の人たちはリズムに反応する」と言っていたんだ。

そういうわけで、撮影前の段階で「見果てぬ夢」と、あとはエンディングに「ドライ・ボーンズ」を使うことは決まっていた。テンプトラックをつけた映画をハンスに見せ、彼が曲を作ると映画につけてみて、修整を重ねた。

テンプトラックの音楽を監督が気に入り、そのまま本編に使う時もあります。『プラトーン』で監督のオリバー・ストーンはサミュエル・バーバー作曲の『弦楽のためのアダージョ』をテンプトラックに入れていました。燃える村の映像と重ねた時のインパクトは完璧でした。彼はこう述べています。

「アダージョ」がいいと誰かが言っていた。ジョルジュ・ドルリューが作曲を担当していたが、音楽の大部分はテンプトラックのものを採用し、ドルリューの音楽と組み合わせた。

『2001年宇宙の旅』ではアレックス・ノースがオリジナルのスコアを作曲しましたが、スタンリー・キューブリック監督はそれをボツにし、ヨハン・シュトラウス二世の『美しく青きドナウ』やリヒャルト・シュトラウスの曲が入ったテンプトラックを採用しました。

テンプトラックの音楽を聴くといろいろ連想してしまうため、むしろない方がいい、と言う作曲家もいます。デヴィッド・ラクシンが『ローラ殺人事件』の音楽を依頼された時、監督たちは「ソフィスティケイテッド・レディ」

をテンプトラックに入れようとしていました。「あの曲を選んだということは、サックスかトランペットの凡庸なイメージをもっているのだなと感じた。私が思うに、かけ離れていた」。彼は急いでメインテーマを作曲し、監督が「違う音楽」を映画に重ねるのを未然に防ぎました。

スポッティング・セッションをおこなう

監督はテンプトラックで方向性やイメージを伝えますが、作曲家が本格的に仕事を始めるのは、映画のどこに音楽を入れるかを決める時でしょう。この打ち合わせは「スポッティング・セッション」と呼ばれ、監督に加え、プロデューサーが同席することもあります。音楽の始まりと終わりのキューを特定し、シーンの中で音楽が何秒間必要かを見積もります。また、シーンの中で音楽が必要な理由も話し合います。人物を際立たせるためや、アクションや感情を強調するために音楽を使うだけでなく、シーンの内容とは逆の雰囲気の音楽で効果を狙う時もあります。幸せそうなシーンに不穏な音楽を乗せたりして、伏線的な意味合いを演出することもあるでしょう。音楽を入れるタイミングは「キュー・シート」に記録し、打ち合わせに参加した全員の決定と同意を示す覚え書きとします。[*5]

映画によって、求められるものはさまざまです。音楽を入れるのは二十五分間程度だけという映画もあれば、『ジュラシック・パーク』のように本編のほぼ全体に音楽をつける映画もあります。この打ち合わせの前に、ほとんどの作曲家が映画を見ておきたいと希望しています。ビル・コンティもこう述べています。

　スポッティング・セッションの前に映画を見るよ。見れば見るほど、自分がどうしたいか形が具体的になる。

スポッティング・セッション中は音楽エディターが重要な役割を担います。作曲家と監督が「全体的なアイデア」を話し合う間、その内容を聞き取り、一つひとつのキューを記録します。シャーリー・ウォーカー(『グーリーズ』『エスケープ・フロム・L.A.』)は作曲家/編曲家で、音楽エディターでもあり指揮者でもあります。彼女は一九八〇年代と一九九〇年代に活躍した数少ない女性作曲家でした。彼女はスポッティングの記録が後で大切になると話しています。

後で揉めないように、監督とプロデューサーにも記録を送ります。後日また会った時に「ここは激しい憤りの表現で、と言ったはずだけど」などと誰かが言い出した時に、記録があれば安心です。もちろん、みんなで振り出しに戻って考える場合もあります。

スポッティング・セッションが終わったら、作曲家は本腰を入れて選択肢を模索します。作品の個性に合わせ、ストーリーの本質をつかみます。これをシャーリー・ウォーカーは「コア・コンセプト」と呼んでいます。

ストーリーと登場人物のコア・コンセプトがわからなければ、私はただ音を並べているだけに過ぎない。ストーリーを伝える上で欠かせないものよ。

作曲家は何度も映像を見てシーンの感情とリズムをつかみ、メロディーやモチーフを生み出そうとします。シャーリーの言葉を続けましょう。

コア・コンセプトが腑に落ちたら、それを音楽に変えていく。先に骨組みを作り、音楽で肉付けしていくの。いろいろな感情を表すコンテンツをたくさん作って演奏を録音し、二、三日間聴きながら、自分の中でくり返し響かせます。それから監督に「これをベースに作曲していこうと思う」と伝えます。

メロディーの作り方について、ラミン・ジャヴァディはこう言います。

以前はアイデアが浮かぶたびにメモしていたよ。今はスマートフォンがあるから（中略）ボイスレコーダーでいつでも録音できる。[*6]

レイチェル・ポートマンは作業のはじめにメロディーを考えます。

映画にうまくメロディーをつけると、感情面でも作品全体の面でもインパクトが増幅できると思います。本当の意味でいうメロディーも序盤で始まり、中盤で発展し、終盤で終わりますからね。どの映画にもそうした構成が必要なわけではありませんが、私はそう考えるのが好きだし、頑張って作りたいですね。

数日間かけて題材の方向性を考えます。正しい方向性が決まれば、あとは家を建てるような感じ。スタイルやテンポが生まれます。[*7]

デヴィッド・ラクシンも似たようなたとえをしています。

必ず構造がある。その映画の構成を眺めて、シーンの要点と、映画全体の中での位置を見る。シーンを分解する時は重要事項を赤ペンで囲み、忘れないようにする。

彼はストーリーの感情を真摯に描写しようと努めますが、創作には苦悩もつきまといます。

感情をくみ取り、シーンの流れをつかむ。時系列順に曲が作れると、感情の変化がたどりやすい。長いシーンに曲が必要な時は「これは無理かもしれない」と心の中でつぶやくが、とにかく書き続ける。『ローラ殺人事件』では、その週末に四十から五十曲のテーマを書いたと思う。他にも山ほど候補があったが、いまひとつだった。ようやく日曜の夜、これだと思うものができた。それをオットー・プレミンジャー監督に聴かせたら、彼も何かを感じてくれたよ。

実際に曲を書く

実際に曲を書く手段は作曲家によってさまざまです。ピアノを弾く人もいれば、電子機器のコンソールを操作する人もいます。レイチェル・ポートマンはこう言っています。

朝八時までにはピアノに向かいます。(中略)はかどるかはわからなくても、一日を長く使いたいですから。ピアノの前で、五線紙に鉛筆で書きます。手書きをすると思考も働くの。朝のお茶を飲んだら、取りかかります。

書けたメロディーを演奏して監督のOKをもらいます。けれども、それが一苦労な場合もあるようです。『レインマン』でハンス・ジマーはこんな体験をしたそうです。

座って曲を書き始めたら、調子が出てきて「ああ、これはいいぞ」と感じた。そこにプロデューサーのマーク・ジョンソンが通りかかって「いい曲だ」と。彼はバリー・レヴィンソン監督にそれを伝えた。だが、落ち着いて聴いてみると、あまりいい曲じゃないなと感じ始めた。「やっぱり違う。でも、マークはこれを気に入ったから、映画全体に入れようと言うだろうな」と思った。そこへ監督がやってきて「じゃあ、聴かせてくれよ」と。四小節目まで弾いて終わったよ。いい曲かもしれないが、映画にはまったく合わなかった。

「これだ」と感じるものを探す

作曲家はムードや人物、感情やロケーションを「強調」することが多い、とレイチェル・ポートマンは話します。そして、シーンで強調するものに適した楽器を考えます。観客を泣かせたい時に、監督は冗談めかして「ここでヴァイオリンだね!」などと言うでしょう。作曲家マックス・スタイナー(『キング・コング』『風と共に去りぬ』『カサブランカ』(一九四二年)『三つ数えろ』)はそれを「ミッキー・マウシング」と呼びました。観客に感じてもらいたい感情を、そのまま音楽で表現してあざとくなってしまうことを指します。[*8]

逆をいくべきなんだ。昔はあまり強調をしようとはしなかった。（中略）音をつけずに、素材を生かしたものだよ。個人的にも、その方が絶対にいいと思う。最近の映画は音楽をつけ過ぎている。たまには音楽なしでシーンを見せる方が、ずっと面白いだろう。（中略）わかりやすくしすぎるのは問題だ。曲をつけずに、含みをもたせるのも、いいものだよ。[*9]

ジョン・ウィリアムズは次のようにたとえています。

作曲は彫刻に似ている。四つか五つの音から一つを抜き、一つを動かしていると見えてくる。「その石の中に像がある。それを探さねば」と彫刻家が言うように。[*10]

それは簡単なことではないと彼は語ります。

これだと感じるものがあると「ああ！　ずっと前から知っていた。今、これなんだと気づいた」と思う。でも、Bフラットを半音上げてBに変える前にさかのぼって下書きを見ると、まだまだ違う。まだ自分は見つけられていないんだ、と気づく。[*11]

彼はちょっとした音の反復や、人物や魚や宇宙船を表す短いメロディーの作曲で知られます。『ジョーズ』で鮫の接近を表す「ダー、ダン、ダー、ダン…」という音楽や『スター・ウォーズ』の「帝国のマーチ（ダース・ベイダーのテーマ〉」も彼の手によるものです。ウィリアムズはこれらを第一幕から第二幕、第三幕へと発展させるブロックととらえています。『E.T.』のために作った七音のリフについて、彼はこう述べています。

最初のリール二巻で最初の二つの音を使い、六巻目で次の二つの音を使い、月夜に自転車が舞い上がる場面で七音を全部使うと、観客もまとまりを感じて満足できる。[*12]

『未知との遭遇』では五つの音を使ったモチーフが必要で、「これだ!」というものが見つかるまで三百五十ものパターンを試しました。彼とスピルバーグは数学者の友人に電話して「十二ある半音階の中での五音の組み合わせは何通りあるか。ただし、リズムのバリエーションは計算に入れない」と尋ねると、正解は「およそ十三万四千通り」だと言われたそうです。ウィリアムズは候補を三百五十個作り、その中から一つを採用しました。

テーマ曲を作る

主人公のテーマ曲を作る場合はスタイルをさまざまに変えて演奏することを想定します。怖さを出す時はファゴット、ロマンチックにする時はヴァイオリン、と楽器を変えたり、物語の進展に合わせて短調にしたり、ハーモニーを変えたりする時もあります。

ハンス・ジマーはこうした変化をできるだけ柔軟にすると語っています。

人物の体験に合わせてテーマを作ることが多い。中でも一番ぶっ飛んでいるのが『レインマン』のテーマ。

だって、テーマ曲らしく聴こえるものがないからね。本編の中にある音楽を全部つなげたら、ようやく完全な曲になるとわかるんだ。

音楽は映画の感情をなぞるレベルを超越し、ストーリーと登場人物を輝かせ始めます。

自閉症の兄レイモンドを追っても全体像がなかなか見えない、という意味なんだ。一巻目のリールでは最初の音で曲が始まるが、エンディングのタイトルで最後の音が鳴るまで完結しない。とても大きなアークだが、しょっちゅう障害に干渉される。

他の人物や作品に着想を得て、名作のテーマ曲が生まれることもあります。ヘンリー・マンシーニが『ピンクの豹』のテーマ曲を作ったのは、豹のアイデアが出る前でした。

実は「ピンクの豹」は宝石泥棒役のデヴィッド・ニーヴンのテーマとして書いた。彼はいたずらっぽく、軽やかな足さばきだ。たまたま僕は、サックスが入る前の「ダダン、ダダーン」という導入部を思いついた。後でブレイク・エドワーズ監督がアニメーションのメインタイトルを求めたので、この曲をサックスとフルートで演奏するとぴったりだった。本編の中で常に変化させながら、ずっと流れている。

他のクリエイターたちと同様に、作曲家もアイデアを得てから少し時間を置く、とハンス・ジマーは述べています。わずかな時間を最大限に創作に生かすのです。この過程は頭で考えるより、フィーリングを感じる部分が大きいでしょう。作品を手がけるたびに、彼らは日夜、音楽のことを思い続けます。

自分の中で消化し、寝かせて、夢想する。においを感じようとする。どんな香りがするのかを。テーマ作りは狩りに似ている。感覚を研ぎ澄ませるんだ。まず、理屈を全部取り払う。頭で考える必要はまったくない。

音楽と映像を合わせる

メインテーマが確定したら、監督と共に各シーンを見直し、音楽が映像を引き立たせているか、文脈に合った緊張感や感情を与えているかを確かめます。

音楽の分量はどれぐらい必要なのでしょうか?

面白いことに、音楽が印象的な映画でも、全体としての分量は多くありません。名曲「ムーン・リバー」で有名な『ティファニーで朝食を』も、映画タイトルと同名のテーマ曲をもつ『酒とバラの日々』も、音楽は四十分だけだとヘンリー・マンシーニは言っています。少ないほど効果的だという証拠です。

『いまを生きる』でモーリス・ジャールは監督のピーター・ウィアーから、音楽は少なくていいと言われていました。音楽をたくさん求める監督が多い中、彼は心得ていたのです。

音楽の力は絶大です。ビル・コンティはラブシーンの音楽についてこう語ります。

感情の伝え方はいろいろある。映像が「おはようのキス」を見せていても、音楽で「キスすべきではないし、人物たちも乗り気ではない」というニュアンスが伝えられる。音楽だけでそうできるのは、すごいことだよ。

映画音楽の作曲で最も難しいことについて、デヴィッド・ラクシンはこう打ち明けています。「音楽で映画を名作にすることはできない。だが、潜在意識のレベルで観客に出来事を伝え、まとまりを出すことはできる」

シャーリー・ウォーカーも映画音楽の限界について語っています。

音楽を入れても駄作はよくなりません。「冗談めかして「死体にドレスを着せる」ようなものだと言っています。表面を飾ることしかできないのですよね。でも、いい映画なら、いい音楽でさらに素晴らしい映画になります。

その素晴らしい例が『ロッキー』です。第二幕の終わりで、試合への挑戦を目指すロッキーのモンタージュは有名です。この部分に曲をつけるのは、ビル・コンティにとっても大きな挑戦でした。

ジョン・G・アヴィルドセン監督はシルヴェスター・スタローンが片腕で腕立て伏せをし、走り、ジャンプする映像を山ほど撮っていた。僕らはモンタージュの部分を三十秒増やして三分間にしようと頑張った。勝ち目はなさそうに見えた男に、もしかしたらまだチャンスはあるんじゃないかと観客に思ってもらえなきゃいけない。「もしかしたら、勝つかもしれない」という感じが絶対に必要だった。

彼の曲が大成功したのは言うまでもありません。

『ドライビングMissデイジー』でハンス・ジマーが直面したのは、とても繊細な問題です。シンプルでゆったりと昔の時代を描いた本作は、アカデミー作品賞に輝きました。その成果には音楽も貢献しているという声が多いのですが、ジマーはその経緯を語っています。

ブルース・ベレスフォード監督が求めていたものと、僕が書いた曲とはかなり違っていたんだ。僕はクラシック調の曲がいいだろうと思っていた。老人を描く映画だから尊厳を感じさせる曲がいい、と。監督は熱狂的なオペラファンでもあるから、そこから発想すれば喜んでくれるだろうと思ったんだ。

でも、共同プロデューサーのリリ・フィニー・ザナックにこう言われてしまったよ。「老人は疲れてじっとしているものだと思ったら大間違いよ。若者にはそう見えても、本当はかなり元気で意欲があるわ」。確かに、ジェシカ・タンディが演じるミス・デイジーは威勢がいい。

そして、彼はあることに気づきました。その瞬間にすべてがまとまり、映画全体の音楽のトーンが決まりました。

リズムをつかむためにミス・デイジーの歩き方を見た――スーパーマーケットに向かう時に小股で歩く、あの元気な足取りを。彼女の表情、足の動き、輝く様子。まさにこれだ！　彼女が歩く場面で曲が聴こえたように感じたよ。

ミス・デイジーにはクラリネットの独奏をイメージした。一本、筋が通った形で本編全体に入れることにしたよ。彼女も最後まで頑固だからね。きれいでやすらぐ弦楽器の音楽は特に避けたから、弦楽器はまったく使わず、すべて電子音楽にした。スローだけれど素晴らしい映画にぴったりだと思う。

監督と作曲家のコラボレーションにも問題はつきものです。ロン・ハワード監督の『バックドラフト』は根本的な行き違いから、危うい状態に陥りました。

僕が方向性を間違えた曲ばかり書いたから、クビになるところだったよ。炎をいきいきと感じさせる、という打ち合わせの内容をすっかり忘れて、アクション映画の炎をイメージして作曲していた。ロンは炎に魂や人格があるような表現を目指していたんだけどね。

最初の炎の音楽を聴かせたら、彼は自分のイメージとまったく違うことにたまげていたよ。そこで十三小節分を書き換えたら、イメージぴったりになった。感情を正しく捉えたら、あとは自然にうまくいく。家を建てるのに似ているね。途中まではとんでもなく間違っているように見えるが、屋根や窓がついたら家らしく見えてくる。

ジマーはドイツ系であるため、アメリカの作品で誤解が生じることがありました。『プリティ・リーグ』監督のペニー・マーシャルは彼に野球の説明をしたそうです。また、逆に、ジマーは自らの背景が役立つ時もあったと言います。

僕は映画の中のアメリカしか知らない。バリー・レヴィンソン監督はオーストラリア人のカメラマンとドイツ人作曲家の僕を使い、アメリカの『レインマン』を描いた。それが成功したのは、僕らがアメリカを見「素晴らしい場所だな!」と感じたからだ。アメリカ人にとって見慣れた光景でも、僕らにとっては初めてだ。今でも感動するよ。こんなふうにして、アメリカも自国のよさを再発見できるんじゃないかな。『テルマ&ルイーズ』も、英国人でビジュアル志向のリドリー・スコットの視点で描いているから素晴らしい。

スコアを書いて楽器を選ぶ

主な事項が決定したら、作曲家は腰を落ち着けてスコアを楽譜に書き始めます。長さはさまざまです。二時間尺の映画でも十五分か二十分程度しか音楽が入らないものがある一方、『ジュラシック・パーク』や『リンクル・イン・タイム』では百分間分の音楽が入っています。平均は五十分から六十分程度です。『ドライビング Miss デイジー』での印象的な音楽は三十分以下です。ハンス・ジマーはそれを二週間で書き上げました。必要とされる音楽の長さによって作曲家の作業期間が決まりますが、野心的な作品は通常より長い時間がかかるでしょう。

ヘンリー・マンシーニは作曲がとても速い傾向にありました。

> 一日に平均三分から五分ぐらいの分量を書く。それで精一杯だが、じゅうぶんだ。先方がどれぐらい急いでいるかによるが、たいていの映画は二、三週間で仕上げる。

納期が近づくと、楽器の選択をおこないます。ストーリーと登場人物に合わせて一つひとつの楽器を選びます。

トップクラスの作曲家は楽器の選択も大胆です。映画のムードに合うものなら、どんな変わったものでも試します。一九六二年にヘンリー・マンシーニは『追跡』でオートハープという弦楽器を使ったよ。当時フォーク歌手が聴衆と一緒に即興演奏で使っていた楽器だ。鳴らすと反響室のようにエコーが響いて素晴らしい効果を出した」。『ハタリ!』のアフリカの場面ではアフリカの指ピアノや大きな豆のサヤや貝殻でできたひょうたん型の楽器を使っています。

モーリス・ジャールも『いまを生きる』のシーンと登場人物に合わせて楽器を選びました。

最初の行列で使ったバグパイプ演奏を、ニールの自殺の直後では独奏にした。他には音を入れず、また、そこに至るまでしばらく音楽を入れていないので、とてもパワフルに心に迫る。特別な感じが出せたと思う。

ビル・コンティも風変わりな楽器を使うことで有名です。「面白い音が鳴る、小さな笛を見つけたんだ。みんながストーリーを際立たせたいと思っているのだから、楽器選びもユニークにするといいよね」

ラミン・ジャヴァディは成人と子どもの合唱とダルシマーを槌で打つ音、和太鼓とヴォコーダー、タブラを使い、謎めいた冒険を感じさせる曲を『リンクル・イン・タイム』に提供しています。*13

また、ジョン・ケルトニック(『The Sultan and the Saint(未)』『The Spy Behind Home Plate(未)』)は次のような話を披露しています。

ギターを最速でかき鳴らしてほしいと監督が言ったので、僕は「あのさ、草刈り機を車に積んであるんだけど」と言った。それをギターの横で作動させたら八秒間ぐらい、すごくいい音が鳴ったんだけど、ギターの弦が破壊されちゃった。[*14]

『ローン・レンジャー』（二〇一三年）のサウンドトラックには電車の車両を大きなハンマーで打つ音が、『007／カジノ・ロワイヤル』の最初のシーンでは乾燥させた山羊の睾丸をカラカラと振る音が入っています。ぴったりの音色を探すため、編曲者の協力を得ることも多い、とシャーリー・ウォーカーは話します。

私が編曲者として関わった作品では、作曲家が「キスの場面までは金管楽器で演奏し、抱擁ではヴァイオリンで盛り上げたい」といった話をするので、そのとおりに演奏して聴いてもらっていました。たまに私の方から「弦楽器もいいけれど、このセリフではフレンチホルンもいいんじゃないかしら」と提案したりします。そうすると音に温かみが出るでしょう。それがうまくいけば、作曲家の信頼を得て、どんどん参入させてもらえるの。

作曲家はずっと、一つの大きなジレンマと向き合います。それがレコーディングアーティストと映画音楽との違いでしょう。「一度しか聴かない音楽だから、そのチャンスをつかまないといけないんだよ」とコンティは述べています。

演奏をレコーディングする

カリフォルニア州バーバンクのディズニーの敷地、昼下がり。筆者らはビル・コンティから『ブラッド・インブラッド・アウト』の音楽のレコーディング・セッションに招かれました。控室からガラス越しにオーケストラが見え、大きなスクリーンには映画も上映されています。コンティはイヤホンをつけ、レコーディングのタイミングや、演奏と映像のタイミングを合わせるためのキューが入った「クリックトラック」を聞いています。まるでコンサートのように見えますが、楽団員の服装はみなカジュアル。もちろん、聴衆は音響技師たちと筆者たちだけです。ここに集まるスタジオミュージシャンたちは当日演奏する曲の楽譜をまだ見ていないそうです。彼らは世界でトップクラスの演奏家たちであり、全員が初見で完璧な演奏をするとのことでした。まず、ギターが美しくも複雑な曲を奏で始めます。これはエンドクレジットで流れる曲でした。「誰も聴かない曲だね！ みんな映画館を出てしまっているからね」とコンティは笑います。なんともったいない。映画館で筆者は「まだ帰らないで！」と叫びたくなることでしょう。

この日はコンティが一年近く取り組んできた三時間物の映画のレコーディングの最終日。シーンが大スクリーンに何度も上映され、映像のタイミングに合わせてミュージシャンが演奏します。

七時間のセッション中、同じ曲が何度も演奏されます。ギターや金管楽器、打楽器を個別のトラックに録音し、最後にフルオーケストラを録音します。

ミュージシャンの人数をどうやって決めるかをコンティに尋ねてみました。

映画に合うものを耳でつかむと、頭の中に編成が浮かぶ。交響楽団なら八十六人か九十六人か百人。モーツァルトの室内楽だと三十五人。吹奏楽団やロックンロールなら、イメージによっては五十人から六十人ほどになるかな。

なぜその人数なのでしょうか?

僕が心で聴いているものは五十人から六十人ぐらいの演奏家がいないと無理なんだ。もし「一九四〇年代風で」と言われたら、ぱっと八十六という数が浮かんで、八十六人が必要だなとわかる。一九四〇年代はそれ以下の人数では演奏しなかったからだ。求められる効果を出すにはそれだけの人数が必要だよ。

こうした知識は長年の経験を重ねてのみ培われます。

録音した音楽を監督に聴かせる

曲が録音されたら監督が聴いてチェックします。レコーディングに立ち会う監督もいますが、音楽技術の知識をもつプロデューサーや監督はほとんどいません。そのため、コラボレーションがうまくいかないこともある、とコンティは明かします。

すべての決定をするのは監督だけど、それは無理な話だよ。僕が音楽を聴かせたら、監督はどう思うかを言わなくてはならない。曖昧なことを言ってごまかせば、みんなの心が傷つくだけだ。もし監督が「わからない。もう少し、こんな感じでやってみてくれる?」と言えば、僕らの仕事はさらに難しくなる。率直に「これは好きだ。これは嫌いだ」と言ってくれるのが一番助かるよ。そうすれば僕はピアノで「それはこういう感じ?」と弾いて反応を伺うことができる。でも、監督が音程や楽器のことを話し出すと厄介だ。

もちろん、どの監督もそうだというわけではありません。音楽に造詣が深い監督が「金管楽器を増やしてほしい」とか「もう少しやさしい感じで」「もっと怖く」などと提案することもあります。でも、作業がここまで進んでいれば、作曲家たちにとって音楽はほぼ完成。早く観客に届けたいと望んでいます。

感情で曲を書く

ほぼ完成形の映画を観る作曲家は、観客として一番乗りのようなものでしょう。しかし、彼らにも、音楽を架け橋にして観客を招き入れる仕事が残っています。

映画が公開されれば、みなお気に入りの場面ができるでしょう。優れた作曲家は観客よりも先にその場面を見つけ、観客をいざなうために音楽をつけます。『風と共に去りぬ』の「タラのテーマ」や『タイタニック』の「ローズのテーマ」、『リンクル・イン・タイム』でのシャーデーによる「フラワー・オブ・ザ・ユニバース」など、その映画のために書かれたスコアや歌が感動的な瞬間を生み出します。脚本家の「暗闇の中の足跡」も音楽を得て輝きます。

そうするために、作曲家は自らの感情に触れなくてはなりません。それも仕事のうちですが、つらい面もあるとビル・コンティは述べています。

悲しい曲を書く時は悲しい気分でなきゃいけない。自分が悲しくなるような曲を書くわけだからね。憂鬱な作品に関わる時は暗い気持ちになる。感情が麻痺したような境地だよ。知性を使って作曲するわけだけど、どこかから音楽を引っぱり出さなきゃならない。それがどこから生まれるかはわからない。身体も感情も使うよ。

彼はそこまで話すと、笑顔になってこう続けました。

「ロッキーのテーマ」を作った時はもちろん、誰かの顔をパンチする気分だね！映画が形になってきたら、僕らは感情を特定のスタイルに落とし込む。メロディーや楽器、音の質感を使ってね。人間である限り、みな感情が分かち合えるはずなんだ。僕が悲しくなる曲を書き、それを聴く人も泣いてくれたら嬉しいね。僕らの商売は人を怖がらせ、わくわくさせ、笑わせ、孤独や躍動感を感じさせること。僕らは音楽家。それが仕事なんだ。

〈原註〉

＊1 Maria Garcia, "Scoring for the Screen: Composers and Film Directors Work in Harmony," *Film Journal International*, June 15, 2009.

＊2 Jordan Breeding, "5 Weird Realities of Composing Music for Movies and Ads," *CRACKED*, March 23, 2018, https://www.cracked.com/personal-experiences-2561-5-weird-realities-composing-music-movies-ads.html[accessed July 1, 2020].

＊3 James C. McKinley, Jr., "John Williams Lets His Muses Carry Him Along," *New York Times* blog – Arts Beat, August 19, 2011.

＊4 Ruben Kalus, "No Flutes Allowed: Composer Ramin Djawadi on the Music of Game of Thrones," *DW Made for Minds*,May 17, 2018, https://www.dw.com/en/no-flutes-allowed-composer-ramin-djawadi-on-the-music-of-game-of-thrones/a-19201563[accessed July 1, 2020].

＊5 Maria Garcia "Scoring for the Screen: Composers & Directors Working in Harmony," *Film Journal International* 112, no. 7 [June 2009].

＊6 "On Melodies that Stick," NPR, February 14, 2017.

＊7 Abby Diamond, "A Chat with Oscar-Winning Composer Rachel Portman," *Tribeca Short List*, January 10, 2017.
＊8 Garcia, "Scoring for the Screen."
＊9 Diamond, "Chat."
＊10 David Thomas, "John Williams Interview," *Total Film Magazine*, 8, no. 9(1997)74–9.
＊11 Ibid.
＊12 Ibid.
＊13 Jon Burlingame, "How Ava DuVernay Collaborated with Ramin Djawadi on 'A Wrinkle in Time,'" *Variety*, March 7, 2018.
＊14 Breeding, "5 Weird Realities."

［作曲家］
ジェームズ・ホーナー

プロセスの始まり

僕はポストプロダクションから参加するので脚本は読みません。監督の作品のムードを知るために映像を見ます。まだ監督と音楽の話はせず、まっさらな目で映像を見ます。映像を見るとすぐに感情や音を感じるので、それをもとに監督と話し合います。

初めて見る時には、もう音が聞こえ始めているんです。感情的な反応ですね。造形作家や監督、美術、撮影監督なら色彩やカメラやレンズ、ショットなどを思い浮かべるでしょう。僕は作曲家ですから、ムードや感情を音の世界でつかみます。

最初に考えているのはメロディーではなく、スタイルや楽器を考えています。画家のように、太い絵筆で色を塗るイメージ。この感情を色で表すにはボーイソプラノがいいか、フルートがいいか、エレキギターがいいか？　自分の感情に合う色を探します。

次の試写では監督か音楽エディターがつけたテンプトラックが入っている時もあります。仮の音楽があれば、それを叩き台にして、監督に「まさにあの方向性ですよね」とか「あれはよさそうに聞こえるけど、やめた方がいいです！」といった感想が言えます。

僕は机に向かって作曲します。コンピューターもピアノも使いません。ピアノに向かうと、自分のパターンに沿って手が動いてしまいがちなんです。机の上で書いてからピアノで弾いて確認する方がスムーズですね。頭の中ではっきり曲が聴こえる時もあって、それを譜面に起こす時はさらに楽です。でも、それをピアノで弾いて違和感があれば変更を加えます。

楽器とメロディー

音楽を考える時は、とても抽象的な感じです。メロディーではなく、やはり、自分の感情を表す楽器の色を想像します。メロディーを書くのはもう少し先ですね。ぴったりの楽器が決まれば、メロディーを作るのは早いですよ。きれいなものや気味が悪いもの、ダークなものなど、何でも楽に作れます。難しいのは、絶妙に合う楽器の色を見つけることです。

『ビューティフル・マインド』では音の存在を忘れさせるほどの流動性を意図しました。オーケストラでは難しいなと何度も思いましたよ。感情的な色がいっぱいで疲れる。大きなオーケストラや、ある種の楽器には独特の音がありますよ。「オーボエの美しい調べ」と言えば、調べよりも、まずオーボエの音色を想像しますよね。

僕は音楽も数学も、つきつめると数字や問題の解き方を超越して万華鏡の世界に近くなる、という抽象的なアイデアをもっていました。刻々と、天気図みたいに変化する。ナッシュの人物像も常に変化するように。

万華鏡を覗いてゆっくり回すと、こまかい柄が複雑に変化します。それを数学者のマインドになぞらえたくて、オープニング用の音楽として、五台のピアノでそれぞれ異なるパターンを弾いてもらいました。ピアノの音と声の音が混ざったような響きが生まれ、万華鏡のように音質がソフトに変化し続けます。

精神病院のシーンがくるまで、オーケストラはほとんど使いませんでした。ナッシュが精神病院に連れてこられた後は、音楽を普通の形に落ち着かせています。冒頭の抽象的な雰囲気をずっと続けるのではなく、中盤以降は従来のカラーやアプローチに切り替えました。

僕がシャルロット・チャーチの歌を使いたいと言うと、ロン(・ハワード)とブライアン(・グレイザー)は十五世紀の宗教曲のモテットや『グラディエーター』の楽曲を連想して渋い顔をしましたが、僕は「違うんだ。僕にまかせて。全然違う世界観だから」と言いました。

シャルロットの歌をメインに据えるつもりはまったくありませんでした。彼女の声を、何台もあるピアノの一台のように捉えて、使わせてもらったんです。美しい彩りを添えてくれましたよ。彼女の声には素晴らしい色と、年齢不詳のユニークな個性があります。オペラ歌手でもなく、ボーイソプラノでもなく、形がない感じのものを僕は探していて、そんなカラーをもっていたのはシャルロット・チャーチだけ。彼女の声が魔法のように、異世界の雰囲気をもたらしてくれます。あちらこちらに浮かぶようにね。

コラボレーションのプロセス

映画は自分一人のものではありません。常に多くのギブアンドテイクがあります。僕は雇われの身ですから、芸術性を追求する一方で、できる限り監督の意向に沿う義務があります。そうする中で僕自身の感情もできるだけ入れたいから、流れはいつも揺れていて、「これで決まりだ」というものはありませんでした。

ロンとの会話はとても抽象的だったりするので、譜面を書く前に、主な曲調をピアノで弾いて彼に聴いてもらいます。ギターやヴァイオリンの音をシンセサイザーで作るのは性に合いません。音楽がどうアークし、変化するかも彼と相談しました。始まり、真ん中、終わりのアークは重要だと思うし、彼も納得してくれたと思います。

いろいろと変わる面もあるけれど、ロンに曲を聴かせたり詳しい話をしたりするのは、彼に何を言われても反論できるぐらいの準備ができてからにします。解決策が提示できない状態なら、彼に聴かせるのはまだ早い。理屈だけでなく感覚的にも自分のものにしてからがいい。

ロンが「いいのが見つかったよ」と、あるモテットの曲をもってきましたが、僕は「その曲は違うんじゃないか?」と言いました。僕から別の三、四曲を彼に聴いてもらいましたが、それらは彼のイメージとは違いました。同じモテットでも構成と音が違ったんです。漠然と話していた時はよさそうに思えていても、実際に聴いて、映画に当ててみると、まるきり合わない。それをうまくいく形に変えるのが僕の役目です。最終的にシャルロットの声を使うことだけが残り、モテットとはかけ離れた仕上がりになりました。

ナッシュが自分の病を自覚するシーンについても、ロンと話し合いました。現実と幻覚の違いがわからず世界観が大きく揺らぐ、映画の中で非常に重要なところです。ナッシュは雨の中で両手を車の上につき、妻アリシアに「マーシーは年を取らない」と言う。その後のシーンでオーケストラが入り、最後まで続きます。

この瞬間に至るまでは何が現実かがわかりません。ナッシュも妻もわかっていない。しかし、ここで彼は理屈に納得するのです。それを観客にしっかりと伝えなくてはなりません。

僕が初めて映画を見た時は、その部分のカットがとても短かったので、ロンに「観客としても作曲家としても、もう少し長さが要ると思う」と伝えました。音楽にとっても大事な場面でしたから、編集をし直してもらいました。映像がよい形になったので、曲をつけてロンとブライアンに聴いてもらいました。彼らとは長い付き合いですから信頼関係があり、音楽についての抽象的な話も理解してくれます。浮世離れした感じの音楽と、リアルさを感じさせる音楽の両方を使うことで合意が得られました。

監督によっては、どのシーンもすごく大事に考えて音楽をつけようとするけれど、それだと全体的にごちゃごちゃしてしまいます。僕は全体を考えます。映画の最初にロゴが出た後にどんな音で始まり、最後に場内が明るくなる直前の音の余韻までを考えています。

第 8 章

観客

最後のコラボレーター

脚本に始まる映画制作の道のりは大冒険のようかもしれません。作品によって、その冒険はさまざまです。たとえば『ペンタゴン・ペーパーズ／最高機密文書』のように知性に訴える冒険もあれば、『ＪＦＫ』や『大統領の陰謀』のような政治の世界への旅もあるでしょう。『風と共に去りぬ』のように華麗な旅や『リンクル・イン・タイム』のように神秘的な旅、『ブラックパンサー』や『ワンダーウーマン』のようにスリリングな旅もあるでしょう。『グローリー／明日への行進』のように啓発的なものや『シェイプ・オブ・ウォーター』のように神話的なもの、『ムーンライト』のように感動的なものや『スリー・ビルボード』のように心をかき乱すものもあるでしょう。

第一幕の冒険の始まりで、脚本家と監督とプロデューサーは素晴らしい脚本を作り上げます。胸を躍らせ、映画でストーリーを伝えようと決心します。百ページ余りの脚本を映画化できるか、勇気が試されるのです。

第二幕の冒険の真ん中で、彼らはコラボレーターのチームを編成します。一つのビジョンに向けて才能を発揮する仲間です。言葉やアイデアを形にするために昼も夜も頑張ります。チームの仕事は映画ができる何ヵ月も何年も前から始まります。

第三幕で冒険が終わりに近づくと、重いプレッシャーがかかります。何百万ドルものお金をかけた映画は期限までに仕上がるか？　元々のビジョンはファイナルカットに反映されているか？　みんなが全力を尽くした作品に、みんなが期待しています。

クライマックスで最後のコラボレーターが登場します。それは、この冒険をハッピーエンドで終えられるかどうかを決める観客です。映画の運命は彼らの肩にかかっています。名場面は彼らの心に刻まれることでしょう。

前にも述べたように、観客の反応を見るために、監督とスタジオは公開前の映画の試写をおこない、用紙を配って感想を集めます。それを生かす視点は二通りに分かれています。優勢なのは、作り手が観客に対して社会的な責任をまっとうしているかという観点です。反応の数の多さではなく、映画のクオリティを重視する視点です。

試写で数量的な反応を見る

舞台作品は本公演の前に「プレビュー公演」を打ち、観客の反応を見て役者の演技などを調整するのが普通です。映画でも同じようなプレビュー上映をする場合、不安や恐れの要素が垣間見えます。ハリウッドは試写のアンケートを集計し、さらに映画が売れるように改変したがることで有名です。傑作のエンディングが大きく変更されたり、セックスシーンやアクションシーンが追加されたりした実例は山ほどあります。エディターのウィリアム・レイノルズはこう話しています。

試写をすれば観客に何が好まれ、何が理解されるかがわかるので役に立つ。予想外のところで何かがウケて笑われることも多い。もちろん、ドラマチックな場面で固唾をのんで見守る空気感が伝われば、うまくいったと感じるよ。アンケートで一定の人数が同じ反応を示していたら、それも役に立つ情報だけど、それは古い捉え方だね。今は映画の売り方の分析が重視される時代だ。

エディターのキャロル・リトルトンも、制作とマーケティングの差がなくなってきたと話します。

私たちにとって公開前の試写はありがたいものでした。観客が何を理解し、何が理解しづらいかを見ておけるからです。でも、マーケティングのための試写は別物。数を重視することにより、いい映画を駄作に変えてしまった例をいくつも見ました。一般向けに再編集するようスタジオが要求するからです。

観客の反応を見るために、スタジオは特定の観客層を抽出して調査をします。しかし、この方法では、限られた層の意見に合わせて映画を変えてしまう危険性があります。

頑張って制作しても、試写の結果に合わせて変更すれば作品のよさが失われてしまいます。独特の持ち味が出ている部分が消されることも多いですよ。多くの映画が不評に終わってしまうのも、実はこの改変が六、七回なされているからかもしれません。無難な映画に仕上げたせいで、誰も感動しなくなる。スタジオは元々のビジョンに惚れてお金を出したはずですが、それを売る方法を考えないで、売りやすい形に映画を合わせて作り変えようとする。映画づくりは感覚的な不思議な世界。理屈やデータでは語れないものです。

プロデューサーのキャスリーン・ケネディは、試写の生かし方に限度を設けています。

どこかの時点で試写での反応を気にするのをやめて、直感に従います。撮影して出来上がった映画を受け入れるべきです。わざわざお金をかけて撮り直して一から再編集したいなら別ですが、個性が際立つ作品を変えるのは不可能です。

スタジオが監督に文句ばかり言うと、監督は不満になるでしょう。その風潮は根強いものの、最近では減少傾向にあると彼女は話します。

スタジオは監督の作品を壊さないように気遣うようになりました。狭い業界ですから、二度と仕事を請けてもらえなくなると困ります。

彼女は状況がよくなってきていると感じています。

最近はコラボレーションの感覚が広がっていますよ。私もスタジオをパートナーとして見ています。有能な人もたくさんいて、かなり助けて頂いています。

クオリティと社会的な責任を考える

「最後のコラボレーター」の反応は予測しづらい時もあります。昔の巨匠たちは観客を意識しつつ、自らのビジョンを描くことに努力しました。そうして生まれたさまざまな映画は、そのテーマの共感性ゆえに観客から深く愛されています。作り手側も「あの暗闇」にいる観客たちを思い、描くものに対して責任を感じていたでしょう。

脚本家アキヴァ・ゴールズマンは商業的に大成功してもなお、自らが強い影響を受けた事柄について書こうとします。「そうしなければチャンスの無駄遣いだ」と彼は語っています。その強い思いが『ビューティフル・マインド』という映画になりました。

脚本家トム・シュルマンはこう言っています。

自分が深く感じるものを書けば、人々の心にも必ず触れる。

プロデューサーのリチャード・D・ザナックは次のように述べています。

ただ普通の映画を作るだけではいけません――すごい映画でないとね。普通じゃない題材を見つけたら、人々はそのユニークさに惹かれるでしょう。

「誰の心の中にも、成長して変わろうとする力がある。暴力などではない何かをして、自分を変えていく力を内に秘めている」とロン・ハワードは語っています。彼を含め、社会的な意識の高い監督たちは観客が楽しめるドラマを描き、こうしたテーマを模索しています。

俳優たちもメディアの力を知り、その力で社会を動かそうとしています。メアリー・マクドネルの言葉を見てみましょう。

女性として、世界に発信したい役柄を見つける責任を感じています。古い固定観念に揺れ戻りたくないし、若い女性の観客たちにも前に進んでほしい。私が演じる役はみなヒロインだというわけじゃないけれど、演技で女性の葛藤を描き、支えたい。女性にも世界で活躍するチャンスがあることを誠実に描き、観て頂きたいです。

俳優から裏方に至るまで、トップクラスにいる人々の多くは映画の大きな影響力を知り、責任感をもって臨みます。映画は顕在意識と潜在意識の両方に作用を及ぼし、人を変え、世界を変えていくでしょう。

すべての古典映画は多くの人々の努力の結晶です。その根底には作曲家ビル・コンティが語ったような思いがあるでしょう。

人間である限り、みな感情が分かち合えるはずなんだ。

人間性を信じる言葉は「最後のコラボレーター」である観客へのリスペクトと共に、何度も出てきます。オリバー・ストーンは自らの監督歴の中で、貴重な学びを得たと語ります。

この業界にいると、あっという間に消耗するし、取り囲まれて、リアルな体験から切り離されてしまう。日々の暮らしや人とのつながりを絶対に忘れてはいけない。その方が人としていられるし、仕事を通して人間性を表現することができる。出演者やスタッフとのコラボレーションももちろん大事だが、普通の人づきあいをやめてはいけない。アーティストとして街に出て、人とふれあい、日常的な体験をすることだ。それができてこそ恐怖や不安、欲望、喜びが描けるのだから。

脚本を映画にするまでの大冒険は言葉から始まり、世界じゅうの映画館へと広がります。暗闇の中に見えるのは、最後のコラボレーターである観客たちの涙や笑いです。

発言者一覧・索引（五十音順）

ジャック・ニコルソン（一九三七年〜）
俳優
参加作品『イージー・ライダー』『カッコーの巣の上で』『シャイニング』『ホッファ』など
47, 162, 163, 181

シャーリー・ウォーカー（一九四五年〜二〇〇六年）
作曲家
参加作品『グーリーズ』『透明人間』（一九九二年）『エスケープ・フロム・L.A.』など
303, 311, 316

ジョー・ハッシング
エディター
参加作品『7月4日に生まれて』『JFK』『ザ・エージェント』『あの頃ペニー・レインと』など
259, 260, 265, 267, 277, 278, 279, 283

ジョン・ウィリアムズ（一九三二年〜）
作曲家
参加作品『ジョーズ』『未知との遭遇』『スター・ウォーズ エピソード4／新たなる希望』『E.T.』『ハリー・ポッターと賢者の石』など
294, 307, 308

ジョン・ケルトニック
作曲家
参加作品『The Sultan and the Saint（未）』『The Spy Behind Home Plate（未）』など
315

ジョン・シングルトン（一九六八年〜二〇一九年）
監督、脚本家、プロデューサー
参加作品『ボーイズ'ン・ザ・フッド』『シャフト』（二〇〇〇年）『ワイルド・スピードX2』など
26, 106, 107

ジョン・トラボルタ（一九五四年〜）
俳優
参加作品『サタデー・ナイト・フィーバー』『ベイビー・トーク』『パルプ・フィクション』など
125

ジョン・リスゴー（一九四五年〜）
俳優
参加作品『ガープの世界』『トワイライト・ゾーン／超次元の体験』『愛と追憶の日々』『リコシェ』『レイジング・ケイン』など
70, 155, 158, 165, 168, 175, 178, 187, 192, 193

スティーヴン・スピルバーグ（一九四六年〜）
監督、プロデューサー
参加作品『ジョーズ』『未知との遭遇』『E.T.』『ジュラシック・パーク』『宇宙戦争』（二〇〇五年）など
81, 82, 108, 109, 121, 122, 131, 133, 136, 248, 308

スティーヴン・ハフト
プロデューサー
参加作品『いまを生きる』『Emma エマ』『タイガーランド』など
86, 92

ダスティン・ホフマン（一九三七年〜）
俳優
参加作品『卒業』（一九六七年）『クレイマー、クレイマー』『トッツィー』『レインマン』など
21, 170, 180

ダニエル・ハンリー（一九五五年〜）
エディター
参加作品『ラブ IN ニューヨーク』『アポロ13』『ビューティフル・マインド』『ダ・ヴィンチ・コード』など
285, 286, 287, 288, 289

ダーラ・レイ
監督、脚本家、俳優、プロデューサー
参加作品『The Goal（未）』『Spirit of Love: the Mike Glenn Story（未）』など
73, 74, 75, 76

デヴィッド・ザッカー（一九四七年〜）
監督、脚本家、プロデューサー
参加作品『フライングハイ』『トップ・シークレット』『裸の銃を持つ男』『裸の銃を持つ男 2 1/2』など
36, 37, 46, 130

デヴィッド・ラクシン（一九一二年〜二〇〇四年）
作曲家
参加作品『ローラ殺人事件』『悪人と美女』『アパッチ』（一九五四年）『黒の報酬』など
295, 296, 298, 299, 301, 304, 311

トム・エバーハード（一九四七年〜）
監督、脚本家
参加作品『ミッドナイトをぶっとばせ！』『NAKED ネイキッド』など
47

トム・シュルマン（一九五〇年〜）
監督、脚本家、プロデューサー
参加作品『ミクロキッズ』（一九八九年）『いまを生きる』『エイト・ヘッズ』など
18, 331

ブルース・ヘンドリックス
プロデューサー、ユニット・プロダクション・マネージャー
参加作品『ザ・ロック』『アルマゲドン』（一九九八年）『シックス・センス』『パール・ハーバー』『パイレーツ・オブ・カリビアン／呪われた海賊たち』など
14, 71, 72, 205

ベン・デンシャム（一九四七年～）
プロデューサー
参加作品『バックドラフト』『ロビン・フッド』（一九九一年）『新アウターリミッツ』など
47

ヘンリー・マンシーニ（一九二四年～一九九四年）
作曲家
参加作品『ティファニーで朝食を』『追跡』（一九六二年）『ハタリ!』『酒とバラの日々』『ピンクの豹』など
296, 309, 310, 314, 315

マイク・ヒル（一九五二年～）
エディター
参加作品『ラブ IN ニューヨーク』『アポロ13』『ビューティフル・マインド』『ダ・ヴィンチ・コード』など
285, 286, 287, 288

マーゴット・ロビー（一九九〇年～）
俳優
参加作品『フォーカス』（二〇一五年）『アイ，トーニャ 史上最大のスキャンダル』『ハーレイ・クインの華麗なる覚醒 BIRDS OF PREY』など
164, 167

マーサ・クーリッジ（一九四六年～）
監督
参加作品『WISH ウィッシュ／夢がかなう時』『プリティ・ガール』『Half the Picture（未）』など
142

マックス・スタイナー（一八八八年～一九七一年）
作曲家
参加作品『キング・コング』（一九三三年）『風と共に去りぬ』『カサブランカ』（一九四二年）『三つ数えろ』など
306

マリリン・ヴァンス
衣装デザイナー
参加作品『ダイ・ハード』『プリティ・ウーマン』『ロケッティア』『ラスト・ボーイスカウト』など
219

メアリー・マクドネル（一九五二年～）
俳優
参加作品『ダンス・ウィズ・ウルブズ』『わが街』『パッション・フィッシュ』『ドニー・ダーコ』など
10, 153, 160, 165, 173, 176, 177, 179, 188, 190, 270, 332

メリル・ストリープ（一九四九年～）
俳優
参加作品『ソフィーの選択』『愛と哀しみの果て』『クライ・イン・ザ・ダーク』『永遠に美しく…』など
19, 156, 165, 250, 251

モーガン・フリーマン（一九三七年～）
俳優
参加作品『許されざる者』『ミリオンダラー・ベイビー』『ダークナイト』『ダークナイト ライジング』など
137

モーリス・ジャール（一九二四年～二〇〇九年）
作曲家
参加作品『アラビアのロレンス』『地獄に堕ちた勇者ども』『いまを生きる』『心の指紋』など
12, 293, 296, 310, 315

ライアン・クーグラー（一九八六年～）
監督、脚本家
参加作品『フルートベール駅で』『クリード チャンプを継ぐ男』『ブラックパンサー』など
43, 110, 113, 122

ラッセル・クロウ（一九六四年～）
俳優
参加作品『インサイダー』『グラディエーター』『ビューティフル・マインド』『ノア 約束の舟』など
12, 54, 55, 56, 99, 100, 146, 149, 196, 197, 198, 200, 201, 231, 239, 287, 288, 293

ラミン・ジャヴァディ（一九七四年～）
作曲家
参加作品『アイアンマン』『ゲーム・オブ・スローンズ』『パシフィック・リム』『リンクル・イン・タイム』など
292, 295, 304, 315

ラリー・ゲルバート（一九二八年～二〇〇九年）
脚本家、プロデューサー
参加作品『マッシュ』『トッツィー』『悪いことしましょ!』（二〇〇〇年）など
22

訳者あとがき

この本を翻訳している間、ずっと、ある占星術家に伺ったことが私の脳裏にありました。「映画は現実と幻との境を曖昧にさせる夢のようなもの。星座でいうと魚座の世界」だというのです。魚座は幻想やインスピレーション、共感力や霊感を司る星座です。

当時の私は映画の観客として夢やロマンに浸ることしか連想できず、「確かに映画とは幻想であり、現実離れした世界だな」とうなずくだけでした。

その映画を制作する人たちの世界はどうでしょう。脚本のアイデアを生もうとして引きこもり、自分の発想の限界を突破しようとする脚本家。巨額の資金を投じるべき企画を見抜き、信頼できる協力者を募るプロデューサー。直感を働かせて過酷な撮影現場を指揮する監督。求められる感情のトーンを探りながら、脚本が描く時間軸の過去や未来を行き来するようにして演じる俳優。その他、どの部署の人たちからも「勘」や「第六感」、「ひらめき」や「夢想」といった言葉が出てきます。

もちろん、彼らは直感に頼るばかりではありません。すべき仕事を現実的にとらえた上で、五感と第六感を働かせています。究極的には、それが現場のコラボレーションを成功させる秘訣なのでしょう。勘が鈍いと現場の流れに溶け込めず、他の部署の人たちとの連携も困難です。ただでさえ長い作業時間はさらに長引き、チームは疲弊し、予算の損失や事故にさえつながるでしょう。直感を働かせて自分の責務を果たすことはチーム全体を守り、助け、生かすことにもなるのです。

本書『The Collaborative Art of Filmmaking（原題）』の著者リンダ・シーガーさんが「業界の外にいる人たちにも興味をもってもらえそう」といったことをお書きになっているのも、実はこの、ある意味、高度な意識が通じ合って生まれる共同作業の神秘と素晴らしさを指していらっしゃるのではないでしょうか。本書が映画ビジネスへの手引きの域をはるかに超えて、三度の改訂を経てなお愛されている理由もそこにあるのかもしれません。

広大な映画制作ワールドが一望できる本書には、実に多くの作品名や人物名に加え、さまざまな業界人の談話が出てきます。言及される事柄を一つひとつ、丁寧に確認をとりながら編集や校正を進めてくださいましたフィルムアート社編集部の伊東弘剛さんに心から感謝いたします。また、カメラのレンズをあしらった美しいカバーをはじめ、本書のデザインをご担当いただいた三宅理子さん、ＤＴＰをご担当してくださったフィルムアート社の沼倉康介さん、いつもお世話になっているフィルムアート社の皆さんにも、深くお礼申し上げます。

映画のエンドロールが荘厳な音楽と共に始まると、私はまるで、暗い海を一丸となって進む魚群を見るような気持ちになって感動します。ひとつの意図を共有し、クリエイティブな力を溶け合わせて進む、神々しい魚たち。彼らが発する波は観客に伝わり、国境をも超えて広がります。

二〇二〇年七月二日

シカ・マッケンジー

リンダ・シーガー（Linda Seger）

ハリウッドで活躍するスクリプト・コンサルタント。映画脚本術や映画制作に関する9冊の著書を含め、全著作は15冊。その多くは改訂を重ねるロングセラーとなり、外国語の翻訳版も多数ある。邦訳は本書の他に『アカデミー賞を獲る脚本術』(フィルムアート社)、『ハリウッド・リライティング・バイブル』(フィルムアンドメディア研究所)、『サブテキストで書く脚本術』(フィルムアート社)。これまでに2000本以上におよぶ脚本のコンサルティングをおこない、長編映画50本とテレビ作品35本が制作に至っている。また、世界30ヵ国以上で脚本術の講義やセミナーをおこなっている。

シカ・マッケンジー（Shika Mackenzie）

翻訳家として演出術や演技術、ストーリー創作術を中心に、現在までに21冊の訳書を手がける。またバーバラ・ブレナン・ヒーリング・サイエンス認定プラクティショナーとして身体や感情、思考などのエネルギー意識への包括的なアプローチを用い、自己実現や表現活動のサポートも提供。映画制作やアニメーション声優の専門学校での指導も担当している。

ハリウッド式映画制作の流儀
最後のコラボレーター＝観客に届くまで

2020年7月30日　初版発行

著者　リンダ・シーガー
訳者　シカ・マッケンジー

デザイン　三宅理子
DTP　沼倉康介（フィルムアート社）
編集　伊東弘剛（フィルムアート社）

発行者　上原哲郎
発行所　株式会社フィルムアート社
〒150-0022
東京都渋谷区恵比寿南1-20-6
第21荒井ビル
Tel　03-5725-2001
Fax 03-5725-2626
http://www.filmart.co.jp

印刷・製本　シナノ印刷株式会社

ISBN978-4-8459-2001-3 C0074